NORDOST

Catania

SÜDOST

Syrakus

Malta

gento

100% SIZILIEN

Ⓜ

INHALT

Wie funktioniert der Reiseführer? 4
Einleitung 6
Sizilien früher 8
Sizilien heute 16
Typisch Sizilien 18
Praktische Infos 28
Sprachführer 38
Top10 – unsere Favoriten 46

NORDWEST-SIZILIEN 54
Palermo 58
Golfo di Castellammare 90
Trapani 96
Marsala 114
Cefalù 122

NORDOST-SIZILIEN 132
Catania 136
Ätna & Umgebung 152
Taormina 168
Messina 180
Nordostküste 188
Äolische Inseln 196

SÜDOST-SIZILIEN 210
Syrakus 214
Enna 226
Piazza Armerina 234
Caltagirone 238
Ragusa 244
Modica 252
Noto 262
Südostküste 268

SÜDWEST-SIZILIEN 274
Agrigent 278
Küste zwischen Agrigent und Sciacca 288
Sciacca 292
Terre Sicane 300

Index 310

WIE FUNKTIONIERT DER REISEFÜHRER?

Um diesen Reiseführer übersichtlich zu gestalten, haben wir Sizilien in vier Regionen aufgeteilt: Nordwesten, Nordosten, Südosten und Südwesten. Die dazugehörige Karte liegt in der vorderen Umschlagklappe. Den Farben der Regionen begegnen Sie auch am Seitenrand wieder, sodass Sie schnell zu dem gewünschten Ziel blättern können. Das Buch umfasst fünf Kapitel: eines mit allgemeinen Informationen und anschließend die der jeweiligen Regionen. Am Anfang jedes Kapitels finden Sie eine Kurzdarstellung und die wichtigsten Orte. Danach folgt eine Übersicht der Highlights der Region, die in einer fünftägigen Autotour zusammengefasst sind.

Zu jedem Ort geben wir eine ausführliche Beschreibung der wichtigsten Sehenswürdigkeiten. Außerdem verraten wir Ihnen, wo Sie am besten essen, trinken, shoppen, ausgehen und übernachten können. Darüber hinaus finden Sie unter der Überschrift 100% there alles, was unsere Autoren Ihnen für einen unvergesslichen Aufenthalt besonders empfehlen möchten. In acht übersichtlichen Top-10-Listen zeigen wir Ihnen zusätzlich, was Sie auf keinen Fall verpassen sollten. Sie finden unsere Empfehlungen im Buch durch folgendes Symbol wieder.

KARTEN UND ÜBERSICHTSPLÄNE

- In der Umschlagklappe befindet sich eine herausnehmbare Karte von Sizilien, auf der die wichtigsten Straßen und Orte verzeichnet sind. Um Ihnen das Suchen zu erleichtern, finden Sie auf der Rückseite zudem ein Verzeichnis mit allen genannten Orten.

- Bei der Autotour am Anfang jedes Kapitels zeigt eine praktische Übersichtskarte, wo Sie sich befinden und welche Orte auf Ihrem Weg liegen.

- Die thematisch geordneten Favoriten (S. 46–53) sind in der Übersichtskarte mit einem gekennzeichnet, damit sie leichter auffindbar sind.

- Für die wichtigsten Orte ist eine Karte des Zentrums enthalten. Die Nummern sowie die Farben der Kreise, die in dieser Karte eingezeichnet sind, verweisen auf die Sehenswürdigkeiten, Restaurants, Geschäfte, Hotels etc. neben der Karte.

- In der hinteren Umschlagklappe befinden sich sechs kleinere herausnehmbare Karten: vier Rundgänge durch die wichtigsten Städte der Insel und zwei (Rad-)Wanderungen durch die schönsten Naturgebiete.

100% APP

Mit der App können Sie sich die Tipps und Adressen einfach und kostenlos auf Ihr Smartphone (iPhone oder Android-Phone) herunterladen. So sind Sie immer und überall bestens ausgerüstet, auch wenn Sie das Buch einmal nicht zur Hand haben. Alle Daten sind komplett offline, sodass keine Roaming-Gebühren entstehen.

EINFÜHRUNG

Auf den folgenden Seiten erfahren Sie alles über die Geschichte und die Gegenwart Siziliens und was diese Region von anderen unterscheidet. Sie erhalten praktische Informationen zum Beispiel über Klima und Wetter, Reisemöglichkeiten, Essgewohnheiten, Feiertage und Events. Am Ende der Einführung ist ein kleiner Sprachführer Italienisch zusammengestellt. Sehr hilfreich, wenn Sie sich mal nach etwas erkundigen möchten.

PREISANGABEN BEI HOTELS UND RESTAURANTS

Um Ihnen eine ungefähre Vorstellung von den Preisen in den Hotels und Restaurants zu geben, finden Sie bei den Anschriften stets auch Preise. Bedenken Sie allerdings, dass diese nicht immer gleich sind, sondern beispielsweise je nach Jahreszeit (Haupt- und Nebensaison) variieren können. Die Angaben für Hotels beziehen sich auf ein Doppelzimmer mit Frühstück pro Nacht, es sei denn, es ist etwas anderes genannt. Bei den Restaurants ist – wenn nichts anderes erwähnt ist – der Durchschnittspreis eines Hauptgerichts inklusive Getränk angegeben, bei Bars und Cafés der Preis für ein Getränk wie zum Beispiel eine Tasse Kaffee oder Tee.

HABEN SIE NOCH TIPPS?

Wir haben diesen Reiseführer mit großer Sorgfalt zusammengestellt. Da das Angebot an Geschäften, Restaurants und Bars jedoch regelmäßig wechselt, kann es sein, dass eine Empfehlung nicht mehr existiert. Besuchen Sie in diesem Fall oder wenn Sie andere Anmerkungen oder Fragen zu diesem Guide haben, unsere Website *www.100travel.de/sizilien* oder schreiben Sie uns an *info@momedia.com*. Wir freuen uns über Hinweise, neue Tipps und natürlich Fotos. Posten Sie diese gerne auf unserer Facebook-Fanpage: *facebook.com/100travel*.

Last but not least möchten wir noch bemerken, dass keine der vorgestellten Adressen für ihre Erwähnung bezahlt hat, weder für den Text noch für die Fotos. Alle Texte wurden von einer unabhängigen Redaktion geschrieben.

EINLEITUNG

Aufgrund der zentralen Lage im Mittelmeer war Sizilien (früher Trinakria, "das Dreieck") fast immer in fremder Hand. Geschadet hat es der Insel nicht. Entstanden ist eine vielfältige und abwechslungsreiche Insel mit kulturellen wie kulinarischen Highlights und einer imposanten Vergangenheit.

Zahlreiche Kulturen haben ihre Spuren hinterlassen, wie etwa die Griechen das Tal der Tempel in Agrigent oder die Römer die Mosaiken in der römischen Villa in Piazza Armerina, die es in dieser Schönheit nicht mal in Pompei gibt. Zeugnisse arabischer Präsenz sind jedoch kaum noch vorhanden, die imposante Kirche San Giovanni degli Eremiti in Palermo etwa entstand auf arabischen Hinterlassenschaften. In spätbarockem Stil wurde Noto im 17. Jahrhundert errichtet, nachdem ein verheerendes Erdbeben das alte Städtchen vollständig zerstört hatte.

Wie die Architektur ist auch die Küche Siziliens äußerst vielseitig. Natürlich finden Sie hier wie anderswo in Italien Nudelgerichte und Pizzen, doch *pizza alla norma* (mit Tomatensoße und Auberginen) oder *pasta con le sarde* (mit Sardinen und wildem Fenchel) gibt es nur auf Sizilien. Da die Insel vom Meer umgeben ist, wundert es nicht, dass auch Fisch und Meeresfrüchte sehr beliebt sind. In Trapani ist der Thunfischfang ein alljährliches Spektakel. Im Westen der Insel hat sich Couscous einen festen Platz auf der Speisekarte erobert. Andere arabische Einflüsse zeigen sich vor allem in den süßen Nachspeisen, in denen Marzipan und Ricotta eine Hauptrolle spielen. Weinliebhaber kommen auf Sizilien auch auf ihre Kosten, die Weine der Insel sind abgerundet und vollmundig. Siziliens bekannteste Weintraube ist Nero d'Avola.

Was für die Architektur und die Küche gilt, trifft ebenso auf die Natur zu. Natürlich denkt man bei Sizilien an Strand und Meer. Neben dem wahrscheinlich meistbesuchten Sandstrand von Cefalù weist die Insel Dutzende weitere schöne Sandstrände auf und ebenso viele Steinstrände. Im Hinterland findet man Hügel und Berge – eine reizvolle Landschaft, die zu langen Wanderungen einlädt. Wer unterwegs Appetit verspürt, sollte nach einem *agriturismo* Ausschau halten, denn dort gibt es oft für wenig Geld gutes Essen. Das Wahrzeichen der Insel ist der Ätna, Europas höchster Vulkan. Besteigen lässt sich der Ätna nur im Sommer, im Winter können Sie hier die Skier anschnallen!

Wenn Sie einen Sizilianer nach seiner Herkunft fragen, wird er sehr wahrscheinlich nicht "Italien" antworten, sondern "Sizilien". Sizilien ist einmalig und hat für jeden etwas zu bieten: Meer, unberührte Natur, köstlichen Wein und Mandelgebäck, entlegene griechische Tempel, aber auch Großstadthektik in Palermo.

SIZILIEN FRÜHER

Sizilien blickt auf eine bewegte Vergangenheit zurück und wurde im Laufe der Jahrtausende von zahlreichen Völkern besiedelt. Vor mehr als 1000 Jahren v. Chr. betrieben die Phönizier bereits in Mozia einen Handelsposten. Später erlangten die griechischen und römischen Siedlungen auf der Insel Bedeutung und auch die Araber brachten Reichtum. In den letzten Jahrhunderten bis 1861, als Sizilien von der neuen Republik Italien einverleibt wurde, war die Insel abwechselnd im Besitz deutscher, französischer, spanischer und österreichischer Könige.

DIE ERSTEN BEWOHNER

Drei Völker haben die frühe Vergangenheit der Insel geprägt. Die Sikaner, das älteste Volk, kamen vermutlich aus dem Gebiet des gegenwärtigen Syriens und Palästinas. Von ihrer Anwesenheit zeugen heute noch diverse Höhlenmalereien. Die Elymer, die wahrscheinlich aus einem Teil Anatoliens am Schwarzen Meer stammten, bevölkerten die Insel um 2000 v. Chr. und vermischten sich mit den Sikanern. Erst 1200 v. Chr. kamen die Sikuler aus Italien und besiedelten den Osten der Insel.

DIE PHÖNIZIER UND KARTHAGER

Zwischen 1500 und 400 v. Chr. war das Mittelmeer fest in Händen der Phönizier, deren Heimat der Mittlere Osten war. Als geschickte Seefahrer und Händler gründeten sie im Mittelmeerraum Kolonien und Handelsposten, im 11. Jahrhundert v. Chr. auch auf Sizilien. Mit ihnen kam auch die Weinrebe auf die Insel. Die bedeutendste Kolonie der Phönizier war Karthago, eine Stadt im heutigen Tunesien. Um 500 v. Chr. beherrschten Nachfahren dieser Karthager die Region. Unter ihnen erlebte Sizilien eine Blütezeit und Mozia, Palermo und Solunto entwickelten sich zu wichtigen Städten. Diese drei Städte hielten auch am längsten den vorrückenden Griechen stand.

DIE GRIECHEN

Bereits im 8. Jahrhundert hatten sich die ersten Griechen auf der Insel niedergelassen. Statt die Inselbevölkerung zu unterwerfen, verbreiteten sie ihre Kultur, Kunst und Philosophie in friedlicher Koexistenz. Immer mehr Einwohner der griechischen Stadtstaaten kamen nach Sizilien und wie Süditalien wurde es ein Teil Großgriechenlands. Die Griechen gründeten diverse Stadtstaaten auf der Insel, so etwa Gela, Agrigent, Selinunte, Himera oder Messina. Die erste griechische Siedlung aber hieß Naxos, unweit von Taormina. Größtes Zeugnis dieser Besiedelung ist das antike

Theater, das jedoch von den Römern umgebaut und erweitert wurde. Zur wichtigsten und reichsten Stadt der Griechen entwickelte sich Syrakus, das zu seiner Blütezeit sogar für Athen eine Bedrohung darstellte. Sizilien ist reich an imposanten Relikten aus jener Zeit, zum Beispiel der im 7. Jahrhundert gegründeten Stadt Selinunt und dem Tal der Tempel bei Agrigent, das aus dem 5. Jahrhundert v. Chr. stammt.

Die Griechen brachten nicht nur ihre Kultur mit, sie pflanzten auch Olivenbäume und förderten den Weinbau. Unter ihnen machte zudem die Wissenschaft Fortschritte. Ein bekannter griechischer Philosoph war Empedokles aus Agrigent und der Mathematiker Archimedes war gebürtiger Sizilianer. Die Maschinen, die er erfand, wurden im Kampf gegen die Römer eingesetzt, konnten aber nicht verhindern, dass die Insel nach den Punischen Kriegen im Jahr 212 v. Chr. römische Provinz wurde.

Im Badezimmer seines Hauses in Syrakus soll Archimedes den berühmten Ausruf "Heureka!" ("Ich hab's gefunden!") getätigt haben. Seine Entdeckung beim Baden war der Grundstein für das Archimedische Prinzip: Der statische Auftrieb eines Körpers in einem Medium ist genauso groß wie die Gewichtskraft des vom Körper verdrängten Mediums. (Gilt auch für Gase.)

DIE RÖMER

Im 2. Jahrhundert v. Chr. geriet Sizilien unter römische Herrschaft, Syrakus wurde zur Hauptstadt erklärt und viele Einwohner wurden versklavt. Schlecht ging es der Insel unter den Römern dennoch nicht, denn diese bauten die unter den Griechen eingeführten gesellschaftlichen Strukturen aus, machten Sizilien zur Kornkammer des Römischen Reiches und verhalfen der Hafenstadt Palermo zu großer Blüte. Das imposanteste Relikt dieser Zeit ist die Villa Romana del Casale in Piazza Armerina, ein Anwesen aus dem 3. Jahrhundert, das für seine kunstvollen Bodenmosaiken berühmt ist.

Als das Weströmische Reich im 5. Jahrhundert komplett zerfiel, wurde Sizilien von den Vandalen heimgesucht. Kurze Zeit später erfolgte die Eingliederung der Insel in das Byzantinische Reich mit Konstantinopel (dem heutigen Istanbul) als Hauptstadt, zu dem Sizilien drei Jahrhunderte lang gehörte. Syrakus wurde zur Residenzstadt des Kaisers, der sich davon einen strategischen Vorteil gegenüber den Arabern erhoffte.

CHRISTENTUM

Ab dem 3. Jahrhundert erlangte das Christentum trotz der Verfolgungen, der sich seine Anhänger durch die Römer ausgesetzt sahen, auch auf Sizilien immer größere

VILLA ROMANA DEL CASALE, PIAZZA ARMERINA

Bedeutung. Eindrucksvolles Zeugnis hiervon legen die Katakomben von Syrakus und Agrigent ab. Siziliens erste Heilige waren Santa Agata aus Catania (250 n. Chr.) und Santa Lucia aus Syrakus (304 n. Chr.). Heute noch werden beide neben anderen Heiligen mit Feierlichkeiten geehrt.

DIE ARABER

Trotz heftigen Widerstands konnten die Christen im 8. Jahrhundert nicht verhindern, dass die Araber die Insel in Besitz nahmen, als letzte Stadt wurde Taormina erobert. Im Osten der Insel wurde allerdings weiterhin Griechisch gesprochen und Architektur sowie Küche blieben hier frei von arabischen Einflüssen. Zum Islam bekehrt wurden die Sizilianer übrigens nicht.

Unter der arabischen Herrschaft entwickelte Sizilien sich zu einer wohlhabenden Insel. Die Landwirtschaft boomte und die Insel wurde zum Produzenten von Zitrusfrüchten, Kaktusfeigen (*Opunta ficus-indica*) und Seide. Außerdem galt sie als Zentrum der Zivilisation, Kunst und Kultur. In der Architektur wurde der orientalische Einfluss in den Moscheen sichtbar, vor allem in Palermo, wo etwa 200 arabische Gotteshäuser entstanden, von denen viele später zu christlichen Kirchen umgebaut wurden. Es gab auch architektonische Neuerungen wie zum Beispiel Belüftungssysteme, wie man eines im Sommerpalast La Zisa aus dem 12. Jahrhundert vorfindet, der Zeit, als die Normannen die Insel bereits erobert hatten, die Bevölkerung aber noch teils arabisch war.

Eine der bekanntesten Erfindungen, auf die Sizilien zu Recht stolz ist, sind getrocknete Nudeln. In Zeiten langer Schiffsreisen wuchsen das Bedürfnis und die Notwendigkeit, haltbare Lebensmittel an Bord zu haben. Frische Nudeln waren da nicht geeignet. Getrocknete Nudeln, wie wir sie heute kennen, wurden auf Sizilien im 12. Jahrhundert erfunden. Grund: Nur hier wurde das benötigte Getreide, Hartweizen, damals angebaut.

DIE NORMANNEN

Die ursprünglich in Skandinavien beheimateten Normannen dehnten ihre Eroberungszüge über Frankreich bis nach Süditalien aus. Die Adelsfamilie Altavilla (Hauteville) herrschte in Sizilien mit Verstand und Toleranz, sodass die Insel erneut eine Zeit des Aufschwungs erlebte. 1130 wurde der Hauteville-Sprössling Roger II. (Ruggero II.) in Palermo zum König von Apulien und Sizilien gekrönt. An seinem Hof in Palermo lebten griechische und arabische Gelehrte sowie italienische Künstler. Kein Wunder, dass die Baukunst auf Sizilien eine interessante Mischung aus arabischen und normannischen Einflüssen aufweist. Viele einstige Moscheen wurden jedoch in Kirchen umgewandelt.

Auch in politischen Belangen hat Sizilien Bedeutsames vorzuweisen, denn sein Parlament gehört zu den ältesten Volksvertretungen der Welt. Bereits 1097 kamen die Mitglieder zum ersten Mal in Mazara del Vallo zusammen. Während Rogers Herrschaft konvertierten zahlreiche Araber zum Christentum, allerdings kehrten auch viele der Insel den Rücken. Neuankömmlinge waren überwiegend Italiener vom Festland. Mit der Zeit wurde die arabische Sprache daher von der italienischen verdrängt.

DIE STAUFER

Als Rogers Enkelsohn, Wilhelm II. (Guglielmo II.), kinderlos verstarb, trat seine Tante Konstanze die Nachfolge an. Da sie mit dem deutschen Staufer-Kaiser Heinrich IV. (Enrico IV.), dem Sohn von Friedrich I. Barbarossa, verheiratet war, wurde Sizilien ein Teil des Staufer-Imperiums. Friedrich II., der Sohn von Konstanze und Heinrich IV., wurde nach dem Tod seines Vaters im Alter von drei Jahren zum König von Sizilien gekrönt. Drei Jahre nach seiner Heirat mit Konstanze von Aragón wurde er 1212 Kaiser des Heiligen Römischen Reiches.

Friedrich II. (Federico II.) gilt als einer der größten Herrscher der Geschichte. Er war sehr gebildet, interessiert und ein Förderer der Künste und Wissenschaften. Während seiner Herrschaft erlebte die Sizilianische Dichterschule ihre Blütezeit und auch die Religion erfuhr eine Wiederbelebung, unter anderem durch den Bau neuer Kirchen. Die Zusammenarbeit mit den auf der Insel verbliebenen Arabern prägte die sizilianische Baukunst nachhaltig. Im Süden der Insel ließ Friedrich Burgen und Festungen errichten. Mit seinem Tod fand auch diese Entwicklung ein Ende, weil dem Papst die Macht der Staufer nördlich und südlich seines Reiches ein Dorn im Auge war und er die Franzosen um Hilfe rief. In den folgenden kriegerischen Auseinandersetzungen fand Friedrichs Sohn Manfred den Tod, und die Insel fiel an die Franzosen.

DIE FRANZOSEN

Fortan wurde Sizilien von Karl I. von Anjou (Carlo I. d'Angiò), dem König von Süditalien (mit Neapel als Hauptstadt), regiert. Der französische Adel war nicht zimperlich und bürdete den Sizilianern hohe Steuern auf, bis 1282, als die Inselbewohner gegen die Franzosen aufbegehrten. Der Aufstand, der als "Sizilianische Vesper" in die Geschichte einging, ist eines der wenigen Beispiele dafür, dass die Sizilianer gegen eine Fremdherrschaft rebellierten. Auslöser war eine festliche Veranstaltung in Palermo, bei der französische Soldaten sizilianische Frauen während einer Waffenkontrolle unsittlich berührten. Die Empörung, die daraufhin ausbrach, mündete schließlich in einen Unabhängigkeitskrieg. Die Bevölkerung vertrieb Karl von Anjou, der danach nur noch König von Süditalien war, und bot dem spanischen König Peter III. (Pietro III.) von Aragón den Thron an.

PALAZZO DEI NORMANNI, PALERMO

DIE SPANIER

Der Königswechsel brachte nicht die erhoffte Wende, denn die Spanier setzten die Politik ihrer Vorgänger unverändert fort. 1442 vereinte Alfons von Aragón Sizilien und Neapel im "Königreich beider Sizilien", das kurz darauf jedoch erneut zerfiel. Als Kornkammer Europas hatte Sizilien große Bedeutung, und es flossen reichlich Steuern Richtung Spanien. Mit dem Frieden von Utrecht 1713 fiel die Insel kurzzeitig dem französischen Haus Savoyen zu, bis kurze Zeit später die Österreicher die Hoheit über die Insel erlangten. Ab 1735 war Sizilien erneut in spanischer Hand: Prinz Karl III. von Bourbon wurde erst zum König von Sizilien gekrönt und anschließend auch zum König von Neapel. Für die Sizilianer veränderte all das wenig – sie stöhnten nach wie vor unter dem spanischen Joch.

Nach der Eroberung Neapels durch Napoleon I. zog sich König Ferdinand III. von Bourbon (Sohn und Nachfolger Karls III.) unter Geleit englischer Soldaten nach Palermo zurück. Als Dank für dessen Schutz schenkte Ferdinand dem englischen Admiral Nelson einen Landsitz in der Nähe des Ätnas. Die Lage der Inselbewohner verbesserte sich nun allmählich, 1812 wurde eine neue liberale Verfassung erlassen, die Sizilien

mehr Rechte zubilligte. Jedoch nur kurzzeitig, denn bei erstbester Gelegenheit schaffte der König die neue Verfassung wieder ab.

VEREINIGUNG

Inzwischen war Italien von einer Bewegung erfasst worden, die das Land von Fremdherrschaft befreien und einen Einheitsstaat ins Leben rufen wollte (Risorgimento). Bei einem erneuten Aufstand der Sizilianer im Jahr 1860, diesmal gegen die spanischen Bourbonen, erhielten sie tatkräftige Unterstützung. Der Freiheitskämpfer Giuseppe Garibaldi, der sich mit seinen Truppen auf Sardinien zurückgezogen hatte, ging in Marsala an Land und befreite Sizilien in Windeseile ("Zug der Tausend"). Ein Jahr später vertrieb er die Bourbonen aus Neapel. Die Macht übertrug er Viktor Emanuel II. (Vittorio Emanuele II.), der 1861 in Turin zum König Italiens ausgerufen wurde.

Ab jetzt regierte Italiens Norden über den Süden, "Il Mezzogiorno" genannt. Die Wirtschaftskraft des Landes verlagerte sich zusehends gen Norden. Da der Norden den Betrieben Steueranreize versprach, fand die industrielle Revolution nur dort statt. Doch für den Süden kam es noch schlimmer: Die Preise für Agrarprodukte wie Wolle und Oliven brachen dramatisch ein, was eine handfeste Krise in der Landwirtschaft auslöste. Dennoch zahlte der Süden mehr Steuern als der Norden, der außerdem deutlich mehr finanzielle Hilfe erhielt als der Süden. Die daraus resultierende Massenarbeitslosigkeit im Süden führte zur Auswanderung vieler Menschen, vor allem in die USA.

DAS 20. JAHRHUNDERT

Der Erste Weltkrieg und die anschließende Wirtschaftskrise setzten Italien schwer zu, und vor allem Letztere trieb die Menschen regelrecht in die Hände von Kommunisten oder Faschisten. Nach seinem "Marsch auf Rom" übernahm der Faschist Benito Mussolini die Herrschaft in Italien. Zwar gelang es ihm, die Macht der Mafia einzudämmen, einen wirtschaftlichen Aufschwung und ein Ende der Auswanderung brachte seine Diktatur allerdings nicht. Im Zweiten Weltkrieg stand Italien lange Zeit trotz der schweren Niederlagen, die es gegen die Alliierten erlitt, an der Seite Nazi-Deutschlands. Erst die Landung von Briten und Amerikanern auf Sizilien – die dabei von in die USA ausgewanderten Sizilianern mit guten Kontakten zur Mafia unterstützt wurden – führte 1943 zur politischen Wende und zum Sturz Mussolinis.

NACHKRIEGSZEIT

Nach einer Volksabstimmung wurde Italien im Jahr 1946 eine Republik und Sizilien eine autonome Region mit eigener Regierung. Von den Finanzspritzen aus Rom, die die Insel bis 1984 zum Ausbau der Infrastruktur und zur Industrieentwicklung erhielt, erreichte mehr als ein Drittel ihr Ziel nicht – das Geld verschwand spurlos. Im Süden erwirtschaftete Betriebsgewinne gelangten auf die Konten der reichen Firmenbosse im Norden. Diese Schieflage und die stagnierende Wirtschaft führten Mitte des letzten Jahrhunderts erneut zu einer Ab- und Auswanderungswelle: Über zwei Millionen Menschen zogen weg, diesmal nach Norditalien und Nord- und Westeuropa. In den frühen 90ern (nach mehr als 50 Regierungen mit einer durchschnittlichen Amtszeit von elf Monaten) lösten etliche Fälle von Korruption und Amtsmissbrauch umfangreiche Ermittlungen aus, die den Namen "Mani Pulite" (saubere Hände) bekamen.

Nach dem großen Erfolg seiner damaligen Partei Forza Italia ("Vorwärts Italien") bei den Parlamentswahlen 1994 und 2001 wurde Multimillionär Silvio Berlusconi zum Ministerpräsidenten Italiens gewählt. Auch Sizilien stimmte mehrheitlich für ihn. Korruptionsvorwürfen begegnete er mit einem Gesetz, das ihm absolute Immunität verschaffte. Viermal war er Regierungschef, fast zehn Jahre lang dominierte er die politische Szene. 2013 kam das vorläufige Ende seiner politischen Karriere: vier Jahre Haft wegen Steuerbetrugs (die aufgrund seines Alters in ein Jahr Hausarrest und Leistung sozialer Aufgaben umgewandelt wurden) und Entzug seines Senatsmandats.

SIZILIEN HEUTE

GEOGRAFIE

Mit 25.710 Quadratkilometern ist Sizilien die größte Mittelmeerinsel und größte autonome Region Italiens. Zur Region Sizilien gehören die Äolischen Inseln, Ustica, die Ägadischen Inseln, die Pelagischen Inseln (wie Lampedusa) und Pantelleria. Die Küste Siziliens besteht aus schroffen Felsen, Klippen und Sandstränden. Das Hinterland ist bergig und teilweise bewaldet. Die meiste Zeit des Jahres ist die Insel grün, nur im Sommer färbt sich die Landschaft bei ausbleibendem Regen gelb und braun.

POLITIK

1946 erhielt Sizilien den Status einer autonomen Region mit eigener Regierung, die ihren Sitz in Palermo hat. Das Parlament, die Assemblea Regionale Siciliana, besteht aus 89 Abgeordneten unter dem Vorsitz eines Präsidenten, der auch die Minister benennt. Parlamentswahlen finden alle fünf Jahre statt, doch nur wenige Parlamentsmitglieder schaffen die volle Legislaturperiode. Stärkste Kraft im Parlament ist derzeit die PD (Partito Democratico) vor der MoVimento5 von Beppo Grillo. Auch Berlusconis Partei Popolo della Libertà ist vertreten.

INDUSTRIE UND WIRTSCHAFT

Nach wie vor suchen viele Sizilianer ihr Heil in der Fremde. Die Arbeitslosenquote liegt bei etwa zwölf Prozent, die Jugendarbeitslosigkeit deutlich darüber. Haupteinkommensquelle ist inzwischen zwar der Tourismus, der Anteil der Landwirtschaft ist aber auch noch sehr hoch. Wichtigste Agrarerzeugnisse sind Getreide, Zitrusfrüchte, Oliven, Olivenöl, Nüsse und Wein. Die Insel ist die größte Weinbauregion Italiens. Der Boden Siziliens ist reich an fossilen Brennstoffen wie Öl und Gas, große Raffinerien gibt es bei Gela. Dennoch sind nicht alle Häuser an das öffentliche Gas- und auch Wassernetz angeschlossen. Noch immer sieht man in den Straßen die mit Gasflaschen beladenen APE-Lastendreiräder und für die Trinkwasserversorgung ist man teils auf große blaue Behälter angewiesen, die meistens auf dem Hausdach stehen.

BEVÖLKERUNG

Etwas über fünf Millionen Menschen leben auf Sizilien, die meisten von ihnen an der Küste. Die Hauptstadt Palermo hat etwa 650.000 Einwohner. Auf der Insel gibt es noch

neun andere Städte mit über 50.000 Einwohnern. Außerhalb Siziliens leben inzwischen schätzungsweise zehn Millionen Menschen sizilianischer Herkunft – kaum eine Familie ist nicht von Ab- oder Auswanderung betroffen. Viele Emigranten kehren an Feiertagen und im Sommer auf die Insel zurück.

Wie in Italien üblich sind auch die Sizilianer mehrheitlich römisch-katholischen Glaubens. Traditionen und die Familie spielen seit jeher eine bedeutende Rolle. Ein Zusammenleben vor der Ehe ist ungewöhnlich und geheiratet wird in der Kirche, wo auch die standesamtliche Zeremonie vollzogen wird. Scheidungen sind oft langwierig und können sich bis zu drei Jahre hinziehen. Natürlich befreien sich viele junge und vor allem besser ausgebildete Menschen zunehmend von den Erwartungen ihres Umfeldes. Die Geburtenrate sinkt kontinuierlich, die Zahl der Eheschließungen ebenfalls. Auch wird nicht mehr so früh geheiratet.

Die zentrale Lage Siziliens im Mittelmeer macht die Insel zur ersten Anlaufstelle von Migranten aus Afrika und Kriegsgebieten. In Porto Empedocle und auf der Insel Lampedusa kommen regelmäßig Dutzende Bootsflüchtlinge an und beantragen Asyl.

TYPISCH SIZILIEN

LITERATUR UND FILM

Schon in antiken Schriften spielte Sizilien eine bedeutende Rolle, so etwa in den griechischen und römischen Mythen und Sagen. Odysseus erlebte hier einige Abenteuer. Er widerstand den Sirenen, die sich in der Meerenge zwischen Messina und dem italienischen Festland aufhielten. Anschließend entkam er dem Kyklopen Polyphem, der auf dem Ätna wohnte. Die Steine, die Polyphem ihm hinterherschleuderte, liegen angeblich noch heute vor der Küste bei Catania. Auch die Geschichte um Demeter, der Erntegöttin, und ihrer Tochter Persephone spielt auf Sizilien. Persephone wurde von Hades, dem Gott der Unterwelt, unweit des Ortes Enna am Lago di Pergusa entführt.

Die italienische Sprache wurde von der Sizilianischen Dichterschule, einer Gruppe namhafter Dichter am Hof der Stauferkönige Friedrich II. und Manfred (13. Jahrhundert), geprägt. Spezialisiert hatte sich die Schule auf den Minnesang, ihre Sprache war die gesprochene sizilianische Sprache. Das erste Sonett entstand auf Sizilien und war das Werk von Giacomo da Lentini, dem Leiter der Sizilianischen Schule. In seinem Buch *De Vulgari Eloquentia* (1303) schrieb Dante Alighieri, der auch der Vater der modernen italienischen Sprache genannt wird, dass die gesamte von Italienern verfasste Dichtkunst de facto in Sizilianisch geschrieben worden sei. Für manche Anlass zu behaupten, die italienische Sprache wäre aus dem Sizilianischen hervorgegangen.

Auch in der Moderne spielt Sizilien in zahlreichen literarischen Werken und Filmen eine wichtige Rolle. Der renommierte Schriftsteller Luigi Pirandello, der 1934 den Literaturnobelpreis erhielt, stammte von der Insel. Die Autoren Leonardo Sciascia und Elio Vittorini sind ebenfalls gebürtige Sizilianer, deren Bücher über das Leben in ihrer Heimat in viele Sprachen übersetzt wurden. Zu den bekanntesten Büchern, die auf Sizilien spielen, gehört *Der Gattopardo* von Giuseppe Tomasi di Lampedusa. Darin gönnt er dem Leser einen Einblick in das Leben der Landbesitzer Siziliens im 19. Jahrhundert. Die Verfilmung im Jahr 1963 erhielt eine Goldene Palme. Andrea Camilleri hat mit seinen Krimis um den sizilianischen Kommissar Montalbano seiner Heimat ein literarisches Denkmal gesetzt. In den späten 1980er-Jahren erhielt der Film *Cinema Paradiso*, in dem es um ein Dorf auf Sizilien und dessen Kino geht, eine Auszeichnung auf dem Filmfest von Cannes und einen Oscar für den besten ausländischen Film.

Wer die sizilianische Kultur kennenlernen will, sollte unbedingt eine *opera dei pupi* (Marionettentheater) besuchen. Diese Theaterform blickt auf eine lange Tradition im sizilianischen Kulturleben zurück. Geboten wird keine Kinderunterhaltung, sondern Geschichten, die im Mittelalter spielen und deren Hauptprotagonisten Karl der Große und Orlando Furioso (der Rasende Roland) sind. Schon im 19. Jahrhundert waren

Marionettentheater sehr beliebt. Früher zogen die *pupari* (Puppenspieler) durch die Lande, heute haben viele Städte ein eigenes Puppentheater. In einigen Familien wird der Beruf des Puppenspielers seit Generationen ausgeübt.

Die Holzmarionetten sind wahre Kunstwerke, die immer noch von Hand gefertigt werden. Manche dieser bis zu 1,5 Meter großen Figuren bringen 20 Kilogramm auf die Waage. Das Publikum besteht heute zu einer Großzahl aus Touristen. Für die musikalische Untermalung sorgt ein Drehorgelspieler.

KUNST

Die Kunstgeschichte Siziliens beginnt mit den ersten Bewohnern der Insel. Bereits in frühester Zeit stellten sie Terrakotta, "gebackene Erde", her. Für die Weiterentwicklung dieser Methode sorgten die Griechen, unter den Römern kamen etruskische Einflüsse dazu. Auch die Araber, die Sizilien besiedelten, befassten sich mit der Herstellung von Tonwaren und verbreiteten eine spezielle Technik zum Glasieren und Färben der Produkte. Die Spanier nannten diese Technik Majolika. Hieraus entstanden beispielsweise Fliesen mit bunten orientalischen Motiven. Diverse Ortschaften auf der Insel wie Caltagirone und Santo Stefano di Camastra sind berühmt für ihre Majolika-Waren.

Als in Europa die Renaissance blühte, war in Sizilien davon nichts zu spüren, und als der Barock seine Erfolge feierte, blieb Sizilien wieder unberührt. Die Wende kam erst nach dem verheerenden Erdbeben von 1693, das zahlreiche Ortschaften zerstörte. Für den Wiederaufbau wurden namhafte Baumeister von außerhalb der Insel engagiert, die auch in Rom bereits ihre Spuren hinterlassen hatten. So kam der Barock schließlich doch nach Sizilien. Die Besonderheit des sizilianischen Barocks: die großzügige Verwendung von Engeln, Putten und Masken. Große Häuser erhielten eine Außentreppe und Kirchen statt eines Glockenturms eine Frontfassade mit Glocken. Als Baumaterial kamen oft Lava und roter Sandstein zum Einsatz. Der Einfluss der spanischen Herrschaft schlug sich in der Baukunst in Gestalt opulenter Dekorationen nieder.

Aufgrund der außergewöhnlichen Qualität und Homogenität ihres spätbarocken Erscheinungsbildes erklärte die UNESCO 2002 acht Ortschaften im Val di Noto zum Weltkulturerbe: Caltagirone, Militello Val di Catania, Catania, Modica, Noto, Palazzolo Acreide, Ragusa und Scicli. Noto wird auch die "Hauptstadt" des sizilianischen Barocks genannt.

PFERDE UND FUHRWERKE

Lange Zeit konnte man sich in Sizilien nur auf einem Pferd oder Esel fortbewegen, erst im 18. Jahrhundert kamen immer mehr Fuhrwerke zum Einsatz und die Bourbonen ließen befestigte Wege anlegen. Die Wagen bestanden aus zwei großen Holzrädern, zwischen denen sich eine Ladefläche befand, die von Brettern eingefasst war. Diese Bretter waren in leuchtenden Farben mit Heiligenmotiven bemalt. Solch eindrucksvolle Gespanne sind heute leider nur noch selten zu sehen.

VULKANE

Aufgrund der Lage Siziliens zwischen zwei Kontinentalplatten ist die Erde dort immer in Bewegung. Daher haben sich viele Vulkane gebildet und es kommt regelmäßig zu Erdbeben. Der bekannteste Vulkan ist der Ätna, der so alle zwei bis drei Jahre ausbricht und dann große Mengen Lava in die Täler schickt. Im Sommer ist ein Aufstieg zum Ätna eine beliebte Touristenattraktion, im Winter sind die Hänge Skifahrern vorbehalten – wenn die Lifte nicht wieder einmal von Geröll zerstört wurden. Der aktivste Vulkan ist der Stromboli auf der gleichnamigen Äolischen Insel nördlich Siziliens. Die Eruptionen dieses daueraktiven Vulkans sind meistens harmlos.

KÜCHE

Sizilianer sind Feinschmecker und das beliebteste Gesprächsthema während des Essens ist das Essen selbst. Den Auftakt einer Mahlzeit bilden meistens Antipasti – zumindest heute. Denn früher war dies keineswegs so, da wurden die heutigen Antipasti als Beilagen gereicht. Häufige Vorspeisen sind Oliven, Kapern, *caponata* (verschiedene Gemüsesorten in Tomatensoße mit Zucker und Essig), gegrilltes Gemüse, Tintenfischsalat, *zuppa di cozze* (Muscheln mit einer leichten Tomatensuppe) und Käse.

Bekannte Käsesorten neben Ricotta sind Ricotta Salata, ein salzhaltiger Hartkäse, der sich zum Reiben eignet, sowie Pecorino und Vastedda, beide Schafskäse. Beliebtester Kuhmilchkäse ist der birnenförmige Provola, der zum Reifen aufgehängt wird und so seine besondere Form erhält. Und dann gibt es noch den Caciocavallo, einen milden bis kräftigen Käse, und den Tuma, der mild und etwas zäher ist.

Als *primo piatto* kommen meist Nudeln auf den Tisch. Zahlreiche Nudelgerichte sind typisch für die Insel, zum Beispiel: *pasta alla norma* (nach Bellinis Oper) mit Tomatensoße und Auberginen oder *pasta con le sarde* mit Sardinen und wildem Fenchel. *Pasta con i ricci* (Seeigel) oder *spaghetti al nero di seppia* (mit der Tinte von Tintenfischen) sind ebenfalls typisch sizilianisch. In der Provinz Trapani, wo die Araber ihre Spuren hinterlassen haben, steht Couscous auf jeder Speisekarte.

Als *secondo* wählt man Fleisch oder – dem Inselstatus angemessen – Fisch wie zum Beispiel frittierten Tintenfisch oder Schwertfisch mit Zitrone und Olivenöl oder mit Pistazien und Orange. Auch *fritelle di neonata* (frittierte Minipfannkuchen aus Jungfischen) und Thunfisch vom Grill sind köstlich. Bekannte Fleischgerichte sind *arrosto misto* (Schweine- oder Kalbsfleisch und Wurst) und *involtini* (Fleischrouladen mit Pinienkernen, Semmelbröseln und Rosinen). In Catania wird auch Pferdefleisch gegessen.

Es ist nicht selbstverständlich, dass *contorni* (Beilagen) wie Salat, Gemüse oder Kartoffeln zur Hauptspeise gereicht werden. Meistens muss man sie dazubestellen. Aus Orangen, Fenchel, schwarzen Oliven, Olivenöl und roten Chilis machen Sizilianer einen erfrischenden Salat.

Sizilien ist auch berühmt für seine köstlichen *dolci* (Süßspeisen). Oft dienen dabei Nüsse und Honig als Zutaten – Relikte aus arabischen Zeiten. Bekannte Nachspeisen sind *biscotti di mandorla*, mit Zucker gemischte Mandeln, und *cassata*, eine Ricottatorte mit Schoko- und Marzipanstückchen. Aus gesüßtem Ricotta besteht auch die Füllung der berühmten *cannoli*.

Erfrischend und beliebt ist auch die *granita*, ein körniges Eis, und das Eisbrötchen, eine mit köstlicher Eiscreme gefüllte Brioche.

Was das Beiwerk zum Eis betrifft, da gibt es in Sizilien mancherorts eherne Regeln: Obst gehört zu Fruchteis und Sahne zu Schokolade und ähnlichen Sorten.

An Festtagen wird oft groß aufgetischt. An San Giuseppe (19. März, der italienische Vatertag) werden zum Beispiel *sfince di San Giuseppe* serviert, mit Ricotta gefüllte Windbeutel, und an Ostern das Marzipanlamm. Marzipan gibt es auch an Allerheiligen (1. November), da bieten Konditoreien und Bäckereien überall die berühmten *frutta di martorana* (Marzipanfrüchte) an. An Santa Lucia (13. Dezember) werden *arancine* (frittierte Reisbällchen) gegessen, und zum Fasching gehören *chiacchiere* (frittierte Teigstreifen).

WEIN

Die sonnenverwöhnte Insel bringt vollmundige Weine hervor, die teils trocken, teils süß ausgebaut werden. Überraschend jedoch ist, dass die produzierte Menge zu etwa 60 Prozent weiß ist. Die wichtigsten Rebsorten sind: Nero d'Avola bei den roten Trauben sowie Insolia und Grillo bei den weißen. Die Auswahl an Weinen ist groß und daher ist es nicht immer leicht, den wirklich guten Wein zu finden. Beste Methode: nach der Rebsorte suchen. Wurde der Wein aus heimischen Rebsorten hergestellt, dann kann man eigentlich nicht viel falsch machen. Qualitätsweine von der Insel sind mit 8 Euro je Flasche vergleichsweise preisgünstig.

Mehr als 20 sizilianische Weine tragen die Bezeichnung DOC (Denominazione di Origine Controllata – Ursprungsbezeichnung der zweithöchsten Qualitätsstufe), lediglich einer die der höchsten Qualitätsstufe DOCG (Denominazione di Origine Controllata e Garantita), und zwar der rote Cerasuolo di Vittora. In Sizilien findet man jedoch viele gute Weine ohne Herkunftsbezeichnung (meist Lagenweine). Insidern zufolge passen das italienische Qualitätssystem und Sizilien einfach nicht zusammen.

Berühmt wurde Sizilien einst durch Marsala, einen Likörwein, dem die Sizilianer selbst nicht viel abgewinnen können. Vor allem England importierte den süßen Wein in großem Stil. Im 18. Jahrhundert wurden die Weine mit Alkohol angereichert, damit sie die weite Reise zur britischen Insel überstanden. Der Passito di Pantelleria-DOC ist eine Trockenbeerenauslese, die zwar kein Likörwein ist, aber so ähnlich schmeckt. Vergleichbar ist der süße Dessertwein Malvasia delle Lipari, ebenfalls ein DOC-Wein, der von den Äolischen Inseln stammt.

MAFIA

Bei Sizilien denken viele unwillkürlich an die Mafia und den Film *Der Pate*. Als Vorlage hierfür diente der gleichnamige Roman des amerikanischen Autors Mario Puzo (der übrigens nie in Sizilien war), in dem er einen Blick auf die dunkle Seite der sizilianischen Nachkriegsgesellschaft wirft.

Ihre Wurzeln hat die Mafia im 19. Jahrhundert, als die Gesellschaftsstruktur Siziliens noch in hohem Maße feudale Züge aufwies. Wichtigster Wirtschaftspfeiler war der Landbau, das Land war zu drei Vierteln in Händen von Großgrundbesitzern, die es an Bauern verpachteten, die man heute eher Tagelöhner nennen würde. Die reichen Landeigentümer (die oftmals einen Titel wie Prinz oder Baron führten) stellten Gutsverwalter, so genannte Großpächter, an, um Steuern einzutreiben, das Land zu verteilen und die Bewässerung zu regeln. Diese waren es, die schließlich als selbst ernannte Beschützer der armen Bevölkerung vor den Großgrundbesitzern auftraten. Oft waren sie korrupt und von Leibwächtern umgeben. So entstand im Laufe der Zeit neben dem feudalen System ein "illegales" Netzwerk mit neuen Machthabern, die ihre Ansprüche meist mit Gewalt durchsetzten.

Nach der Zeit des Risorgimento und der Vereinigung Italiens wurde das alte sizilianische Pachtsystem abgeschafft und das norditalienische Steuersystem eingeführt. Die Macht der Großpächter wuchs, die Landeigentümer fühlten sich zusehends von ihnen bedroht und fingen an, Land zu verkaufen. Unter den vielen Sizilianern, die in die USA auswanderten, waren auch solche, die ihre Kontakte zur Mafia in der Heimat weiterhin pflegten. Die Landung der Alliierten 1943 auf Sizilien verlief nicht zuletzt deshalb so erfolgreich, weil die Amerikaner auf die Hilfe von in den USA inhaftierten Mafiabossen zurückgreifen konnten. Belohnt wurde diese Unterstützung mit einflussreichen Schlüsselpositionen, sodass die Macht der Mafia ungekannte Ausmaße erreichte. Ihre Blütezeit erlebte die Mafia in den 1960er- und 1970er-Jahren. Was mit Drogenhandel und illegalen Aktivitäten im Bauwesen begann, gipfelte in einer ungebremsten Einflussnahme auf die Politik. Um sich selbst nicht zu schaden, leugneten viele Politiker jedoch die Existenz der Mafia.

Ernst zu nehmende Gegner bekamen die Mafiosi in den 1980er-Jahren in Gestalt der Untersuchungsrichter Falcone und Borsellino. In Palermo geboren und in dem Mafiaviertel La Kalsa aufgewachsen, waren beide bestens mit den Strukturen der Cosa Nostra vertraut. Ihnen gelang es, das Netzwerk, das angeblich niemand kannte, offenzulegen. Es folgten die sogenannten Mammutprozesse, bei denen 360 Mafiamitglieder verurteilt wurden. Ihre mutigen Bemühungen mussten die beiden Richter 1992 mit dem Tod bezahlen. Die Mafia ist auch heute noch sehr aktiv, hat ihren Tätigkeitsbereich aber schon längst auf andere Teile Italiens ausgeweitet.

PRAKTISCHE INFOS

DIE BESTE REISEZEIT

In den Monaten Juli und August steigen die Temperaturen auf Sizilien oft bis weit über 30 Grad an, Tendenz steigend. In den Mittagsstunden ist es vielerorts zu heiß, um sich draußen aufzuhalten. Kühler ist es nur in den Bergen im Hinterland. Im August haben die meisten Sizilianer Urlaub und wer kann, verlässt dann die Stadt. Manche Sizilianer haben ein Ferienhaus am Meer oder in den Bergen, in den Städten kommt das Leben dann weitestgehend zum Erliegen. Von der landschaftlichen Schönheit der Insel ist im Sommer oft nicht viel zu sehen, da weite Teile ausgetrocknet und gelb sind. Ganz anders im Frühjahr und Herbst, wenn es überall grünt und blüht. Regnen kann es auf der Insel ganz ergiebig. In den Monaten Mai und September sind die Strände noch menschenleer, da das Wasser des Mittelmeers den Einheimischen noch zu kalt zum Baden ist – für Nordsee-Erprobte gerade angenehm. Im Winter sind die Berge oft tief verschneit, während an der Küste Temperaturen von 10 bis 15 °C herrschen.

ANREISE

> **AN- UND ABREISE** Der einfachste und schnellste Weg nach Sizilien führt durch die Luft. Im Sommer gibt es von den meisten großen Flughäfen Deutschlands Direktflüge dorthin. Außerhalb der Hochsaison muss man meistens in Rom oder Mailand umsteigen. Angeflogen werden die Flughäfen von Catania, Palermo oder Trapani. In die jeweilige Stadt gelangen Sie dann mit einem Bus. Eine regelmäßige Busverbindung gibt es übrigens auch zwischen den Flughäfen von Catania und Trapani und der Stadt Palermo.

Selbstverständlich können Sie auch mit dem Auto nach Sizilien fahren, allerdings sollten Sie sich dann auf eine lange Reise einstellen. Nicht wenige Autofahrer steuern Genua, Civitavecchia (nördlich von Rom) oder Neapel an und nehmen dort die Autofähre nach Catania oder Palermo. Eine andere Alternative ist der Autozug nach Catania, dessen Startpunkt Bologna ist. Mehr Informationen finden Sie unter *www.directferries.de*, *www.traghettilines.it* (auch deutschsprachig) oder *trenitalia.it* (englischsprachig).

> **BUS, U- UND STRASSENBAHN** Die meisten Städte Siziliens haben ein gut funktionierendes Busnetz. Allerdings ist es nicht immer leicht herauszufinden, welcher Bus wohin fährt. Und wenn Abfahrtszeiten überhaupt genannt werden, ist damit in der Regel nur gemeint, wie oft ein Bus im Prinzip fahren sollte. Palermo und Catania verfügen beide über ein kleines U-Bahn-Netz, in Messina fährt eine Straßenbahn. Fahrkarten für Bus, U- und Straßenbahn gibt es außer im Bus und an U-Bahn-Stationen auch in den

Tabakläden (*tabacchi*), die man an dem Schild mit dem "T" erkennt. Für das Reisen zwischen den Städten bieten sich Regionalbusse an. Sie sind schneller und zuverlässiger als der Zug. Fahrkarten erhalten Sie am Schalter. Weitere Informationen über den öffentlichen Nahverkehr in Palermo (Amat) finden Sie unter *www.amat.pa.it*, in Catania unter *www.amt.ct.it*.

> ZUG Der Zug ist eine preisgünstige Alternative, die meisten größeren Städte haben einen Bahnhof. Ein Teil des Netzes ist jedoch eingleisig und noch nicht elektrifiziert. Es fahren auch (Nacht-)Züge nach Neapel und Rom. In den Intercity-Zügen gibt es erste und zweite Klasse, in den Regionalzügen nur zweite Klasse. Zwischen Catania und Bologna verkehrt ein Autozug (mehr Informationen finden Sie unter *www.trenitalia.com*).

> AUTO Das beliebteste Transportmittel ist das Auto. In den Städten herrschen daher oft chaotische Zustände, die für Autofahrer aus Nord- und Westeuropa nicht selten sehr gewöhnungsbedürftig und stressig sind. Vorfahrtsregeln gelten kaum, die Lichthupe bedeutet "Ich fahre jetzt", und Konflikte werden per Augenkontakt ausgetragen. Eine Kreuzung zu überqueren ist nicht ganz ohne, aber hier gilt in der Regel: nur Mut! An verkehrsreichen Kreuzungen mit Ampeln stehen oft "Fensterputzer", die bei Rot

ihre Arbeit beginnen, um sich etwas dazuzuverdienen. Wenn sie auf ein "Nein" nicht reagieren, können Sie einfach die Scheibenwischer einschalten.

> AUTO MIETEN Flug- und Zugreisende können sich auf der Insel ein Auto mieten, entweder direkt am Flughafen oder in den Städten. Vorausgesetzt wird in der Regel ein Mindestalter von 21 (manchmal 25) Jahren und ein gültiger Führerschein, der mindestens ein Jahr alt ist. Tipp: Mieten Sie eine im Auto oder am Laptop aufladbare WLAN-Station dazu, so haben Sie immer einen Internetzugang dabei. In der PKW-Miete ist meistens eine Teilkaskoversicherung enthalten, eine Vollkaskoversicherung kostet wesentlich mehr. Nützliche Websites: *www. easycar.it*, *www.avis.de*, *maggiore.it*.

> PARKEN In den Städten sind Parkplätze Mangelware, nicht selten wird in Dreierreihen geparkt. In den Innenstädten ist Parken gebührenpflichtig. Parkscheine (zum Rubbeln), die man hinter die Frontscheibe legt, gibt es bei den Tabakläden. In einigen Städten sind "Parkwächter" unterwegs, die gegen Bezahlung Ihr Auto bewachen. Das ist zwar verboten, aber sicher und zuverlässig. Versuchen Sie klarzumachen, dass Sie nicht im Voraus bezahlen, sondern erst bei Rückkehr. Allerdings verschwindet diese "Berufsgruppe" seit der Einführung des gebührenpflichtigen Parkens immer mehr.

In vielen italienischen Städten wurden Umweltzonen (zona a traffico limitato, Schild: ZTL) eingerichtet, für deren Befahren man eine Gebühr bezahlen muss. Überwachungskameras halten die Kennzeichen der einfahrenden Fahrzeuge fest, Bußgelder werden automatisch verhängt. Liegt Ihr Hotel in einer Umweltzone, dann informieren Sie das Hotelpersonal vorab über Ihr Kommen.

> STRASSEN Vielerorts lässt der Zustand der Straßen einiges zu wünschen übrig, nicht selten fehlen die Begrenzungslinien. Autobahnen (A, *autostrada*) gibt es insgesamt vier auf Sizilien: A18, A19, A20 und A29 – die Autobahnschilder sind grün, die erlaubte Höchstgeschwindigkeit beträgt 130 km/h. Auf manchen Abschnitten wird Maut (ein paar Euro) erhoben, die man bar oder mit Kreditkarte bezahlen kann. Außerdem gibt es Staatsstraßen (SS, *strada statale*) und Provinzialstraßen (SP, *strada provinciale*), die man an den blauen Schildern erkennt (Höchstgeschwindigkeit 90 bzw. 110 km/h).

> TANKEN Innerstädtische Tankstellen sind von 13 bis 16 Uhr geschlossen, an den Autobahnen oft gar nicht oder deutlich kürzer. Zum Tanken kann man meistens im Fahrzeug sitzen bleiben. Nennen Sie dem Tankwart den Betrag und geben Sie ihm den Schlüssel (siehe Sprachführer), dann wird alles erledigt. Zahlen können Sie auch bei ihm. Tipp: Tanken Sie zur Sicherheit voll, wenn Sie eine Fahrt übers Land planen.

ÜBERNACHTEN

> REISEPASS Beim Einchecken in einem Hotel und auch bei anderen Unterkünften muss man seinen Reisepass abgeben. Touristen werden polizeilich erfasst, den Reisepass bekommen Sie am nächsten Tag wieder.

> QUALITÄT In puncto Qualität unterscheiden sich die Hotels sehr stark. Bitten Sie deshalb vor dem Einchecken darum, ein Zimmer sehen zu dürfen. Das Frühstück ist oft nicht im Preis inbegriffen.

> AGRITURISMO Urlaub auf einem Bauernhof oder Weingut ist oft ein besonderes Erlebnis. Auch hier gibt es alles, von einfachen Zimmern bis hin zur Luxusvilla. Gemeinsam ist allen eine persönliche Atmosphäre. In vielen *agriturismi* kann man gut essen.

> VILLAGGIO In Touristengebieten gibt es oft ein *villagio*, einen Ferienpark. Meist sind sie mit öffentlichen Verkehrsmitteln gut erreichbar und es wird Englisch gesprochen.

Auf Sizilien ist in den meisten Frei- und Hallenbädern das Tragen einer Badmütze Pflicht.

ESSEN & TRINKEN

> **FRÜHSTÜCK** Sizilianer frühstücken nur selten zu Hause, meistens kaufen sie sich auf dem Weg zur Arbeit einen Kaffee mit etwas Süßem und essen dann erst wieder zur Mittagszeit. In den meisten Hotels und B&Bs besteht das Frühstück aus einem *caffè* (Espresso) oder Cappuccino und einem *cornetto* (süßes Croissant). In einer Kaffeebar bezahlen Sie bei der Bestellung, bei Vorlage des Kassenbons (*scontrino*) erhalten Sie das Bestellte. Tipp: Heben Sie den Bon gut auf, denn Carabiniere können Sie danach fragen, um festzustellen, ob die Bar auch Steuern entrichtet.

Italiener trinken nur zum Frühstück einen Cappuccino – nach dem Essen wird es als Brüskierung des Koches angesehen, da Milch, so die Italiener, die köstlichen Aromen des Essens sofort zerstört. In manchen Restaurants wird gar kein Cappuccino serviert.

> **MITTAGESSEN** Für Italiener ist das Mittagessen (*pranzo*) extrem wichtig. Die meisten Geschäfte und Museen haben von 13 bis 16 Uhr geschlossen. Wer kann, geht in der Mittagszeit nach Hause, um dort zu essen. An Wochentagen besteht das Mittagessen aus Nudeln und Salat mit Brot und zum Abschluss einem *caffè* (Espresso). In Kaffeebars gibt es *panini* (belegte Brötchen) oder *tramezzini* (Weißbrotsandwiches).

Tipp: Achten Sie bei Ihrer Restaurantwahl nicht zu sehr auf die Einrichtung und erwarten Sie zum Beispiel keine Kerzen (die gehören auf den Friedhof, sagen die Italiener). Ein untrügliches Anzeichen für gute Qualität ist die Anwesenheit vieler Einheimischer im Lokal.

> **ABENDESSEN** Unter der Woche öffnen Restaurants ihre Türen abends frühestens um 19 Uhr, an Wochenenden im Sommer füllen sie sich in der Regel erst gegen 22 Uhr. In Italien gibt es verschiedene Arten von Speiselokalen. Pizzerien bieten meistens nicht nur Pizzen an, sondern auch kleine Gerichte. Osterien sind einfache Lokale mit relativ wenig Auswahl. Wer mehr Vielfalt sucht, findet diese in einer Trattoria. Ristoranti sind etwas schicker und reichen von Familienrestaurants bis hin zu preisgekrönten Edellokalen. Auf dem Land bieten auch *agriturismi* oft etwas zu essen an. In eine Enoteca geht man zum Weintrinken, man bekommt neben Aperitifhäppchen höchstens ein kleines Gericht.

Enoteca bedeutet "Weinlager" oder "Weinhandlung", meist handelt es sich dabei aber um eine Weinbar. Manche sind nur tagsüber geöffnet und verkaufen Weine. Andere bieten abends ein Glas Wein und ein kleines Gericht. Deshalb finden Sie die Vinotheken in diesem Guide in drei Kategorien: Shoppen, Essen & Trinken und Ausgehen.

> **VEGETARISCH** Als "vegetarisch" (*vegetariano*) bezeichnen viele Italiener auch Gerichte, in denen Schinken (*prosciutto*) oder Sardellen (*ansjovi*) verarbeitet sind. Wer das nicht möchte, sollte dies deutlich zum Ausdruck bringen. Vegetarische Nudelgerichte und Pizzen findet man auf fast jeder Speisekarte, *secondi* sind aber meistens Fleisch- oder Fischgerichte. In seltenen Fällen wird auch mal gebackener Käse serviert.

ÖFFNUNGSZEITEN

> **RESTAURANTS UND BARS** Die meisten Restaurants sind sowohl in der Mittagszeit als auch abends geöffnet. Gängigste Öffnungszeiten: Dienstag bis Sonntag von 12.30 bis 15 Uhr und von 20 bis 23 Uhr. Bars sind in der Regel täglich durchgehend von 7 bis 23 Uhr geöffnet. Diese Öffnungszeiten sind nur Anhaltspunkte – Ausnahmen gibt es reichlich. Regel aber ist, dass gastronomische Betriebe im Sommer länger offen haben als im Winter. Informieren Sie sich am besten im Internet oder rufen Sie an.

Wer nach dem Essen die Rechnung (il conto) kommen lässt, wird sehen, dass ein kleiner Betrag für pane e coperto (Brot und Gedeck) berechnet wurde. Oft ist dies auf der Speisekarte vermerkt. Trinkgeld ist zwar nicht üblich, wird trotzdem sehr geschätzt.

> **GESCHÄFTE** Sonntags (ausgenommen der erste Sonntag des Monats bei Läden im Zentrum) und montagvormittags sind fast alle Geschäfte geschlossen. Die gängigsten Öffnungszeiten sind Dienstag bis Samstag von 9 bis 13 Uhr und von 16 bzw. 17 bis 20 Uhr. Große Warenhäuser sind in der Regel durchgehend und manchmal auch sonntagvormittags geöffnet. In Touristenorten schließen viele Geschäfte im Sommer erst spätabends.

Die italienischen KONFEKTIONSGRÖSSEN weichen von unseren ab, am besten immer zwei oder drei Größen hinzuzählen. Wer Konfektionsgröße 38 hat, sollte sich in Italien an Größe 42 halten usw.

> **SUPERMÄRKTE** Große Supermärkte sind meistens von 8 bis 20 Uhr geöffnet, manche auch sonntags, während kleinere Geschäfte in der Mittagszeit Siesta halten.

> **KIRCHEN** sind oft nur vormittags geöffnet oder mit einer Pause von 12.30 bis 16 Uhr auch am Nachmittag. Während einer Messe ist keine Besichtigung möglich. Besuchen Sie Kirchen nur mit passender Kleidung und bedecken Sie Ihre Schultern vor dem Betreten des Gotteshauses.

> **MUSEEN** Die Öffnungszeiten von Museen sind nur wenig einheitlich, daher sollte man sich vorab auf der Website informieren. In der Regel sind Museen montags und an Feiertagen geschlossen, kleinere Häuser manchmal auch in der Mittagszeit.

FEIERTAGE & VERANSTALTUNGEN

1. Januar	Neujahr
6. Januar	Epifania (Heilige Drei Könige) ist in Italien – wie in einigen deutschen Bundesländern – ein Feiertag. In dieser Nacht bringt die alte Hexe Befana braven Kindern Geschenke und Süßigkeiten, die bösen Kinder bekommen *carbone* (Süßigkeiten, die wie Holzkohle aussehen).
Februar/März	Fasching: In einigen Orten wie Sciacca, Termini Imerese und Acireale finden imposante Umzüge statt (*www.carnevaleacireale.com*).
März/April	Ostern und die Karwoche bis Palmsonntag
25. April	Liberazione Italia (Tag der Befreiung)
1. Mai	Festa del Lavoro (Tag der Arbeit)
2. Juni	Festa della Repubblica (Tag der Republik/Nationalfeiertag)
15. August	Ferragosto/Assunzione di Maria (Mariä Himmelfahrt)
1. November	Ognissanti (Allerheiligen)
2. November	Giorno dei Morti (Allerseelen): An diesem Tag ist es üblich, die Gräber der Verstorbenen zu besuchen und Blumen niederzulegen.
8. Dezember	Immacolata Concezione (Mariä Empfängnis)
24., 25. & 26. Dezember	Weihnachten: An Weihnachten gehen die meisten Sizilianer in die Kirche, entweder an Heiligabend oder an einem der beiden Weihnachtstage. Heiligabend bedeutet auch Festmahl im Kreis der Familie. Geschenke und ein ausgiebiges Mittagessen folgen am 25.

An den gesetzlichen Feiertagen sind alle Behörden und die meisten Geschäfte und Museen geschlossen. Zwei Wochen vor und nach Ferragosto (Mariä Himmelfahrt, 15. August) hat ganz Italien Urlaub, den viele Menschen am Meer verbringen. Die Städte sind dann verwaist. An der Küste sind die Ortschaften festlich mit bunten Lichtern geschmückt. Wenn es abends am Wasser abkühlt, flaniert man elegant gekleidet durchs Zentrum, hält hier und da einen Plausch und genießt einen Drink oder ein Eis.

Die meisten Orte haben einen Schutzpatron, der einmal im Jahr gebührend gefeiert wird, fast immer mit einem Umzug oder einer Prozession. Beispiele sind das Fest der Heiligen Agatha in Catania am 5. Februar, San Giorgio in Ragusa am letzten Mai-

Sonntag, Santa Rosalia in Palermo am 15. Juli und San Salvatore in Cefalù am 6. August. An einem solchen Tag sind die meisten Geschäfte geschlossen.

Festivals und andere Veranstaltungen gibt es in Sizilien ebenfalls viele. Zum Beispiel Palermo apre le porte (Tag der offenen Tür) im April/Mai. Ebenfalls im Mai findet in der Nähe von Trapani die Mattanza statt, der traditionelle Thunfischfang. Winzer öffnen ihre Türen für Besucher ("Cantine aperte") am letzten Mai-Sonntag. Taormina steht im Juni im Zeichen des Films, Marzamemi Ende Juli. Gerade auf dem Land werden viele Volksfeste ("Sagre") veranstaltet, die einem regionalen Produkt oder einer Spezialität gewidmet sind, so zum Beispiel das Pistazienfest in Bronte, das Kapernfest auf Salina, das Mandelblütenfest in Agrigent, das Tintenfischfest in Donnalucata oder das Couscousfest in San Vito lo Capo (www.couscousfest.it). Oft enden diese Feste mit einem Feuerwerk. Mehr Informationen finden Sie unter www.siciliainfesta.com oder www.regioni-italiane.com/sagre-sicilia.htm.

PRAKTISCHE ADRESSEN UND TELEFONNUMMERN

Die Landesvorwahl von Italien ist 0039. Anders als in Deutschland wird im italienischen Festnetz die der Stadtvorwahl vorangehende Null mitgewählt. Im Falle von Palermo also 0039 091 ... Für Handyrufnummern gilt dies nicht, da diese in Italien nicht mit einer Null beginnen. Wer von Italien aus eine Nummer in Deutschland anrufen will, wählt 0049 und die Vorwahl ohne Null, für die Schweiz 0041 und für Österreich 0043 (beide ohne Null der Vorwahl).

An der Küste und in den Städten sind die Mobilfunknetze ziemlich gut, in den Bergen weniger. Für das Telefonieren aus einer Telefonzelle benötigen Sie eine Telefonkarte (*scheda telefonica*), die in Kiosken und Tabakläden (*tabacchi*, am Schild mit einem weißen T erkennbar) erhältlich sind. Internetcafés gibt es in den meisten Städten. Wer hier ins Internet gehen will, muss seinen Reisepass vorübergehend abgeben (Anti-Terror-Maßnahme). Viele Hotels und Campingplätze sind auch mit Internetanschlüssen ausgestattet.

> NOTRUFNUMMERN
113 Notrufnummer (mit Handy 112)
112 Polizei (*carabinieri*)
115 Feuerwehr (*pompieri*)
118 Krankenwagen (*ambulanza*)

803 116 Pannendienst des italienischen Verkehrsclubs ACI (rund um die Uhr; mit ausländischem Handy-Provider: 800 116 800)

> BOTSCHAFTEN UND KONSULATE

Deutsche Botschaft in Rom:
Via San Martino della Battaglia 4, *www.rom.diplo.de*, Tel.: 06 492131, Schalteröffnungszeiten: Montag bis Freitag von 9 bis 12 und Dienstag und Donnerstag von 14 bis 16 Uhr
Deutsches Honorarkonsulat in Palermo:
Via Principe di Villafranca 33, Tel.: 091 9820808
Schweizer Botschaft in Rom:
Via Barnaba Oriani 61, *www.eda.admin.ch/roma*, Tel.: 06 809571, Schalteröffnungszeiten: Montag bis Freitag von 9 bis 12 Uhr
Schweizer Konsulat in Catania:
Via Morgioni 41, 95027 San Gregorio di Catania, Tel.: 095 386919
Österreichische Botschaft in Rom:
Via Pergolesi 3, Tel.: 06 8440141, Schalteröffnungszeiten: Montag bis Freitag 9 bis 12 Uhr
Österreichisches Ehrenkonsulat in Palermo:
Via Leonardo da Vinci 145, Tel.: 091 6825696

GELDANGELEGENHEITEN

Geldautomaten (*bancomat*) gibt es inzwischen allerorts, und es werden EC-Karten und Kreditkarten akzeptiert. Kreditkarten sind zwar in Italien auch sehr gängig, jedoch nicht so üblich wie in Deutschland. Banken sind montags bis freitags durchgehend von 8 bis 13 Uhr geöffnet, manchmal auch nachmittags.

POST

Bei Post ins Ausland gibt es drei Möglichkeiten: Entweder sie ist ewig unterwegs, am nächsten Tag schon da oder aber sie kommt niemals an. Briefmarken (*francobolli*) sind in den Postämtern, Kiosken und Tabakläden (*tabacchi*) erhältlich. Die Postämter sind werktags und samstagvormittags geöffnet. Briefe (bis 20 Gramm) und Postkarten kosten 85 Cent. Verschicken Sie keine Wertsachen in einem Umschlag, die Wahrscheinlichkeit, dass sie verloren gehen, ist groß.

GESUNDHEIT

> **ÄRZTE** Medikamente werden in Italien schnell verschrieben. Einen Termin bei einem Spezialisten zu bekommen, ist kein Problem, es kostet allerdings etwas.

> PRONTO SOCCORSO In der Notaufnahme ist meistens sehr viel los, die Wartezeiten können daher lang sein. Dafür ist diese Erste Hilfe gründlich und kostenlos. Nicht alle Ärzte sprechen Englisch, geschweige denn Deutsch.

> APOTHEKEN (*farmacia*) erkennt man am grünen Kreuz an der Fassade. Sie haben die gleichen Öffnungszeiten wie Geschäfte, an der Tür wird immer bekannt gegeben, welche Apotheken Nacht- und Wochenenddienst haben. Da es in Italien keine Drogerien gibt, muss man auch für nicht verschreibungspflichtige Medikamente zur Apotheke.

> LEITUNGSWASSER Das Leitungswasser ist kein Trinkwasser, zum Kochen jedoch geeignet. Trinkwasser gibt es in Flaschen im Supermarkt.

> TOURISTENINFORMATION In fast jedem Ort finden Sie eine Touristeninformation, die jedoch unterschiedlich heißen kann: in größeren Städten Azienda Promozione Turistica (APT) oder Ente Provinciale per il Turismo (EPT), in Kleinstädten Ufficio di Informazione e Accoglienza Turistica (IAT) und in Dörfern Pro Loco. Auch die Polizei hilft gern, wenn man sich nicht auskennt. Informativ ist die Website des italienischen Fremdenverkehrsamtes: www.enit.it.

SPRACHFÜHRER

SIZILIANISCH

Der sizilianische Dialekt ist sehr variantenreich und kann von Dorf zu Dorf variieren. Kein Wunder angesichts der jahrhundertelangen Fremdherrschaft. Ob Franzosen, Spanier, Araber oder Griechen, alle hinterließen sie auch ihre sprachlichen Spuren – je nachdem wo, wie lang und wie nachdrücklich sie herrschten. Bedingt durch die neuen Medien und das Internet sprechen jüngere Generationen heute in erster Linie Italienisch und nebenbei auch Sizilianisch. Dennoch ist der sizilianische Dialekt keineswegs am Aussterben. Vielleicht auch deshalb, weil es nicht nur um das gesprochene Wort geht: Sizilianer reden auch gerne mit Händen und Füßen, um ihren Worten Nachdruck zu verleihen.

AUSSPRACHE ITALIENISCH

Ein c und g vor einem i oder e wird ausgesprochen wie in "ciao" oder "Giovanni". Vor anderen Vokalen wird ein c wie k ("politico") ausgesprochen, das g wie im Wort "Gourmet". Letzteres gilt auch, wenn zwischen c bzw. g und dem Vokal ein h steht wie in "bicchiere" (Aussprache: bikjère – das Glas) oder in "spaghetti".

BEGRÜSSUNG

hallo	ciao
guten Tag	buongiorno
guten Abend	buona sera
gute Nacht	buona notte
(auf) Wiedersehen	ciao, arrivederci
Wie geht es Ihnen?/Wie geht es dir?	Come sta? (Sie-Form)/Come stai? (Du-Form)
gut, danke und Ihnen/dir	bene, grazie, e lei/tu?
Erfreut!/Angenehm!	piacere

NOTFÄLLE

Hilfe!	aiuto!
Achtung! Pass auf!	attenzione!
Ich brauche einen Arzt.	Ho bisogno di un medico.
Die Polizei/den Notarzt anrufen	chiama la polizia/un'ambulanza
Es ist ein Unfall passiert.	È successo un incidente.

das Krankenhaus	l'ospedale
Erste Hilfe	pronto soccorso
Ich bin bestohlen worden.	Sono stato/a derubato/a (m/w).
Ich bekomme keine Luft.	Non respiro.
Ich habe Schmerzen in der Brust.	Ho dolori al petto.
Ich bin allergisch gegen Antibiotika.	Sono allergico/a (m/w) all'antibiotico.

BASICS

ja	sì
nein	no
bitte (wenn man etwas überreicht)	prego
bitte (wenn man um etwas bittet)	per favore
Entschuldigung/Verzeihung	mi scusi (Sie-Form)/scusami (Du-Form)
Es tut mir leid.	mi dispiace
danke schön	grazie
Wann?	quando?
Warum?	perchè?
Wo ist ...?	dov'è ... ?
Was? (Wie?)	come?
Wer?	chi?
Wie viel?	quanto/i?
Ich weiß es nicht./Keine Ahnung.	Non lo so.
Ich verstehe es nicht.	Non ho capito.
Sprechen Sie Englisch?	Parla l'inglese?
Ich spreche/kann kein Italienisch.	Non parlo l'italiano.
Könnten Sie etwas langsamer sprechen?	Può parlare più lentamente?
Könnten Sie das einmal wiederholen?	Può ripetere lo per favore?
Vormittag	mattina
Nachmittag	pomeriggio
Abend	sera
Nacht	notte
heute	oggi
heute Abend	stasera
morgen	domani
Montag	lunedì
Dienstag	martedì
Mittwoch	mercoledì
Donnerstag	giovedì
Freitag	venerdì
Samstag	sabato
Sonntag	domenica
eine Woche	una settimana

ein Monat	un mese
ein Jahr	un anno
offen	aperto/a (m/w)
geschlossen	chiuso/a (m/w)
Eingang	ingresso
Ausgang	uscita

ZAHLEN

0	zero	17	diciassette
1	uno	18	diciotto
2	due	19	diciannove
3	tre	20	venti
4	quattro	21	ventuno
5	cinque	22	ventidue
6	sei	30	trenta
7	sette	40	quaranta
8	otto	50	cinquanta
9	nove	60	sessanta
10	dieci	70	settanta
11	undici	80	ottanta
12	dodici	90	novanta
13	tredici	100	cento
14	quattordici	200	duecento
15	quindici	1000	mille
16	sedici	2000	duemila

TELEFONIEREN

hallo	pronto
Mein Name ist ...	sono ...
Könnte ich mit ... sprechen?	Posso parlare con ...?
Ich verstehe Sie nicht.	Non la sento.
Mit wem spreche ich?	Chi parla?
ein Umschlag	una busta
Briefmarke(n)	francobollo/i
Postkarte	cartolina
die Post	la posta
das Postamt	ufficio postale
der Briefkasten	buca per le lettere

ÜBERNACHTEN

Haben Sie noch ein freies Zimmer?	Avete una camera libera?/Avete delle camere disponibili?
ein Einzelzimmer	una camera singola
ein Doppelzimmer	una camera doppia
... mit einem Doppelbett	... con un letto matrimoniale
... mit Einzelbetten	... con due letti separati
... mit Dusche/Bad/Klimaanlage	... con doccia/asca/aria condizionata
... mit eigenem Bad	... con bagno in camera/bagno privato
für eine Nacht/zwei Nächte	... per una notte/due notti
Ist das Frühstück im Preis inbegriffen?	La prima colazione è inclusa?
Könnten Sie mich um ... Uhr wecken?	Mi potrebbe svegliare alle ore ...?
der Schlüssel	la chiave
Könnten Sie mir ein Taxi bestellen?	Mi potrebbe chiamare un taxi?

UNTERWEGS

der Bahnhof	la stazione
der Bus	l'autobus (Stadt), il pullman (Überlandbus)
die Haltestelle	la fermata
der Zug	il treno
das Gleis	il binario
einfache Fahrt	solo andata
hin und zurück	andata e ritorno
Fahrplan	l'orario
Verspätung	il ritardo
Streik	lo sciopero
die Fahrkarte	il biglietto
Wo kann ich eine Fahrkarte kaufen?	Dove posso comprare un biglietto?
Wann fährt der Bus/Zug ab?	A che ora parte il pullman/treno?
Muss ich umsteigen?	Devo cambiare pullman/treno?

AUTO

Stau	cocoda
Baustelle	lavori in corso
Einbahnstraße	senso unico
Parkverbot	divieto di sosta
Ausfahrt	uscita
scharfe Kurve	tornante
Diesel	gasolio

Führerschein	patente
Umweltzone (Anwohner frei)	ztl (zona traffico limitato)
Volltanken, bitte.	Il pieno, per favore.
Ich suche eine Werkstatt.	Ho bisogno di un meccanico.
Wo kann ich parken?	Dove posso parcheggiare?
Parkticket	gratta e sosta

NACH DEM WEG FRAGEN

Ich suche ...	cerco ...
Wo ist ...?	dov'è ...?
links/rechts	a sinistra/a destra
immer geradeaus	sempre diritto
umdrehen	torna indietro
erste/zweite links/rechts	la prima/la seconda a sinistra/a destra
die Kreuzung	l'incrocio
die Ampel	il semaforo
die Straße	la strada
der Weg	la via
Haben Sie einen Stadtplan?	Ha una piantina/mappa della città?
Gibt es in der Nähe einen Geldautomaten?	C'è un bancomat qui vicino?

SHOPPEN

Wann öffnen/schließen Sie?	A che ora apre/chiude?
Kann ich Ihnen helfen?	Posso aiutarla?
Ich will nur schauen.	Do solo un'occhiata.
Ich hätte gern ...	vorrei ...
Habt ihr ...?	avete ...?
Darf ich es anprobieren?	Posso provarlo?
Haben Sie eine Größe größer/kleiner?	C'è una taglia più grande/piccola?
Wie viel kostet es?	Quanto costa?
Ich nehme es.	Lo/la prendo
Darf ich es umtauschen?	Posso cambiarlo?
Kann ich mit Karte zahlen?	Posso pagare con bancomat?
Nehmen Sie auch Kreditkarten?	Accettate carte di credito?
der Kassenbon	lo scontrino
Haben Sie eine Tüte?	Ha un sacchetto/una busta?
Schlussverkauf	saldi
das Angebot	sconto
eine Hose	(un paio d)i pantaloni
ein Pullover	un maglione

ein Kleid	un vestito
ein Rock	una gonna
ein Mantel	una giacca
die Schuhe	le scarpe
die Lebensmittel	gli alimentari
der Supermarkt	il supermercato
100 Gramm	un etto
ein (halbes) Kilo	un (mezzo) chilo
dieses (diese)/das (die)	questo (questi)/quello (quelli)
mehr/weniger	più/meno
Sonst noch etwas?	Qualcos'altro?
Das ist alles.	Basta così.

IM RESTAURANT

Mittagessen	il pranzo
Abendessen	la cena
Haben Sie einen Tisch für zwei Personen?	Avete un tavolo per due persone?
Ich möchte einen Tisch reservieren.	Vorrei prenotare un tavolo.
Ich habe reserviert.	Ho prenotato.
Haben Sie gewählt?	Ha scelto?
Was möchten Sie trinken?	Cosa beve?
Wasser	acqua (minerale)
... mit/ohne Kohlensäure	... gassata/naturale
ein Bier	una birra
Weiß-/Rotwein	vino bianco/rosso
Rosé	rosato
das Glas	il bicchiere
die Flasche	la bottiglia
ein (halber) Liter	un (mezzo) litro
Orangensaft	succo d'arancia
frisch gepresster Orangensaft	spremuta d'arancia
Kaffee (Espresso)	caffè
großer, nicht starker Kaffee	caffè americano
Kaffee (Espresso) mit etwas Milch	caffè macchiato
Kaffee (Espresso) mit mehr Wasser	caffè lungo
Milchkaffee	caffè latte/latte macchiato
Zucker	zucchero
Süßstoff	dolcificante
Tee	tè caldo
Was können Sie empfehlen?	Cosa consiglia?
Haben Sie auch vegetarische Gerichte?	Ha dei piatti vegetariani?
Ich bin Vegetarier.	Sono vegetariano/a (m/w).

Ich esse kein Fleisch/keinen Fisch.	Non mangio la carne/il pesce.
Ich bin allergisch gegen ...	Sono allergico/a (m/w) al ...
Ich bin schwanger.	Sono incinta.
glutenfrei	senza glutine/privo di glutine
Wo ist die Toilette?	Dov'è il bagno?
Die Rechnung, bitte.	Il conto, per favore.
die Speisekarte	il menù
die Weinkarte	la lista dei vini
das Besteck	le posate
das Gedeck	coperto
ein Messer	un coltello
eine Gabel	una forchetta
ein Löffel	un cucchiaio
das Öl	l'olio
der Essig	l'aceto
Salz	sale
Pfeffer	pepe
Brot	pane

SPEISEKARTE

acciughe	Sardellen
agnello	Lammfleisch
agrodolce	süßsauer
ai ferri/alla griglia	gegrillt
al forno	aus dem Ofen
Amaro	Magenbitter
antipasti	Vorspeisen
Arrosto	Braten
bevande/bibite	Getränke
caponata	Auberginengericht
Carciofi	Artischocken
contorni	Beilagen (Kartoffeln, Gemüse oder Pommes)
cozze scoppiate	frische Muscheln
crudo	roh
dolce	Nachtisch
fatto in casa	selbst gemacht
formaggio	Käse
fritto	frittiert
frutta	Obst
gamberi/gamberoni	Gambas
gelato/i	Eis

i primi	erster Gang
i secondi (pesce, carne)	Hauptspeise
insalata di polipo	Tintenfischsalat
insalata mista/verde	gemischter/grüner Salat
limoncello	Zitronenlikör
maiale	Schweinefleisch
manzo	Rindfleisch
pasta al nero di seppia	mit Tintenfischtinte gefärbte Nudeln
pasta alla norma	sizilianisches Nudelgericht
pasta con i ricci	Nudeln mit Seeigelfleisch
pasta con le sarde	Nudeln mit Sardinen
pesce spada	Schwertfisch
piatti	Teller
pollo	Hühnchen
seppia	Tintenfisch
spaghetti allo scoglio	Spaghetti mit Meeresfrüchten
verdura/e	Gemüse
vini rossi/bianchi	Rot-/Weißweine
vitello	Kalbfleisch
zucca in agrodolce	Kürbis süßsauer
zuppa di cozze	Muschelsuppe

IMBISS

arancine	frittierte und gefüllte Reisbällchen
babbaluci	Schnecken
crocchè	Kroketten
pane con milza	Milzbrötchen
(pane) panelle	Fladenbrot
stigghiola	Milzsandwich

TOP 10
HIGHLIGHTS

1. Die Überreste griechischer Tempel im **Valle dei Templi** bewundern > S. 281
2. Den **Ätna**, Europas höchsten und aktivsten Vulkan, besteigen > S. 153
3. Die beeindruckende Architektur der Barockstadt **Noto** bestaunen > S. 263
4. Über **Palermos Märkte** schlendern und die Atmosphäre genießen > S. 77
5. Die Vielfalt der sieben **Äolischen Inseln** entdecken > S. 197
6. In der **Cattedrale di Monreale** die Mosaiken betrachten > S. 86
7. Im Regionalpark **Nebrodi** die unberührte Natur erkunden > S. 167
8. Einen Blick in die reiche Vergangenheit von **Syrakus** werfen > S. 215
9. Bei **Bambar** in Taormina eine *granita* bestellen > S. 170
10. Am wunderbaren Sandstrand von **Calamosche** der Stille lauschen > S. 269

TOP 10 NATUR

1. Auf **Stromboli** an einer Vulkanführung teilnehmen > S. 208

2. Canyoning in der **Alcàntara-Schlucht** erleben und Wasserfälle bezwingen > S. 161

3. Von Cefalù aus eine Wanderung durch das **Madonie-Gebirge** unternehmen > S. 128

4. Die Buchten, Flora und Fauna im **Naturreservat Zingaro** entdecken > S. 92

5. Die Unterwasserwelt des Meeresreservats **Ustica** erkunden > S. 88

6. Mit dem Fahrrad den Osten der Insel **Favignana** erforschen > S. 106

7. Während einer Motorrollerfahrt das Panorama auf **Lipari** genießen > S. 198

8. Im *agriturismo* **Torre Salsa** inmitten eines Naturreservats übernachten > S. 290

9. Bei Sambuca di Sicilia durch die Weingärten des Weinguts **Ulmo** schlendern > S. 301

10. Bei Lucio ein **Kanu mieten** und durch die Lagune von Mozia paddeln > S. 121

TOP 10 KUNST

1 Sich im Barockstädtchen **Noto** wie in einem Freiluftmuseum fühlen > S. 263

2 Die Mosaiken in der **Cattedrale di Monreale** bestaunen > S. 86

3 Die **Villa Romana del Casale** in Piazza Armerina besuchen > S. 235

4 Im **Valle dei Templi** den Tempel der Concordia bewundern > S. 281

5 Die Cappella Palatina im **Castello dei Ventimiglia** aufsuchen > S. 131

6 Die Kunstsammlung in der **Villa delle Meraviglie** besichtigen > S. 235

7 Im **Castello Incantato** den Steinköpfen von Filippo Bentivegna begegnen > S. 295

8 Außergewöhnlich: Kunst im zerstörten Städtchen **Gibellina** > S. 305

9 In Mazara del Vallo im **Museo del Satiro** einen tanzenden Satyr bewundern > S. 308

10 Der Kunstroute **Fiumara d'Arte** folgen > S. 195

TOP 10
RESTAURANTS

1 Treffpunkt für Feinschmecker: **Locanda Don Serafino** in Ragusa > S. 248

2 Bei **Sapori Perduti** in Palermo fürstlich speisen > S. 75

3 Sich bei **Capitolo Primo** in Montallegro stilvoll überraschen lassen > S. 290

4 Im **Perbacco**, dem besten Restaurant von Syrakus, tafeln > S. 218

5 Den Slow-Food-Tempel **Il Gallo e l'Innamorata** in Marsala besuchen > S. 116

6 Im **Ristorante Coria** in Caltagirone sizilianische Zutaten kosten > S. 241

7 In Piazza Armerina wartet das **Al Fogher** mit köstlichen Gerichten > S. 236

8 Im Garten der **Locanda di Terra** Slow Food genießen > S. 283

9 Liebhaber der Regionalküche kommen in der **Cantina Siciliana** auf ihre Kosten > S. 100

10 Im vegetarischen Restaurant **La Cucina dei Colori** in Catania lecker essen > S. 143

100% SIZILIEN > TOP 10 · 49

TOP 10
SHOPPEN

1 In der Edelboutique **Stefania** in Trapani Kleidung kaufen > S. 103

2 Bei **Di Bella Box** nach originellen Geschenken suchen > S. 231

3 Mit großer Einkaufstasche den **Ballarò**-Markt in Palermo besuchen > S. 63

4 Für Manna-Produkte und Panettone nach **Castelbuono** fahren > S. 131

5 Über den sonntäglichen **Antik- und Trödelmarkt** in Catania schlendern > S. 147

6 Bei **Bonajuto** in Modica besondere Schokolade naschen > S. 256

7 Designfans fühlen sich bei **Vuedu** in Palermo zu Hause > S. 77

8 Bei **Scenapparente** steht die Welt des Films im Mittelpunkt > S. 221

9 Unwiderstehlich lecker: die Mandelkekse von **Maria Grammatico** > S. 110

10 Bei **Il Vino della Rosa** Öle, Honig und Wein verkosten > S. 159

TOP 10
MIT KIDS

1. In der **Bar Mazzara** in Palermo ein *brioche con gelato* bestellen > S. 75

2. Mit Seilbahn und Geländewagen den **Ätna** erkunden > S. 155

3. Im **Eraclea Minoa Village** direkt am Meer campen > S. 291

4. Im **Cetaria Diving Center** bei Scopello dürfen Kids ab sieben Jahren tauchen > S. 92

5. Im Vergnügungspark **Etnaland** in Catania warten 8500 m² Wasserspaß > S. 147

6. Ein **Marionettentheater** besuchen, zum Beispiel in Syrakus > S. 222

7. Im **Naturreservat Nebrodi** Füchse und Wildschweine beobachten > S. 167

8. Im Garten des **Castello di Donnafugata** herumirren > S. 249

9. Die bizarren Felsformationen von **Latomia dei Cappuccini** bestaunen > S. 217

10. Die unterirdische Stadt des **Castello di Sperlinga** besuchen > S. 232

TOP 10
RELAXEN

1. Auf **Vulcano** die heilende Wirkung von Schlammbädern erleben > S. 206

2. Im prachtvollen Spa des **Hotels Signum** auf Salina zur Ruhe kommen > S. 205

3. Ein Wochenende im romantischen Örtchen **Scopello** verbringen > S. 91

4. Sich im Spa des **Shalai Resort** verwöhnen lassen > S. 160

5. Am Strand von Calamosche im **Naturschutzgebiet Vendicari** entspannen > S. 269

6. Im warmen Wasser der **Terme Acqua Pia** die Welt vergessen > S. 302

7. Auf dem Kreidefelsen **Scala dei Turchi** in Realmonte in der Sonne liegen > S. 289

8. Den Tempel der Hera in **Selinunte** bewundern und ins Träumen geraten > S. 307

9. In **Sciacca** die Fischerboote kommen und ablegen sehen > S. 297

10. In der **Cala Rossa** auf Favignana Ruhe und Natur genießen > S. 108

ÜBERNACHTEN

TOP 10

1. Bauhaus-Zimmer oder Pop-Art? Das **Suite d'Autore** hat beides > S. 237

2. Leben wie ein Sizilianer: in **Palermo ein Appartement** mieten > S. 85

3. In der **Locanda Al Moro** in Sciacca steht Wein im Zimmer bereit > S. 298

4. Im stilvollen **Hotel Gutkowski** in Syrakus schlafen Gäste wunderbar > S. 225

5. Bei **La Casa del Poeta** in der Nähe des Lago di Pergusa die Natur genießen > S. 232

6. Spektakuläre Lage: die **Villa Deleo** unweit der Scala dei Turchi > S. 289

7. Bei **La Foresteria** in Menfi die tolle Aussicht bewundern > S. 306

8. Bei **Cave Bianche** auf Favignana in einem Steinbruch nächtigen > S. 109

9. In der **Casa Talia** in Modica die Entschleunigung des Lebens genießen > S. 258

10. Im **Agriturismo San Marco** Quartier beziehen und auf den Ätna blicken > S. 163

100% SIZILIEN > TOP 10 · 53

PALERMO, GOLFO DI CASTELLAMMARE, TRAPANI, MARSALA, CEFALÙ

NORDWEST-SIZILIEN

AUTOTOUR NORDWEST-SIZILIEN

So können Sie Nordwest-Sizilien in fünf Tagen erkunden. Diese Route bringt Sie zu allen Orten, die Sie gesehen haben müssen, und hält auch einige Überraschungen bereit. Sie essen zwischen Einheimischen und wohnen ganz besonders.

TAG 1 **SCOPELLO >** Abfahrt aus Palermo nach einem kleinen Frühstück in der Bar Mazzara oder im Caffè Spinnato (S. 75) **>** nach Monreale fahren **>** in der Kathedrale die byzantinischen Mosaiken bewundern (S. 86) **>** über Partinico Richtung Küste fahren und von dort nach Scopello **>** beim Bäcker etwas zu essen kaufen **>** bei der alten Tonnara (S. 91) schwimmen **>** auf der gemütlichen Terrasse der Bar Nettuno (S. 92) einen Aperitif trinken **>** in der Pension Tranchina (S. 93) übernachten **>**

TAG 2 **ZINGARO & SAN VITO LO CAPO >** in der Pasticceria Scopello (S. 92) Kaffee mit Mandelgebäck genießen **>** beim Bäcker ein *pane cunzato* für unterwegs kaufen **>** im Zingaro-Paradies (S. 92) wandern oder schwimmen **>** in Scopello ein Eis kaufen (S. 92) **>** über Castelluzzo nach San Vito lo Capo fahren **>** im Hotel Capo San Vito (S. 94) einen Aperitif trinken **>** im orientalischen Lokal Tha'am (S. 95) speisen und dort auch schlafen **>**

TAG 3 **ERICE & TRAPANI >** früh aufbrechen und um den Monte Cofano herum nach Erice fahren **>** dieses magische Dorf besichtigen **>** bei Maria (S. 110) etwas Süßes kaufen **>** nach Trapani fahren **>** einen Spaziergang durch den Hafen und das Zentrum machen **>** in der Cantina Siciliana essen und in der Enoteca (S. 100) etwas trinken **>** im Garibaldi31 (S. 104) übernachten **>**

TAG 4 **SEGESTA & MARSALA >** ein Frühstück mit einer *granita* von Colicchia (S. 103) genießen **>** sich in Segesta (S. 110) von der Antike beeindrucken lassen **>** ins Bergdorf Salemi fahren, um die Burg zu besichtigen und ein Brötchen zu essen (S. 113) **>** nach Marsala fahren **>** bei La Sirena Ubriaca (S. 117) ein Glas Wein trinken **>** über die Piazza della Repubblica (S. 115) schlendern **>** bei Il Gallo e L'innamorata speisen (S. 116) **>** im Il Profumo del Sale (S. 119) wohnen und sich verwöhnen lassen **>**

TAG 5 **MOZIA & SALZFELDER >** mit einem Frühstück von Celsa (S. 119) in den Tag starten **>** das Museo Archeologico Baglio Anselmi (S. 116) besuchen **>** Mozia per Kanu oder Fähre (S. 121) erkunden **>** von der Terrasse des Mammacaura (S. 120) aus die Salzlandschaft bewundern **>** über die Salzstraße nach Trapani zurückfahren **>** bei I Grilli (S. 101) ein köstliches Essen genießen **>** sich im Luxushotel La Gancia (S. 105) einquartieren **>**

PALERMO STADT

FASZINIEREND, CHAOTISCH & EXOTISCH

Siziliens Hauptstadt Palermo (griechisch: *panormos*, "großer Hafen") verströmt eine ganz eigene Atmosphäre mit europäischen wie arabischen Zügen. Auch heute sieht man der 650.000-Einwohner-Metropole ihre bewegte Geschichte noch an. Die Stadt ist geprägt von chaotischen Straßenverhältnissen, exotischen Läden, heruntergekommenen und ebenso wunderschönen Bereichen.

Die Stadt Palermo ist wahrlich kein Juwel und ihr Charakter erschließt sich nicht auf den ersten Blick. Wer ihn aufspüren will, muss sich Zeit nehmen und sowohl tagsüber als auch abends auf Erkundungstour gehen, denn je nach Tageszeit erscheint einiges ganz verändert: Eine Straße mit unauffälligen Bauten kann um Mitternacht plötzlich zum pulsierenden Hotspot werden, während umgekehrt Marktplätze, die tagsüber voller Leben sind, abends wie ausgestorben wirken.

Einen Stadtspaziergang finden Sie auf der herausnehmbaren Karte in der hinteren Buchklappe.

Bei Palermo denkt man unwillkürlich an Mafia. Und tatsächlich ist ihre Präsenz oft spürbar und manchmal sogar sichtbar, wenn auch nicht in dem Ausmaß, wie es uns die Filmindustrie gern vorgaukelt. An der Autobahn zwischen Flughafen und Stadt befinden sich zwei Obelisken zum Gedenken an den Untersuchungsrichter und Mafiajäger Giovanni Falcone. Die Bombe, die ihn 1992 an dieser Stelle in den Tod riss, wurde in einem verfallenen Gebäude etwas oberhalb der Autobahn gezündet, das die Aufschrift "No Mafia" trägt. Im gleichen Jahr wurde auch Falcones Kollege Borsellino umgebracht. An ihn erinnert eine Gedenkstätte in der Via d'Amelio.

Gegründet wurde Palermo im 7. Jahrhundert v. Chr. von den Phöniziern. Die strategisch günstige Lage Siziliens im Mittelmeer übte eine große Anziehungskraft aus. Jahrhundertelang stand die Insel daher unter Fremdherrschaft. Griechen, Römer, Araber, Normannen, Franzosen, Spanier, Deutsche – alle hinterließen ihre Spuren. Seine Blütezeit erlebte Palermo unter den Arabern und danach als Normannisches Königreich. In der Baukunst entstand eine einmalige Symbiose aus arabischem und normannischem Stil, da die Normannen dem arabischen Stil eine eigene Note gaben und die Fähigkeiten arabischer Baumeister und Handwerker nutzten. Der arabische Einfluss ist auch an den Märkten erkennbar, die an Souks erinnern. Erst unter den Spaniern, die den Barock mitbrachten, änderte sich das Stadtbild Palermos deutlich.

Im Zweiten Weltkrieg wurde Palermo wiederholt bombardiert, die Ruinen im Zentrum der Stadt, vor allem an der Piazza Magione, sind heute noch stumme Zeugen dieser düsteren Zeit. Nach dem Krieg wurde der Wohnungsbau außerhalb der Stadt, oft unter

PALERMO STADT

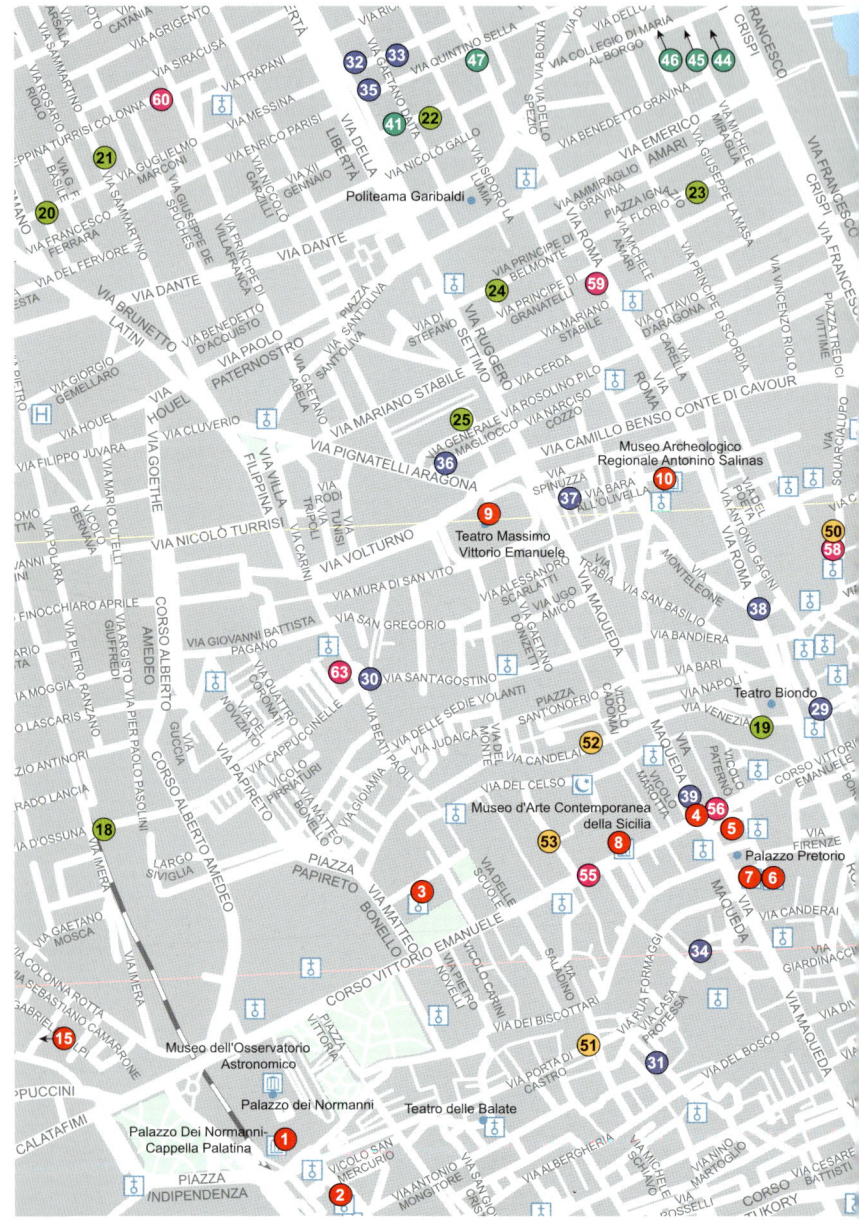

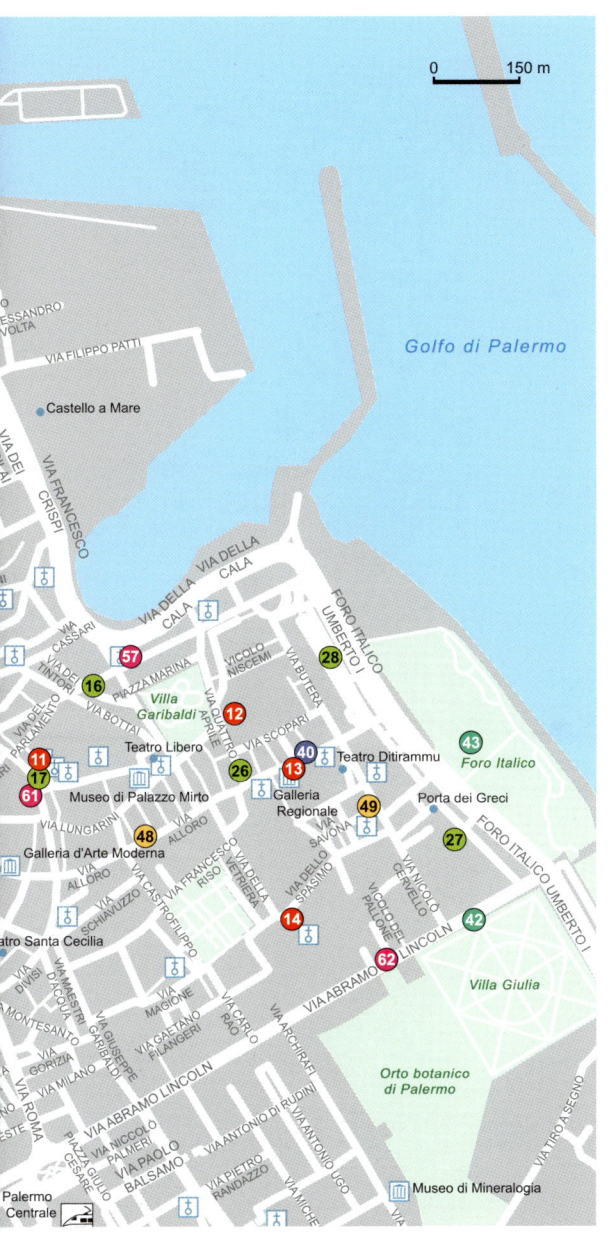

🔴 SEHENSWÜRDIGKEITEN
> S. 65–71

1. PALAZZO DEI NORMANNI
2. CHIESA DI SAN GIOVANNI DEGLI EREMITI
3. CATTEDRALE DI PALERMO
4. QUATTRO CANTI
5. FONTANA PRETORIA
6. LA MARTORANA
7. CHIESA DI SAN CATALDO
8. PALAZZO BELMONTE RISO
9. TEATRO MASSIMO
10. MUSEO ARCHEOLOGICO REGIONALE
11. ORATORIO DI SAN LORENZO
12. PIAZZA MARINA & STERI
13. PALAZZO ABATELLIS
14. CHIESA DI SANTA MARIA DELLO SPASIMO
15. CATACOMBE DEI CAPPUCCINI

🟢 ESSEN & TRINKEN > S. 73–76

16. FRANCO U'VASTIDDARO
17. ANTICA FOCACCERIA DI SAN FRANCESCO
18. AI CASCINARI
19. FERRO DI CAVALLO
20. ENOTECA PICONE
21. ALTRI TEMPI
22. ACANTO
23. SAPORI PERDUTI
24. ANTICO CAFFÈ SPINNATO
25. BAR MAZZARA
26. CIOCCOLATERIA LORENZO
27. KURSAAL KALHESA
28. GELATERIA ILARDO

🔵 SHOPPEN > S. 63, 77–78

29. MARKT: VUCCIRIA
30. MARKT: CAPO
31. MARKT: BALLARÒ
32. LUAN

33. DEJA VU
34. QUIR
35. MODUSVIVENDI
36. VUEDU
37. LA COPPOLA STORTA
38. LA RINASCENTE
39. MITZICA
40. OFFICINE ACHAB

🟢 **100% THERE**
> S. 78–81
41. HAMMAM
42. ORTO BUTANICO
43. FORO ITALICO
44. CARCERE DELL'UCCIARDONE
45. MONTE PELLEGRINO

46. STADIO RENZO BARBERA
47. DIE SIZILIANISCHE KÜCHE ENTDECKEN

🟠 **AUSGEHEN > S. 81–84**
48. CANA ENOTECA
49. MIKALSA BAR
50. I GRILLI GIÙ
51. PALAB
52. I CANDELAI
53. NUOVO MONTEVERGINI

🔴 **ÜBERNACHTEN**
> S. 84–85
54. ARTEPALERMO
55. 4 QUARTI

56. QUINTOCANTO HOTEL & SPA
57. ALLA KALA
58. BB22
59. GRAND HOTEL ET DES PALMES
60. HOTEL PRINCIPE DI VILLAFRANCA

SCHLAFEN WIE DIE EINHEIMISCHEN:
61. CASA PALAZZO CATTOLICA
62. CASA PANORAMICA BLU
63. CASA BALMOSSIÈRE CHARTROUX

der Ägide der Mafia, kräftig angekurbelt, um Wohnraum für die prognostizierte eine Million Einwohner zu schaffen. Wohnblock um Wohnblock wurde aus dem Boden gestampft, doch der erwartete Bevölkerungszuwachs blieb aus. Beispiele dieses zügellosen Wildwuchses sieht man im Badeort Mondello und auch vom Monte Pellegrino aus.

Im "neuen" Zentrum der Stadt, das von der Via della Libertà durchschnitten wird, mussten zahlreiche Jugendstilbauten unansehnlichen Hochhäusern weichen – nicht selten unter Druck der Mafia. Dennoch gehört die Gegend nach wie vor zu den teuersten der Stadt und bietet nette Shoppingmöglichkeiten und einige gute Restaurants. Die Altstadt, die im Krieg stark gelitten hat und lange Zeit dem Verfall preisgegeben war, beginnt in etwa beim Teatro Massimo. Die Rundumerneuerung, die 1995 ihren Anfang nahm, wird noch einige Zeit fortdauern. Doch es hat sich bereits viel getan. Schön renovierte Gebäude zeugen von der Aufbruchsstimmung.

PALERMOS VIERTEL

Die Viertel in der alten Stadt wurden von den Einheimischen nach den jeweiligen Märkten benannt.

KALSA hat keinen Markt mehr, der fiel wie so vieles in diesem Viertel den Luftangriffen im Zweiten Weltkrieg zum Opfer. Danach verfiel die Gegend zusehends und viele Menschen zogen fort. Erst in den 1990er-Jahren kam die Wende. Heute ist Kalsa, vor allem die Gegend um die Piazza Kalsa und die Piazza Marina, ein Hotspot, der zum Shoppen, Essen und Ausgehen einlädt.

BALLARÒ

VUCCIRIA, der Markt in der Nähe der Piazza Caracciolo und in der Via Argenteria, war und ist sehr wichtig für die Stadt. Hier findet man einfach alles: von Gemüse, getrockneten Kräutern über marinierten Tintenfisch bis hin zu eingelegten Kapern. Morgens ist die Gegend voller Touristen, abends und nachts gehört sie den Studenten und Künstlern.

CAPO Dieser typisch palermische Markt erstreckt sich von der Porta Carini, einem wunderbaren Ort, um die Morgensonne zu genießen, bis zur Via Sant'Agostino/Via Bandiera, wo man gefälschte Markenkleidung und alles für die Aussteuer findet. Um Capo herum stehen zahlreiche Kirchen. Sehenswert ist auch die Piazza della Memoria mit dem bewachten, im Stil des Rationalismus erbauten Justizpalast.

BALLARÒ Auf diesem Markt kaufen viele Palermer preisgünstig für den täglichen Bedarf ein oder besorgen sich an einem der zahlreichen Essensstände eine Kleinigkeit zu essen. Die Besucher und Produkte kommen aus aller Welt, dennoch wirkt der Markt noch sehr ursprünglich. Die Gegend zwischen der Piazza Ballarò und der Piazza del Carmine mit den vielen verwinkelten und engen Gassen kann ein bisschen unheimlich wirken. Achten Sie gut auf Ihre Wertsachen.

CAPPELLA PALATINA

PRAKTISCH

Palermo lässt sich am besten zu Fuß erkunden. Wer das Auto vorzieht, braucht viel Geduld und etwas Kleingeld. In den meisten Bereichen der Altstadt kann man für 1 Euro pro Stunde parken (achten Sie auf die blauen Markierungslinien). Weitere Parkmöglichkeiten gibt es an der Piazza Marina (bewacht), der Piazza Ungheria und unter dem Justizpalast an der Piazza della Memoria (etwa 2 Euro/Stunde). Auch der Bus ist eine gute – aber nicht immer sehr pünktliche – Alternative, denn das Busnetz Palermos ist gut ausgebaut. Für autofreie Erkundungstouren ins Umland bieten sich entweder der Zug (Hauptbahnhof an der Piazza Giulio Cesare) oder Regionalbusse an.

SEHENSWÜRDIGKEITEN

Palermo ist ein großes Freiluftmuseum: Allein in der Altstadt gibt es um die 158 Kirchen und 400 Palazzi! Welche Kirche oder welchen Innenhof Sie auch immer betreten, meist lohnt sich ein Blick. Oft warten hinter einer Tür oder einem Tor verborgene Schätze.

Typisch für die Baukunst Palermos sind der arabisch-normannische Stil und die vielen barocken Bauten aus der zweiten Blütezeit der Stadt. Bedeutende Künstler waren der Bildhauer Giacomo Serpotta und der Architekt Giovanni Basile aus dem 19. Jahrhundert. Viele Sehenswürdigkeiten links und rechts der Via Vittorio Emanuele sind gut zu Fuß zu erreichen. Einzige Ausnahme: die Catacombe dei Cappuccini, die etwas weiter westlich liegen. Nicht weit von der Kapuzinergruft entfernt befinden sich nördlich das Castello della Zisa, ein arabischer Palast aus dem 12. Jahrhundert, und südlich La Cuba, ein normannischer Palast aus der gleichen Periode.

PALAZZO DEI NORMANNI Im Mittelalter war der große Normannenpalast (auch Königspalast genannt) das Zentrum der Rechtsprechung, seit 1921 ist er der Sitz des sizilianischen Parlaments. In der ersten Etage befindet sich eine der bedeutendsten Sehenswürdigkeiten der Stadt: die **CAPPELLA PALATINA**. Nach dem Betreten der Palastkapelle lassen einen die herrlichen Mosaiken, mit denen die Wände und Decken teils opulent bedeckt sind, staunen. Stundenlang kann man sich in den detailreichen Verzierungen und dargestellten Bibelszenen verlieren und immer wieder Neues entdecken. Für den Boden wurde Marmor verwendet, die hölzerne Decke ist reich mit arabischer Schnitzkunst verziert. Die Kapelle ist eine perfekte Mischung aus normannischer, byzantinischer und arabischer Baukunst; die Mosaiken gehören zu den schönsten der Welt. Es hätte König Roger II., der 1132 den Auftrag zum Bau gab, sicher mit Stolz erfüllt, wenn er gewusst hätte, wie viele Menschen die Kapelle tagtäglich besuchen. Wer sich alles in Ruhe anschauen möchte, sollte so früh wie möglich kommen. In der zweiten Etage befinden sich die Appartamenti Reali, die Königsgemächer, wie zum Beispiel die Sala di Ruggero, das Schlafzimmer des Königs, das Tier- und Pflanzenmosaike aus dem 12. Jahrhundert aufweist. Fotografieren ist hier verboten, da der Raum an die Par-

lamentsbüros grenzt. Führungen werden auf Italienisch und auf Wunsch (und bei Voranmeldung per E-Mail an *fondazione@federicosecondo.org*) auch auf Englisch angeboten.
PIAZZA INDIPENDENZA 1, T 091 6262833, GEÖFFNET: MO-SA 8.15-17.00, SO 8.15-12.15, CAPPELLA PALATINA MO-SA 9.45-11.15, APPARTAMENTI REALI NUR FR-MO, EINTRITT: 8,50 €

CHIESA DI SAN GIOVANNI DEGLI EREMITI Die Kirche mit den fünf roten "Kuppeln" ist Palermos renommiertestes Beispiel arabisch-normannischer Baukunst. Im Inneren sind nur noch schemenhaft die Reste alter Fresken zu erkennen, draußen wartet ein friedlicher Garten, eine Oase der Ruhe mit Orangenbäumen, Schmetterlingen und Kakteen. Den schönsten Blick auf den orientalischen Garten haben Sie vom Glockenturm der Pfarrkirche San Giuseppe Cafasso aus, südwestlich des Gartens.
VIA DEI BENEDETTINI 18, T 091 6515019, GEÖFFNET: DI-ZO 9.00-18.30, EINTRITT: KIRCHE 6 €, TURM 2 €

CATTEDRALE DI PALERMO Die sandgelbe Kathedrale, der blaue Himmel, das Grün der Pflanzen und Palmen – ein Anblick wie aus dem Bilderbuch. Das Gotteshaus wurde während der normannischen Herrschaft im 12. Jahrhundert errichtet und gilt als Paradebeispiel arabisch-normannischer Baukunst. Die Normannen hatten damals durchaus eigene Vorstellungen, wie Bauwerke auszusehen hatten, machten sich aber auch die Fähigkeiten arabischer Baumeister und Handwerker zunutze. Da die Kirche über die Jahrhunderte hinweg oft umgebaut wurde, gibt es auch gotische, neoklassizistische und maurische Elemente. Diese Mixtur von Baustilen ist keineswegs störend, im Gegenteil, sie scheint die Faszination nur noch zu steigern. Setzen Sie sich draußen auf eine Bank und lassen Sie die geometrische Struktur, die Barockkuppel, den gotischen Glockenturm und die Spitzbögen des Eingangs auf sich wirken. Das Innere der Kirche wirkt eher schlicht. In einer Kapelle stehen die Sarkophage der Könige Roger (Ruggero) II. und Friedrich (Federico) II. Noch wichtiger für die Einheimischen ist jedoch die Urne der Schutzpatronin Santa Rosalia.
CORSO VITTORIO EMANUELE, WWW.CATTEDRALE.PALERMO.IT, T 091 334373, GEÖFFNET: TÄGLICH 7.00-19.00 AUSGENOMMEN WÄHREND MESSEN (MO-SA 7.30 & 18.00, SO 8.45, 9.45, 11.00 & 18.00), GRATIS

QUATTRO CANTI Der Platz wurde im frühen 17. Jahrhundert gestaltet und ist ein Paradebeispiel für den Städtebau jener Zeit in Europa. Er liegt an der Kreuzung zweier großer Straßen, die Palermo in vier *mandamenti* (Viertel) unterteilten: Kalsa im Südosten, Albergheria im Südwesten, Capo im Nordwesten und Castellammare im Nordosten. Im Volksmund nannte man die Viertel nach ihren Märkten: Kalsa, Ballarò, Capo und Vucciria. Offiziell heißt dieser achteckige Platz Piazza Vigliena nach dem spanischen Vizekönig. Dieser erteilte 1611 den Auftrag, Statuen mit Abbildungen der vier Jahreszeiten, der spanischen Könige und der Schutzheiligen der Stadt in die Barockfassaden der Häuser zu integrieren.
KREUZUNG CORSO VITTORIO EMANUELE / VIA MAQUEDA

FONTANA PRETORIA Der dreistöckige Springbrunnen in der Nähe des Platzes Quattro Canti war ursprünglich gar nicht dazu bestimmt, die Piazza Pretoria zu ver-

CATTEDRALE DI PALERMO

schönern. Er wurde in der Zeit von 1552 bis 1555 von dem Bildhauer Francesco Camillini für den Vorgarten einer toskanischen Villa geschaffen. Die Gestalten aus der Sagenwelt, die Monster und Sirenen, doch vor allem die zahlreichen Aktstatuen missfielen dem Sohn des Auftraggebers allerdings, sodass er den Springbrunnen an Palermo verkaufte und in Einzelteilen dorthin verschiffen ließ. Nach der Enthüllung erröteten offenbar auch die Einheimischen, und so entstand der Spitzname "Brunnen der Scham". Nachts wird der Brunnen erleuchtet. Von der Treppe der Chiesa di Caterina hat man einen schönen Blick darauf.
PIAZZA PRETORIA

LA MARTORANA, oder offiziell **CHIESA DI SANTA MARIA DELL'AMMIRAGLIO** ist aus verständlichen Gründen ein beliebter Ort für Hochzeitsgesellschaften. Eine bessere Kulisse, drinnen wie draußen, findet man als Fotograf kaum. Die Kapelle ist atemberaubend schön. Die normannische Kirche, die Mitte des 12. Jahrhunderts entstand, ist mit byzantinischen Mosaiken reich bestückt. Im 16. Jahrhundert wurde sie stark verändert und erweitert und erhielt ihre barocke Fassade. Im Inneren gibt es so viel Schönes zu bewundern, dass man aus dem Staunen kaum herauskommt.
PIAZZA BELLINI 3, T 091 6161692, GEÖFFNET: MO-SA 9.30-13.00 & 15.30-17.30, SO 9.00-10.30, EINTRITT: 2 €

QUATTRO CANTI

CHIESA DI SAN CATALDO Die arabisch-normannische Kirche mit den drei roten Kuppeln ist genauso außergewöhnlich wie die Nachbarkirche La Martorana. Zusammen ergeben sie ein schönes Bild und sind obendrein ein großartiges Beispiel für Palermos multikulturelle Vergangenheit.
PIAZZA BELLINI 1, T 091 6077111, GEÖFFNET: MÄRZ-OKT. MO-SA 9.30-12.30 & 15.00-18.00, SO 9.00-14.00, NOV.-FEBR. TÄGLICH 9.00-14.00, EINTRITT: 2 €

PALAZZO BELMONTE RISO Die Markierungen auf der Straße weisen den Weg zum Museum für moderne Kunst, das sich mit Café und Buchladen in einem schönen, teilweise restaurierten Palazzo aus dem 18. Jahrhundert befindet. An diesem international geprägten Ort geht es jedoch nicht nur um die Kunst, sondern um das komplette Erlebnis: Der hübsche Innenhof ist immer zugänglich, und das helle Café mit den hohen Fenstern und durchsichtigen Stühlen lädt dazu ein, eine Pause einzulegen und neue Pläne zu schmieden, während draußen die Hektik der Stadt tobt.
CORSO VITTORIO EMANUELE 365, WWW.PALAZZORISO.IT, T 091 320532, GEÖFFNET: DI-SO 10.00-20.00, EINTRITT: 6 €

TEATRO MASSIMO 1875 wurde mit dem Bau dieses eindrucksvollen, von dem Architekten Giovanni Basile entworfenen Theaters begonnen. Das Innere des Opernhauses ist farblich von Rot und Gold geprägt und verfügt über wunderschöne umlaufende Balkone. Die beiden Jugendstil-Kioske draußen stammen ebenfalls von der Architektenfamilie Basile. Mit etwas Fantasie kann man sich vorstellen, wie einst die Pferdewagen hier vorbeifuhren – natürlich nur, falls gerade keine Touristen fotografieren. Nach 24 Jahren "Renovierung à la Mafia" ist das Theater seit 1997 wieder für Vorstellungen und Führungen geöffnet. Das Publikum zieht dem Haus angemessen in puncto Garderobe sämtliche Register. Vor der Vorstellung einen Blick auf die Opernfreunde zu werfen, lohnt sich, denn so lernen Sie den sizilianischen Geschmack kennen: viel Haarspray, Brillen mit Goldfassung und Glitzerboleros.
PIAZZA VERDI, WWW.TEATROMASSIMO.IT, T 091 6053267, T 091 6053580 (KASSE), GEÖFFNET: DI-SO 9.30-17.00, PREIS: FÜHRUNG 9 € (25 MIN.), VORSTELLUNG 25-125 €

Die dramatische Schlussszene des Films Der Pate – Teil III *spielt auf der Treppe des Teatro Massimo.*

MUSEO ARCHEOLOGICO REGIONALE präsentiert sich, wie man es von einem Archäologiemuseum erwartet: Außen bröckelt der Putz und innen wirkt alles etwas verstaubt. Doch der erste Eindruck täuscht, denn das Museum weist eine der besten altertümlichen Sammlungen Europas auf. Auf drei Stockwerken drängen sich Funde der wichtigsten archäologischen Orte Siziliens wie Agrigent, Syrakus, Selinunte und Mozia. Zu den größten Schätzen zählen die Metopen (Zierelemente eines Tempelfrieses) von Selinunte und ein bronzener Widder aus Syrakus.
VIA BARA ALL'OLIVELLA 24, T 091 6116805, GEÖFFNET: TÄGLICH 8.30-13.30, EINTRITT: 6 €

ORATORIO DI SAN LORENZO Hier kann man das Werk von Giacomo Serpotta (1652–1732) bewundern, der aus Palermo stammte und zum wichtigsten sizilianischen Bildhauer des späten Barock und frühen Rokoko wurde. Seine dekorativen Stuckarbeiten zeichnen sich vor allem durch Putten aus: Kinderfiguren mit oder ohne Flügel in den verschiedensten Haltungen. An den Heiligenstatuen und Putten im Oratorio di San Lorenzo arbeiteten auch sein Bruder und sein Sohn Procopio mit. Früher hing hier auch das Gemälde *Christi Geburt mit den Heiligen Laurentius und Franziskus* von Caravaggio. Es wurde jedoch 1969 gestohlen und leider nie wieder gefunden.
VIA IMMACOLATELLA, T 091 582370, GEÖFFNET: TÄGLICH 10.00-18.00, EINTRITT: 2,50 €

Weitere Werke Serpottas finden Sie im:
- *Oratorio del Rosario di San Domenico auf der Rückseite der Barockkirche Chiesa di San Domenico am gleichnamigen Platz (Via dei Bambinai 2, Mo. bis Fr. 9 bis 13 Uhr),*
- *Oratorio del Rosario di Santa Zita (Via Valverde 3, Mo. bis Sa. 9 bis 13 Uhr)*

PIAZZA MARINA ist einer der größten Plätze der Stadt. In seiner Mitte liegt der Garten Giardino Garibaldi mit einem riesigen *Ficus magnolioides* (Großblättrige Feige) mit erstaunlich verschlungenen Wurzeln. Der Platz wird vom Palazzo Chiaramonte flankiert, der auch **STERI** genannt wird. Dieser Palast der Familie Chiaramonte aus dem 14. Jahrhundert wurde 1600 zum Hauptsitz der Inquisition. In dem schönen Giardino Garibaldi fanden regelmäßig Hinrichtungen statt. Heute hat der Steri zum Glück eine ganz andere Funktion und beherbergt Universitätsbüros. Im Rahmen einer Führung kann man Überreste von Zellen (mit verzweifelten Kritzeleien und Zeichnungen) und eine imposante bemalte Decke aus dem Mittelalter besichtigen. Höhepunkt ist das Gemälde *Vucciria* von Renato Guttuso aus dem Jahr 1974.
PIAZZA MARINA, STERI, GEÖFFNET: DI-SA 9.00-13.00 & 14.30-18.30, SO 10.00-14.00, EINTRITT: 5 €

Inspirationsquelle für das Gemälde Vucciria *(1974) von Renato Guttuso, das im Steri hängt, war der gleichnamige Markt.*

PALAZZO ABATELLIS oder Galleria Regionale della Sicilia ist ein Museum mit Gemälden und anderen Kunstschätzen vom Mittelalter bis zum 18. Jahrhundert. Es befindet sich im Stadtteil Kalsa in einem katalanisch-gotischen Palast, der unter Erhalt der alten Gewölbe und Tore geschmackvoll restauriert wurde. Die Kunstwerke wie die Büste der Prinzessin Eleonora von Aragón, das Porträt der Verkündigungsmadonna Annunziata di Palermo sowie große goldene Kruzifixe aus dem 15. Jahrhundert hängen in 16 Sälen verteilt und können ihre Wirkung voll entfalten. Eine Besonderheit: Man kann Studenten bei Restaurierungsarbeiten an Gemälden und Ikonen zuschauen.
VIA ALLORO 4, T 091 6230000, GEÖFFNET: DI-SA 9.00-18.30, EINTRITT: 8 €

FONTANA PRETORIA

CHIESA DI SANTA MARIA DELLO SPASIMO ist eine "Kirche ohne Dach" mit Bäumen im Innenraum und einem echten "Sternengewölbe". Dieser außergewöhnliche Bau liegt im Herzen von Kalsa und hat eine wechselvolle Geschichte aufzuweisen. 1506 entstanden, fungierte "Lo Spasimo" später auch als Theater, Kornspeicher, Krankenhaus und Hospiz. Lange Zeit verfiel das Gebäude immer weiter, bis es 1995 restauriert und zu dem gemacht wurde, was es heute ist: ein Kulturzentrum, das "Zuhause" von Palermos Jazzakademie und der Stolz einiger Palermer.
VIA DELLO SPASIMO 15, T 091 6171658, GEÖFFNET: FR-MI 8.00-11.00 & TÄGLICH 16.30-18.00, GRATIS, SIEHE WWW.THEBRASSGROUP.IT FÜR KONZERTE

CATACOMBE DEI CAPPUCCINI ist eine der bizarrsten Sehenswürdigkeiten der Stadt. In den Katakomben liegen und hängen etwa 8000 mumifizierte Körper und Skelette von Palermern aus dem 16. bis ins 20. Jahrhundert. 1533 begannen Kapuzinermönche damit, Körper einzubalsamieren. Da ihre Arbeit sehr erfolgreich war, waren ihre Kenntnisse gerade für Verstorbene aus dem wohlhabenden Bürgertum oder aus Adelsgeschlechtern sehr gefragt. Die Leichen wurden dann in ihrer schönsten Kleidung an den Mauern der Katakomben aufgehängt. Eine Tradition, die noch bis vor etwa 90 Jahren gepflegt wurde. Als Letzte kam Rosalia in die Katakomben, ein zweijähriges

ENOTECA PICONE

Mädchen, deren Körper noch so intakt aussieht, dass es wirkt, als schlafe das Kind nur. Leider nahm ihr behandelnder Arzt das Geheimnis seiner Balsamierungskünste mit ins Grab. Auf dem Friedhof neben dem Kloster befindet sich das Grab des sizilianischen Schriftstellers Giuseppe Tomasi di Lampedusa (*Der Gattopardo*).
PIAZZA CAPPUCCINI 1, T 091 212117, GEÖFFNET: MO-SA 9.00-13.00 & 15.00-17.00 (SOMMER BIS 19.00), SO 9.00-13.00, EINTRITT: 3 €

ESSEN & TRINKEN

Eigentlich dreht sich in Palermo den ganzen Tag alles nur ums Essen. Und essen kann man überall, vor allem in der und um die Via della Libertà, auf der Piazza Marina, in Richtung der Piazza Kalsa (halb legale Lokale mit Fisch vom Grill eingeschlossen) oder in den Straßen gegenüber dem Teatro Massimo. Viele Bars servieren einen *aperitivo*: einen Drink und ein paar (meistens) kostenlose Häppchen (von ein paar Oliven bis zu einem ganzen Buffet). Dieser Trend kam vor etwa zehn Jahren aus Mailand auf die Insel und findet hier viele Nachahmer.

Typisch für Palermo ist auch das riesige Angebot an streetfood (cibo di strada), was sich aus seiner jahrhundertelangen multikulturellen Geschichte erklärt. Im Sprachführer dieses Guides finden Sie Übersetzungen für solche und andere sizilianische und italienische Gerichte.

FRANCO U'VASTIDDARO nennt man auch den König der *panelle*. Das sind frittierte Kichererbsen-Krapfen, die häufig in einem Sandwich gegessen werden. Wer sizilianisches *streetfood* kennenlernen will, ist hier goldrichtig. Francos Imbiss hat mittlerweile zwar auch Tische und Stühle, doch der echte Sizilianer isst im Stehen.
CORSO VITTORIO EMANUELE / ECKE PIAZZA MARINA, GEÖFFNET: TÄGLICH 12.00-0.00, PREIS: SANDWICH AB 2,50 €

ANTICA FOCACCERIA DI SAN FRANCESCO Den Sandwichladen gibt es bereits seit 180 Jahren und davon zeugt auch die altmodische Einrichtung mit dem alten Tresen. Mittlerweile hat das Geschäft jedoch deutlich expandiert und verfügt über eine Terrasse auf dem netten Platz. Zu Abend essen kann man übrigens auch. Gönnen Sie sich unbedingt einen Kaffee mit einem *cornetto con crema* (Hörnchen mit Creme) oder einem *panino con milza* (Sandwich mit Milz) in dem alten Laden. Der Inhaber schloss sich als einer der ersten Unternehmer der Addiopizzo-Bewegung (siehe Seite 74) an. Polizeibeamte in Zivil gehören hier zum Alltag.
VIA A. PATERNOSTRO 58 / PIAZZA S. FRANCESCO D'ASSISI, WWW.AFSF.IT, T 091 320264, GEÖFFNET: JUNI-SEPT. DI-SO 12.00-15.30 & 17.00-23.30, OKT.-MAI AB 8.00, PREIS: SANDWICH AB 3 €

Die Bewegung Addiopizzo ("Tschüss pizzo") entstand 2004. Als pizzo wird das Schutzgeld bezeichnet, das an die Mafia gezahlt wird. Freunde wollten ein Café eröffnen, wehrten sich gegen die Zahlung und warben mit dem Spruch "Bezahle den, der nicht bezahlt". Eine Karte mit 400 Adressen von pizzo-Verweigerern (etwa 20 Prozent aller Unternehmer) bekommt man bei Punto Pizzo Free im Corso Vittorio Emanuele 172.

AI CASCINARI serviert *polpette di melanzane*, von denen man noch tagelang träumen kann. Die Auberginen-Kugeln zergehen auf der Zunge und überraschen mit frischem Basilikumgeschmack. Auch die *spaghetti al nero di seppia* und das zarte Fleisch des *bollito* sind ein Gedicht und lassen einen immer wieder gern dieses schlichte Lokal aufsuchen. Eine Lieblingsadresse der Einheimischen.
VIA D'OSSUNA 43, T 091 6519804, GEÖFFNET: MI-SA 12.30-14.30 & 20.00-22.30, SO-DI 12.30-14.30, PREIS: 15 €

FERRO DI CAVALLO bietet schon seit 1944 traditionelle Gerichte, die früher einmal als Armeleuteessen galten. Heute sind diese schmackhaften Speisen, leicht an moderne Maßstäbe angepasst, der ganze Stolz des Restaurants, in dem man wunderbar zu Mittag essen kann. Die *involtini di melanzane* (Auberginen-Röllchen) oder *polpette di sarde* (Sardinenbällchen) sind köstlich. Reservieren empfiehlt sich.
VIA VENEZIA 20, WWW.FERRODICAVALLOPALERMO.IT, T 091 331835, GEÖFFNET: MO-SA 10.00-15.30, MI-SA AUCH 19.45-23.30 (AUG. AUCH MO & DI), PREIS: 10 €

ENOTECA PICONE Willkommen im Weinparadies der Familie Picone, in dem 7000 Sorten Wein und ganze 218 Sorten Champagner darauf warten, probiert zu werden. Auf einem Barhocker aus Weinkisten genießt man hier mit etwas Käse und Wurst, Carpaccio von Fisch oder Fleisch oder gar Austern die besten Tropfen. Tipp: Erst in dieser Enoteca einstimmen und dann im nahe gelegenen Altri Tempi essen gehen.
VIA MARCONI 36, WWW.ENOTECAPICONE.IT, T 091 331300, GEÖFFNET: MO-SA 8.30-13.30 & 16.00-22.00, WEINPROBE AB 18.00, PREIS: APERITIF 15 €

ALTRI TEMPI Hier bekommen Sie in Vergessenheit geratene sizilianische Gerichte wie *sasizza e cavuliceddi* (Wurst mit Gemüse). Ein angenehmes Lokal, auf dessen Terrasse an der Straße man wunderbar sitzen kann. Wein und Wasser werden nachgeschenkt und sind im – erschwinglichen – Preis inbegriffen. Im Sommer teils wegen Urlaubs geschlossen, schauen Sie auf der Website nach.
VIA SAMMARTINO 65, WWW.TRATTORIAALTRITEMPI.IT, T 091 323480, GEÖFFNET: TÄGLICH 12.30-15.00 & 20.00-23.30, PREIS: 10 €

ACANTO Schon allein der schöne Garten lohnt einen Besuch, doch dann sind da ja noch die köstlichen Gerichte, die ein kleines bisschen kreativer gestaltet sind als in anderen Restaurants. Wie wäre es mit Lammkeule mit Pistazienkruste oder Gemüsecrumble mit Pecorinosoße? Auch ein guter Ort, um Leute zu beobachten.
VIA TORREARSA 10, WWW.RISTORANTEACANTO.IT, T 091 6014567, GEÖFFNET: DI-SO 18.30-0.00, PREIS: 20 €

CIOCCOLATERIA LORENZO

SAPORI PERDUTI gilt als eines der besseren Restaurants von Palermo. Die nüchterne Einrichtung wurde vom Küchenchef, der auch Architekt ist, persönlich entworfen und ist genauso stilvoll wie seine Gerichte. Traditionelles wird mit Neuem kombiniert und so entstehen herrliche Geschmacksperlen, die sorgfältig präsentiert werden.
VIA PRINCIPE DI BELMONTE 32, T 091 327387, GEÖFFNET: MO-SA 13.00-15.00 & 19.00-23.00, SO 12.30-15.00, PREIS: 12 €

ANTICO CAFFÈ SPINNATO gilt zu Recht als Institution. Begonnen hat das Ganze 1860 mit einer Bäckerei, heute existieren in der Stadt mehrere Cafés und Geschäfte. Das Antico Caffè ist wegen seiner schönen Lage und der klassischen Einrichtung sehr beliebt. Es ist ein Geheimtipp für Marzipanfreunde und ein idealer Ort, um einen guten Kaffee, einen Aperitif oder ein leichtes Mittagessen zu konsumieren.
VIA PRINCIPE DI BELMONTE 107-115, WWW.SPINNATO.IT, T 091 7495104, GEÖFFNET: TÄGLICH 8.00-0.00, PREIS: CANNOLO 3 €

BAR MAZZARA existiert seit 1909 und befindet sich in einem ruhigen Innenhof im Herzen des Trubels. Man muss schon überzeugter Asket sein, um sich von den köstlichen Törtchen (*cassata da mazzara*) oder einem *brioche con gelato* nicht verführen zu lassen.
VIA MAGLIOCCO 19 / PIAZZALE UNGHERIA, T 091 321443, GEÖFFNET: TÄGLICH 7.00-23.00, PREIS: EIS/ARANCINE 1,50 €

DEJA VU

CIOCCOLATERIA LORENZO Zwischen den Einheimischen sitzt man auf Bistrostühlen auf dem schmalen Bürgersteig und nascht Köstliches aus Schokolade. Natürlich gibt es in dieser Bar auch einen perfekten Cappuccino.
VIA IV APRILE 7, T 091 7840864, GEÖFFNET: DI-SO 8.00-20.00, PREIS: KAKAO 3 €

KURSAAL KALHESA ist ein multifunktionales Zentrum an der alten Stadtmauer und hat einen großen Innenhof. Sie finden dort eine asiatisch eingerichtete Weinbar samt Restaurant und eine tolle Buchhandlung, in der Sie für jeden Geschmack etwas finden. Einer der schönsten Orte Palermos, an denen man gemütlich bei einem Tee oder Glas Wein in einem Buch oder einer Zeitung schmökern kann oder in guter Gesellschaft die Zeit verbringen kann. Die Bar im Erdgeschoss verwandelt sich am Wochenende in einen Club. Beim Kursaal befindet sich auch der Parco Culturale del Gattopardo (*www. parcotomasi.it*), der dem Autor Giuseppe Tomasi di Lampedusa gewidmet ist.
FORO ITALICO UMBERTO I 21, WWW.KURSAALKALHESA.IT, T 091 6162282 (RESTAURANT), GEÖFFNET: DI-SA 12.00-15.00 & 19.00-1.30, SO 12.00-1.30 (DINER AB 20.30), BUCHHANDLUNG DI-SO 18.00-1.30, PREIS: APERITIF 7 €

GELATERIA ILARDO ist eine altmodische Eisdiele mit stilvoll in Schwarz-Weiß gekleideten Obern. Genießen Sie Ihr Eis auf der Terrasse oder nehmen Sie es mit ans

Wasser, wo Sie Kreuzfahrtdampfer und Fähren beobachten können. Unbedingt probieren: die Sorte *gelsi* (Maulbeere)!

FORO ITALICO UMBERTO I 11, T 091 6164413, GEÖFFNET: TÄGLICH 7.00-0.00, PREIS: 2,50 €

SHOPPEN

Palermo verfügt nicht über allzu viele außergewöhnliche Boutiquen oder coole Shops. In der Umgebung der Via Torrearsa und der Via Gaetano Daita kommen Shoppingfreunde allerdings schon recht weit. In der Via della Libertà finden Sie elegante Modehäuser und weiter Richtung Süden, in der Via Ruggero Settimo, Filialen verschiedener Ketten. Dort und in der Altstadt gibt es auch einige Konzept- und Designerläden. In der Via Roma und der Via Maqueda stoßen Sie auf ein bunt gemischtes Angebot. Natürlich dürfen Sie auch die Märkte nicht vergessen!

MÄRKTE In der Altstadt kann man Märkte besuchen, die es seit Jahrhunderten gibt und die an arabische Souks erinnern. Siehe auch auf Seite 62 und 63 unter der Überschrift "Palermos Viertel".

LUAN Wer es bereut, nur das Basissortiment an Kleidung eingepackt zu haben, sollte bei Luan vorbeischauen und die farbenfrohen Outfits mit den fröhlichen Aufdrucken durchstöbern. Ein Outlet gibt es auch.
VIA MAZZINI 28 & VIA BARA ALL'OLIVELLA 113 (OUTLET), WWW.LUANPRODUCTION.COM, T 091 336906 / 091 6118640 (OUTLET), GEÖFFNET: TÄGLICH 9.00-20.00

DEJA VU Eine alte Kamera, eine Sonnenbrille oder ein Kleid in amerikanischem Stil? Wer den Laden betritt, fühlt sich in eine Filmkulisse der 1950er-Jahre versetzt. Das Sortiment umfasst amerikanische Vintage-Dinge aus den 1940er- bis 1970er-Jahren.
VIA MAZZINI 38, T 091 5503675, GEÖFFNET: DI-SA 10.30-20.00

QUIR Im Atelier des extravaganten Massimo kann man zwischen allerlei Lederstücken herumstöbern und die perfekte Tasche oder den idealen Gürtel suchen. Alle Taschen sind Handarbeit und oft genauso farbenfroh wie der Meister selbst.
VIA PONTICELLO 55-57, T 091 2515038, GEÖFFNET: TÄGLICH 9.00-19.30

MODUSVIVENDI bietet ein reiches Sortiment an italienischer Literatur, aber auch Kunst- und Kochbücher (zum Beispiel einen dicken Wälzer über die Vorteile von Nutella). Die Buchhandlung organisiert auch viele Events, meist nur in italienischer Sprache.
VIA QUINTINO SELLA 79, WWW.MODUSVIVENDI.PA.IT, FB MODUSVIVENDI.LIBRERIA, T 091 323493, GEÖFFNET: MO 16.00-20.00, DI-SA 9.00-13.00 & 16.00-20.00

VUEDU ist einer der wenigen echten Konzeptläden der Stadt und wurde von Artdirector Daniela Vinciguerra gegründet. Sie verkauft Einrichtungsdesign, klassische Möbel,

(zum Teil selbst entworfene) Kleidung, Taschen und Schmuck, beispielsweise von Desadorna (www.desadorna.com).
VIA SPERLINGA 32, WWW.VUEDU.IT, T 091 331943, GEÖFFNET: MO-SA 9.30-13.30 & 16.30-19.30

LA COPPOLA STORTA "Die Schiebermütze wurde früher mit der Mafia assoziiert, doch heute ist sie ein Symbol für Veränderung", so Guido Agnello, der mit Mode gegen die organisierte Kriminalität protestiert. Seit 1999 verkaufen er und seine Tochter weit über Sizilien hinaus diese Kappen (*coppola*) in allen Farben, Mustern und Größen.
VIA BARA ALL'OLIVELLA 74, WWW.LACOPPOLASTORTA.IT, T 091 324428, GEÖFFNET: MO 15.30-19.30, DI-SO 10.00-13.30 & 15.30-19.30

Die Kappen von Coppola Storta werden in San Giuseppe hergestellt, einem alten "Mafianest" wie dem Ort Corleone. Einheimische Handwerker, die arbeitslos waren oder auf dem Schwarzmarkt ihr Brot verdienten, arbeiten heute an den neuesten Kollektionen.

LA RINASCENTE ist der perfekte Zufluchtsort an einem heißen Tag. Das Kaufhaus führt alles, was man von einem Luxuswarenhaus erwarten darf. Die Mozzarella-, Sushi- und Weinbars im obersten Stock haben bis Mitternacht geöffnet. Auf der Terrasse hat man einen schönen Blick auf die Chiesa di San Domenico.
VIA ROMA 289, WWW.RINASCENTE.IT, T 091 6017811, GEÖFFNET: TÄGLICH 9.00-21.00, MOZZARELLABAR OBIKÀ BIS 0.00

MITZICA Das sizilianische Modetalent Alice studierte in Florenz, kehrte in seine Heimatstadt zurück und eröffnete diesen kleinen Laden mit Atelier. Alice ist eine wahre Recycling-Künstlerin: Aus ausrangierten Strandstühlen entstehen Taschen und aus Putztüchern Kostüme.
VIA MAQUEDA 227-229, WWW.MITZICA.IT, T 091 2515262, GEÖFFNET: DI-SA 9.30-20.00

OFFICINE ACHAB verkauft Schmuck aus Gabeln, Marimekko-Kleider, extravagantes Geschirr und verrückte Stühle. Die Galerie mit angeschlossenem Geschäft ist ein Sprungbrett für junge Designer und Künstler.
VIA ALLORO 13, WWW.OFFICINEACHAB.COM, T 091 6161849, GEÖFFNET: MO 16.00-19.30, DI-SA 9.30-13.00 & 16.00-19.30

100% THERE

Essen, naschen, stöbern, riechen, lesen, baden oder Fußball schauen ... Langweilig wird es in Palermo nie.

HAMMAM In der arabischsten Stadt Italiens gibt es natürlich auch ein Badehaus wie vor 1000 Jahren. Optimale Entspannung nach einem Einkaufstag bieten ein Bad, ein Peeling und vielleicht noch eine Massage. Ein Glas Pfefferminztee und arabisches

Gebäck gehören ebenfalls dazu. Auf der Website finden Sie die Öffnungszeiten, selbstverständlich für Frauen und Männer getrennt.
VIA TORREARSA 17/D, WWW.HAMMAM.PA.IT, T 091 320783, GEÖFFNET: SIEHE WEBSITE, PREIS: MASSAGE AB 25 €, BAD 40 €

ORTO BOTANICO Wer dem Trubel der Stadt entkommen will, flüchtet in den Botanischen Garten, der von der Universität Palermo als Lehr- und Forschungsanlage genutzt wird, aber auch Besuchern offen steht. In dieser ruhigen grünen Oase zwitschern Vögel zwischen eindrucksvollen Baumgiganten und duften diverse Kräuter. Hier kann man viele außergewöhnliche Schöpfungen von Mutter Natur bewundern. In der Mitte liegt ein runder Teich mit prachtvollen Seerosen und Schildkröten.
VIA LINCOLN 2, WWW.ORTOBOTANICO.UNIPA.IT, T 091 23891234, GEÖFFNET: TÄGLICH WINTER 9.00-17.00, SOMMER 9.00-20.00, EINTRITT: 5 €

FORO ITALICO ist eine große Grünanlage direkt am Meer, in der man wunderbar spazieren gehen, Fußball spielen, picknicken oder bei einem leckeren Eis den Booten zuschauen kann. Früher war die Anlage eine befestigte Promenade, von der aus man das Meer kaum sah, jetzt treffen sich die Einheimischen hier gern in ihrer Freizeit, nutzen die Grünflächen und flanieren zwischen den ausgefallenen Kunstwerken wie den

MITZICA Ⓛ LA COPPOLA STORTA Ⓡ

FORO ITALICO

"drehenden Köpfen" des Architekten Italo Rota umher. Inspiriert wurde dieser dazu von der Büste der Prinzessin Eleonora, die im Palazzo Abatellis steht.
FORO ITALICO UMBERTO I

CARCERE DELL'UCCIARDONE Einen Blick auf das berüchtigtste Gefängnis Siziliens zu werfen ist durchaus ein Erlebnis. Von hier aus wurden in den 1980er-Jahren Hunderte von Mafiosi zu ihren Prozessen gebracht. Angeblich lebten sie hier "wie in einem Fünfsternehotel" und genossen Krebse und Champagner, die von korrupten Wächtern eingeschmuggelt worden waren. Wenn man heute vor dem Gefängnis steht, kann man miterleben, wie Gefangene Neuigkeiten mit ihren Familien und Freunden auf der anderen Seite der Mauer austauschen: "Wie geht es dem Baby?" "Was hat der Anwalt gesagt?" Vor allem zwischen 18 und 21 Uhr sind die Gespräche gut zu hören.
VIA PIANO DELL'UCCIARDONE / VIA REMO SANDRON

MONTE PELLEGRINO Nach einem Spaziergang durch die Stadt bietet der Aufstieg auf den Berg Besuchern wieder ein ganz anderes Bild Palermos. Die Aussicht ist auf beiden Seiten atemberaubend: in Richtung des Badeorts Mondello und auf den Hafen. Das Heiligtum der Santa Rosalia, der Schutzpatronin von Palermo, sollten Sie unbedingt besuchen. An den Ständen davor kann man neben allem möglichen Kitsch auch im Dunkeln leuchtende Abbilder der Heiligen erwerben. Trotz all des Kitsches und Kommerzes nehmen die Palermer ihre Heilige wirklich sehr ernst. Wer das Heiligtum betreten will, sollte daher die Kleiderordnung respektieren.

MONTE PELLEGRINO: EMPFEHLENSWERT SIND DIE BEIDEN AUSSICHTSPUNKTE, DIE SIE MIT DEM AUTO ENTWEDER ÜBER VIA MONTE PELLEGRINO ODER ÜBER VIA MONTE ERCTA ERREICHEN, SANTUARIO SANTA ROSALIA: VIA BONANNO, WWW.SANTUARIOSANTAROSALIA.IT, GEÖFFNET: TÄGLICH 7.30-12.30 & 14.00-18.30, GRATIS

....

Zum Fest der Santa Rosalia am 15. Juli besteigen viele Einheimische den Monte Pellegrino, um der Heiligen für ein bestandenes Examen, eine geheilte Krankheit oder eine gefundene Liebe ihre Dankbarkeit zu bezeugen. Besonders dankbare Gläubige rutschen sogar auf den Knien zu ihr.

....

STADIO RENZO BARBERA Besorgen Sie sich ein rosa-schwarzes Outfit und dann ab zum Fußball! Das Stadion des U.S. Città Palermo, genannt "Rosanero", bietet 37.000 Zuschauern Platz. Die Termine der Spiele finden Sie in den Lokalzeitungen oder im Internet. Wenn es nicht gerade ein wichtiges Spiel ist, bekommt man vielleicht noch eine Karte (Ausweis nicht vergessen). Das Stadion wird nach dem Park, in dem es liegt, auch "La Favorita" genannt.

VIALE DEL FANTE 11, WWW.ILPALERMOCALCIO.IT, WWW.STADIONEWS.IT, T 091 6901211

DIE SIZILIANISCHE KÜCHE ENTDECKEN Die sizilianische Küche ist eindeutig mediterran, aber auch stark von den kulinarischen Traditionen diverser Völker beeinflusst, die jahrhundertelang hier lebten. Marta Messeri, eine von Palermos aufstrebenden Küchenchefinnen, führt Sie mit Gerichten wie *parmigiana* oder *arancine* in die Kochkunst der Insel ein. Nach dem Kurs wird das Gekochte natürlich gemeinsam verzehrt. Infomationen dazu auf der Website.

WWW.PASSAGETOSICILY.COM

AUSGEHEN

Palermos Nachtleben spielt sich vor allem draußen ab. Auf den Plätzen und Straßen lassen sich Menschen auf einer Kiste als Stuhl nieder oder bleiben einfach mit einem Bier stehen. Gern verbringen die Palermer auch einen langen Abend in einer Enoteca. Wer lieber etwas herumspaziert: Am Wochenende sind die Via Maqueda und die Via Roma abwechselnd autofrei.

CANA ENOTECA Diese kleine Weinbar liegt etwas versteckt in der Via Alloro. Inhaber Gianfranco bringt hier seine drei Leidenschaften zusammen: Freunde, Essen und vor allem guten Wein. Sein großes Sortiment umfasst Tropfen aus berühmten Kellern und sogar experimentelle Weine. Hier bekommt man für sein Geld Qualität. Ideal für einen langen Abend oder einen Besuch nach dem Essen.

VIA ALLORO 105, WWW.CANAENOTECA.IT, T 345 5934130, GEÖFFNET: DI-SO 19.00-0.00 (ESSEN), BAR BIS SPÄTABENDS, 15 JULI-30 AUG. GESCHLOSSEN, PREIS: GLAS WEIN 6 €, KÄSE-/WURSTPLATTE 8 € FÜR 2 PERS.

In diesen Straßen ist abends einiges los:
- *Via Chiavettieri: nahe der Piazza Marina; Bistros und Cafés mit super Stimmung.*
- *Piazza Garrafello: eine alternative und kreative Atmosphäre.*
- *Piazza Rivoluzione: Platz mit zwei beliebten Cafés und einem gemischten Publikum.*

MIKALSA BAR "Bitte ein Bier" – so einfach ist das nicht in einer Bar, die mindestens 50 Biersorten zur Auswahl hat. Auf der Karte finden Sie belgische Biere, aber auch Panormita, das einheimische Bier, das den Palermern 2007 gewidmet wurde. Am Wochenende wird in der Kneipe im Stadtviertel Kalsa häufig Livemusik gespielt.
VIA TORREMUZZA 27, WWW.MIKALSA.IT, T 339 3146466, GEÖFFNET: DI-DO 20.30-1.00, FR-SA 20.30-2.00, PREIS: BIER 5 €

I GRILLI GIÙ ist eine angesagte (Cocktail-)Bar in Vucciria, die neben der alten Chiesa Valverde liegt. Die Bar ist mit Designerlampen und einem verfremdeten schwarzen Pferdekopf auffallend eingerichtet. Auf der großzügigen Terrasse kann man bei entspannter Musik den Abend genießen.
LARGO CAVALIERI DI MALTA 11, T 091 584747, GEÖFFNET: DI-SO 20.00-3.00

PALAB Bevor man hereindarf, muss man erst Clubmitglied werden – das ist allerdings nur eine Formsache. Außer dem Bar-Restaurant gibt es noch einen Ausstellungsraum und eine Bühne. An alles ist gedacht: Für den *aperitivo* am Freitag und Samstag und das sonntägliche Mittagessen gibt es sogar einen Babysitter. Das Lokal befindet sich in ehemaligen Pferdeställen.
PIAZZETTA DEL FONDACO 1, WWW.PALAB.IT, T 091 6515527, GEÖFFNET: BAR MI-SO 19.00-2.00

Der obligatorischen Mitgliedschaft begegnet man in mehreren Lokalen und Clubs der Stadt. Das scheint ewas kompliziert, hat aber nicht viel zu bedeuten. Meistens muss man nur seinen Namen und/oder Wohnort eintragen und erhält dann einen Ausweis. Da eine Gewerbeerlaubnis in Palermo oft nur schwer zu bekommen ist, eröffnen viele Läden als "Kulturvereinigung" und schenken Getränke nur an Mitglieder aus – eine von offizieller Seite geduldete Praxis.

I CANDELAI Der Club ist nicht zu angesagt und daher auch nicht so überlaufen, aber ideal zum Tanzen. Er befindet sich in einem ehemaligen Bordell, und die Einrichtung wirkt, als hätte sie der Hutmacher aus *Alice im Wunderland* persönlich ausgesucht. I Candelai ist ebenfalls eine "kulturelle Vereinigung" und bietet verschiedene Events

an: "Spezialabende" mit Konzert, Theatershows oder Partys. Freitags ist Tanzabend. Von Juni bis September schließt der Club in der Stadt und eröffnet unter freiem Himmel als Le Terrazze dei Candelai an der Küste in Sferrocavallo.
VIA CANDELAI 65, WWW.CANDELAI.ORG, T 091 327151, GEÖFFNET: OKT.-MAI DI-SA 22.00-2.00, LE TERRAZZE DEI CANDELAI: SFERROCAVALLO, VIA PLAUTO 32, T 335 6661031, GEÖFFNET: SOMMER MO-DO 19.00-1.00, FR-SO BIS SPÄTABENDS

Lust auf eine Vorstellung eines echt sizilianischen Puppentheaters (teatro dei pupi)? Das Repertoire reicht von Homers Odyssee über Macbeth, Aladdins Abenteuer bis zu mittelalterlichen Rittergeschichten. Die Familie Cuticchio in der Via Bara all'Olivella (www.figlidartecuticchio.com) oder die Familie Mancuso in der Via Collegio di Maria al Borgo Vecchio 17 (www.mancusopupi.it) erhalten diese Tradition aufrecht.

NUOVO MONTEVERGINI ist eine Kirche, die zu einem Theaterraum umgewandelt wurde. Diverse Festivals und Events finden hier statt, beispielsweise das Palermo Teatro Festival von Mitte Oktober bis Mitte Dezember. Einladend ist auch die kreativ eingerichtete Theaterbar samt Terrasse, die bis spätabends geöffnet hat.
VIA MONTEVERGINI 8, WWW.NUOVOMONTEVERGINI.COM, T 091 6124314, GEÖFFNET: MI-SO 19.00-2.00

VIA CHIAVETTIERI

ARTEPALERMO Ⓛ   ALLAKALA Ⓡ

ÜBERNACHTEN

In Palermo gibt es viele Übernachtungsmöglichkeiten: von alten Familienpensionen und brandneuen Designhotels über Appartements bis zu luxuriösen B&Bs.

ARTEPALERMO In diesem B&B mit zwei Gästezimmern im obersten Stock eines jahrhundertealten Hauses übernachtet man bei einer Künstlerin zu Hause. Es gibt einen Gemeinschaftsraum mit Küche, eine wunderschöne Dachterrasse und ein gemeinsam genutztes Badezimmer. Marjolein informiert auch gern über Busverbindungen, lokale Gewohnheiten, Essgelegenheiten, Ausgehadressen und – natürlich – Kunst in der Stadt.
VICOLO MADONNA DEL CASSARO 7, WWW.PALERMO-BED-AND-BREAKFAST.COM, T 338 1311709, PREIS: 50 €

4 QUARTI Das Gebäude aus dem 16. Jahrhundert mit Fresken aus dem 18. Jahrhundert ist seit fast 150 Jahren im Besitz der Familie Arone. Das B&B ist farbenfroh und klassisch mit schönen Stoffen und Tapeten eingerichtet. Signora Simona schaut jeden Morgen nach ihren Gästen und informiert gern über die Stadt, allerdings nur auf Italienisch, doch wenn nötig, kann das Zimmermädchen dolmetschen.
CORSO VITTORIO EMANUELE 376, WWW.QUATTROQUARTI.IT, T 091 583687 / 347 8547209, PREIS: 70-100 €

QUINTOCANTO HOTEL & SPA Inhaber Giovanni hat auf vielen Reisen Inspirationen gesammelt und für sein Hotel verwendet. Der Marmor für den Fußboden stammt aus der ganzen Welt. Doch auch seine sizilianische Heimat ist repräsentiert: Ausrangierte Möbel erhielten ein neues Leben und alte Fenstergitter wurden zu Tischen umfunktioniert. Das Hotel ist modern, luxuriös und steckt voller kreativer Überraschungen. Das Restaurant Officina del Gusto (der kleine Bruder von Bye Bye Blues in Mondello) ist ausgezeichnet, ebenso das Spa. Und all das liegt nur 20 Meter vom Platz Quatro Canti im Herzen Palermos entfernt.
CORSO VITTORIO EMANUELE 310, WWW.QUINTOCANTOHOTEL.COM, T 02 87198826 / 091 584913, PREIS: 110-145 €

ALLAKALA Dieses ganz in Blau-Weiß gehaltene B&B könnte auch in einem französischen Badeort stehen. Von den fünf Zimmern blickt man auf den Jachthafen (La Cala) und kann wunderbar Boote beobachten.
CORSO VITTORIO EMANUELE 71, WWW.ALLAKALA.IT, T 091 7434763, PREIS: 90-110 €

BB22 hätte einen Fotobericht in einer Wohnzeitschrift verdient. Das B&B in Vucciria ist geschmackvoll mit internationalem Design eingerichtet. Originelle Details wie eine frei stehende Badewanne oder ein alter Frisiertisch sowie eine intime Terrasse mit Aussicht auf den Innenhof des Palazzo begeistern die Gäste.
LARGO CAVALIERI DI MALTA 22, WWW.BB22.IT, T 091 326214, PREIS: 110-140 €

GRAND HOTEL ET DES PALMES wurde 1874 erbaut und zählt ganze 172 Zimmer. Der alten Dame wird manchmal vorgeworfen, dass sie ein bisschen in die Jahre gekommen ist und daher knarzt und stöhnt. Das mag sein, doch ihr Stil und Charme sind einzigartig. Gold, Marmor, Samt und viele Spiegel verleihen dem Hotel seinen edlen Charakter. Beim Frühstück im Spiegelsaal mit Musik aus den 20er-Jahren fühlt man sich wie in einem alten Film. Auf der Website finden Sie Angebote.
VIA ROMA 398, WWW.GRANDHOTEL-ET-DES-PALMES.COM, T 091 6028111, PREIS: AB 73 €

HOTEL PRINCIPE DI VILLAFRANCA Die Zimmer sind minimalistisch in Weiß und Grau eingerichtet mit Details aus gebürstetem Stahl, Designerlampen der italienischen Marke Foscarini und Gemälden von jungen Talenten aus Palermo. Wunderbar!
VIA G. TURRISI COLONNA 4, WWW.PRINCIPEDIVILLAFRANCA.IT, T 091 6118523, PREIS: AB 100 €

SCHLAFEN WIE DIE EINHEIMISCHEN Wenn man länger als zwei Nächte in Palermo bleibt, lohnt es sich, ein Appartement zu mieten. Die Auswahl ist groß, das sind unsere Favoriten:
- Casa Palazzo Cattolica: die Wohnung eines Bootsführers in einem Palazzo mit imposantem Innenhof;
- Casa Panoramica Blu: ein Penthouse in Kalsa mit Panoramablick über die Stadt;
- Casa Balmossière Chartroux: ein Appartement mit bemalten Rokokodecken, Harfe und Klavier im Wohnzimmer; im Herzen des Capo-Marktes.
MEHR FINDEN SIE UNTER WWW.VISITPALERMO.IT, PREIS: AB 80 €

RUND UM PALERMO

MONREALE

Wenn Sizilianer einem raten, Monreale zu besuchen, dann meinen sie nicht die Stadt acht Kilometer südlich von Palermo, sondern die berühmte normannische Kathedrale aus der Zeit von 1172 bis 1184, in der, wie auch in der Cappella Palatina, byzantinische und arabische Baustile vereint sind.

CATTEDRALE DI MONREALE Diese Kathedrale wurde im Auftrag von König Wilhelm II. erbaut und ist auch international wegen der fantastischen byzantinischen Mosaike bekannt. In 130 Abbildungen wird unter anderem aus dem Alten und Neuen Testament erzählt. Auf zwei bemerkenswerten Bildern steht der König selbst im Mittelpunkt: Einmal wird er von Jesus Christus gekrönt, dann schenkt er der Jungfrau Maria die Kathedrale. Das ist insofern außergewöhnlich, als lebende Machthaber nur selten mit religiösen Figuren abgebildet wurden. Mit diesem Bau erfüllte Wilhelm II. sich den Wunsch, ein noch größeres und schöneres Gotteshaus zu bauen als sein Großvater Roger II., der die Kathedrale von Cefalù und die Cappella Palatina in Palermo hatte errichten lassen. Das riesige Bauwerk umfasst auch ein Benediktinerkloster mit einem großen Innenhof. Der Kreuzgang weist arabische Spitzbögen auf und 228 Säulen, die mit Goldmosaik verziert sind. Besucher dürfen die Kathedrale nur in Gruppen betreten, um die Stille zu wahren. Aufgepasst: Es gelten strenge Kleidervorschriften (siehe Praktische Infos).
PIAZZA GUGLIELMO II, T 091 6404413, GEÖFFNET: MÄRZ-OKT. MO-SA 8.30-12.45 & 14.30-17.00, SO 8.00-10.00 & 14.30-17.30 NOV.-FEBR. MO-SA 9.30-13.00, EINTRITT: KATHEDRALE 3 €, KLOSTER 6 €

Der Ort Corleone ist den meisten aus den Paten-Filmen bekannt. Tatsächlich stammt eine der kriminellsten Familien Siziliens von hier. Heute ist von dem Mafia-Image wenig übrig. Enttäuschend für die Paten-Fans: Die Filmszenen wurden nicht hier gedreht.

MONDELLO

Nordwestlich von Palermo, zwischen den Bergen Monte Pellegrino und Monte Gallo, liegt dieser beliebte Badeort. Das ehemals ruhige Fischerdorf veränderte sich in der Belle Époque rapide, als wohlhabende Palermer dort Jugendstilvillen bauen ließen. Aus dieser Zeit stammt auch das große Badehaus, in dem heute das Restaurant Charleston und die Bar Mida liegen. Hier herrscht ein reges Treiben und man kann blitzblank polierte Vespas und teure Autos bewundern.

CATTEDRALE DI MONREALE, BENEDIKTINERKLOSTER

Für viele Jugendliche und reiche Wichtigtuer ist ein Ausflug nach Mondello ein schöner Zeitvertreib, aber gewiss auch für Otto Normalbürger. Auf der gesamten Länge des Strandes stehen Liegestühle und Sonnenschirme, die man nach Bezahlung (15 Euro) den ganzen Tag nutzen kann. Zwischen den kommerziellen Strandbereichen findet man auch noch etwas öffentlichen Strand, der gratis zugänglich ist.

Viele Familien aus Palermo kommen jedes Jahr hierher, mieten ein Strandhaus, bleiben den ganzen Sommer und kennen ihre "Nachbarschaft" – Gerüchte und Beziehungsstatus eingeschlossen.

DA CALOGERO Einer der leckersten Gründe für eine Reise an diese Goldküste ist ein Mittagessen bei Da Calogero, einem bekannten Restaurant. Beginnen Sie mit *polpo* (Tintenfisch) oder *ricci* (Seeigel) oder genießen Sie gleich *spaghetti cozze e vongole* (Pasta mit Mies- und Venusmuscheln). Dass es hier immer voll ist, ist klar.
VIA TORRE DI MONDELLO 22-26, WWW.TRATTORIADACALOGERO.COM, T 091 6841333, GEÖFFNET: TÄGLICH 12.45-15.30 & 19.45-0.00, PREIS: PASTA 10 €

BYE BYE BLUES In diesem nüchternen, hellen Ambiente werden mit Michelin-Stern prämierte Gerichte gereicht. Sogar die Spaghetti mit Tomatensoße schmecken ganz besonders, doch isst man hier eher gebratenes Kaninchen in Piacentino-Käsefondue und Marsala-Espuma oder Kürbisrisotto mit Mozzarella und Creme von Roter Bete. Die Betreiber besitzen in Palermo ein zweites Restaurant: L'Officina del Gusto im Hotel Quintocanto.
VIA DEL GAROFALO 23, WWW.BYEBYEBLUES.IT, T 091 6841415, GEÖFFNET: DEZ.-OKT. DI-SO 12.30-15.30 & 19.30-0.00, PREIS: MITTAGSMENÜ 35 €, DEGUSTATIONSMENÜ AM WOCHENENDE 50 €

ALBARIA WINDSURFING Beim jährlichen World Festival on the Beach stehen im Mai diverse Sportarten in Mondello im Mittelpunkt: Segeln, Kitesurfen, Beachvolleyball und Windsurfen. Doch auch außerhalb der Festivalzeit wird gesurft. Wer Lust hat, geht zu Albaria. Günstiger Wind ist Voraussetzung, sonst darf kein Brett aufs Wasser.
VIALE REGINA ELENA 89/A, WWW.ALBARIA.ORG, T 091 453595, GEÖFFNET: SOMMER TÄGLICH 9.00-18.00, PREIS: SURFBRETT 15 € PRO STUNDE

USTICA

Sie sitzen mit Ihrem Kaffee vor dem Straßencafé auf dem Platz. Ein mit Fisch beladener Kleintransporter fährt heran und die Männer versammeln sich, um den heutigen Fang zu begutachten. Frauen gehen mit ihren vollen Einkaufstaschen nach Hause. Als der Inselbus die Endhaltestelle erreicht, steigen Menschen ein und aus. So weit ein Eindruck von Ustica. Die vulkanische Insel, etwa 60 Kilometer und zwischen anderthalb und zwei Stunden mit der Fähre von Palermo entfernt, ist der ideale Ort zum Entspannen – und zum Tauchen.

SIREMAR heißt der Fährdienst zwischen Palermo und Ustica. Die Schiffe fahren das ganze Jahr über, doch in der Hochsaison – Juni bis einschließlich September – werden auch Tragflächenboote eingesetzt. Sie sind zwar etwas teurer, aber auch schneller: Die Überfahrt dauert 1 Stunde und 15 Minuten, während die normale Fähre 2 Stunden und 40 Minuten braucht. Karten gibt es beim Büro am Hafen und sollten in der Hochsaison besser im Voraus besorgt werden.
VIA FRANCESCO CRISPI 118, WWW.SIREMAR.IT, T 091 7493315, PREIS: HIN- UND RÜCKFAHRT 16,50-25 €

TAUCHEN 1986 wurde Ustica zum ersten Meeresschutzgebiet Italiens ernannt. Die raue Küstenlinie mit den vielen Grotten, Fischen und Korallen ist ein wahres Unterwasserparadies. Das wissen nicht nur die Sizilianer, aus der ganzen Welt versammeln sich jedes Jahr im Juli viele Taucher beim Festival of Underwater Activities. Die Monate vorher sind besser geeignet, um die Schönheit des Tyrrhenischen Meeres zu entdecken, denn dann ist es etwas ruhiger. Auf der Website von Profondo Blu finden Sie Informationen.
CONTRADA OLIASTRELLO, WWW.USTICA-DIVING.IT, T 091 8449609

TAUCHEN AUF USTICA

GOLFO DI CASTELLAMMARE REGION

MEER, FISCH & PARADIES

Westlich von Palermo liegt der Golfo di Castellammare, eine herrliche Bucht mit einer schönen Küstenstraße. Das Gebiet beginnt ungefähr 30 Kilometer westlich von Palermo, eine halbe Autostunde vom Flughafen entfernt. Bei Terrasini schaut man in westlicher Richtung auf den anderen "Endpunkt": San Vito lo Capo, im Sommer ein quirliger, sonnenüberfluteter Küstenort. Dazwischen gibt es die lang gestreckten Strände von Álcamo, das zu einem Resort umgebaute Fischerdorf Castellammare del Golfo mit einer Burg am Hafen, das winzige Scopello und das paradiesische Naturschutzgebiet Zingaro.

TERRASINI

Terrasini ("Land am Golf") ist ein guter Ausgangspunkt für eine (Auto-)Fahrt entlang der Bucht über die SS113 und die SS187. Die Stadt zählt gut 10.000 Einwohner, im Sommer sind es dreimal so viele. Es gibt ein interessantes Stadtmuseum, einen Hafen und einen frequentierten Dorfplatz. Östlich liegt der Strand von Cinisi, einer der wenigen Surfstrände Siziliens, und westlich das Naturschutzgebiet Capo Rama.

RISERVA NATURALE ORIENTATA CAPO RAMA In diesem WWF-Naturschutzgebiet kann man durch wilde Natur wandern und einen fantastischen Blick auf die Umgebung genießen. Vor allem bei den Überresten der Torre di Capo Rama aus dem 15. Jahrhundert ist die Aussicht überwältigend. Ein malerischer Anfang für eine Entdeckungsreise am Golfo di Castellammare.
A29 AUSFAHRT TERRASINI, AB VIA PARTINICO DEN SCHILDERN "RISERVA" FOLGEN, WWW.WWFCAPORAMA.IT, T 091 8685187

SCOPELLO

Scopello besteht aus zwei Straßen und einer Kirche. Es liegt etwa eine Dreiviertelstunde mit dem Auto von Palermos Flughafen entfernt in prachtvoller Umgebung. Der hübsche Ort blieb natürlich nicht lange unbemerkt und seitdem haben sich am zentralen *baglio* (umbauten Innenhof) aus dem 17. Jahrhundert zahlreiche Restaurants angesiedelt. Vor dem Tor des *baglio* kann man Oregano, Honig und eingelegte Kapern von einem Ehepaar mit einem hübschen Gemüsegarten kaufen.

Scopello verdankt seinen Namen dem griechischen Wort für Felsen: skopelos. Und Felsen prägen auch die Küstenlinie von Scopello. Schwimmen kann man bei der Tonnara, etwa 1,5 Kilometer hügelabwärts, oder am nordwestlich gelegenen Strand.

TONNARA DI SCOPELLO Hier wird schon lange kein Thunfisch mehr verarbeitet, aber glücklicherweise blieb das alte Gebäude bestehen. Es liegt direkt an der paradiesischen Bucht und schaut stolz aufs Meer. Auf dem Plateau daneben kann man sich gut sonnen und bei den Zwillingsfelsen schwimmen oder schnorcheln. Wer hierbleiben will, kann in einer der alten Fischerunterkünfte übernachten (für zwei bis sechs Personen, im Sommer gilt ein Mindestaufenthalt von einer Woche, Informationen auf der Website).
LARGO TONNARA, WWW.TONNARADISCOPELLO.COM, T 339 3071970, GEÖFFNET: TÄGLICH 9.00-19.00, EINTRITT: 3 €, AUTO 2 €

BAR NETTUNO Im malerischen Innenhof mit dem großen Baum in der Mitte gibt es Stärkungen und Erfrischungen. Auch im Garten auf der Rückseite kann man mit Blick aufs Meer schön Mittag essen. Die Bar hat nur im Sommer geöffnet. Am gleichen Platz bekommt man bei Il Baglio leckere Pizza oder Pasta und köstliches Eis bei La Palma.
BAGLIO ISONZO, T 0924 541090, GEÖFFNET: TÄGLICH 8.00-22.00, PREIS: BRÖTCHEN 6 €

PASTICCERIA SCOPELLO ist der ungekrönte König in Sachen Gebäck und Torten. Wählen Sie Ihre Favoriten aus den zahlreichen Leckereien aus, dann wird das Ganze schön eingepackt. Oder Sie setzen sich mit einem Kaffee nach draußen und genießen die Köstlichkeiten gleich vor Ort.
VIA A. DIAZ 13, T 0924 541036, GEÖFFNET: TÄGLICH 6.00-23.00

CETARIA DIVING CENTER Im Naturreservat Zingaro, das nicht nur auf dem Land, sondern auch unter Wasser ein Naturschutzgebiet ist, kann man sehr gut schnorcheln und tauchen. In diesem Teil der Unterwasserwelt gibt es viele bunte Anemonen, Schwämme, Fische, diverse Höhlen und manchmal sogar Delfine zu entdecken. Das erfahrene Team des Tauchzentrums kümmert sich um Anfänger und erfahrene Taucher gleichermaßen. Eine Bootsfahrt mit Schnorcheln dauert von 9 bis 13.30 Uhr oder von 14.30 bis 18.30 Uhr.
VIA MARCO POLO 3, WWW.CETARIA.IT, T 0924 541177, GEÖFFNET: APR.-OKT.

Scopello ist berühmt für sein pane cunzato (Brot mit Tomate, Öl, Oregano und Anchovis), das man beim Bäcker kaufen kann. Ein ausgezeichneter Snack für eine Fahrt nach Zingaro.

RISERVA NATURALE ORIENTATA DELLO ZINGARO Das erste Naturschutzgebiet Siziliens (1981) erstreckt sich über sieben Kilometer Küstenlinie zwischen Scopello und San Vito lo Capo und umfasst versteckte, bildschöne Buchten. Der Naturpark weist eine reiche Flora und Fauna mit gut 40 Vogelarten und 650 Blumen- und Pflanzenarten auf. Aus Gründen des Naturschutzes darf man ihn nur zu Fuß betreten – ein idealer Ort also für Wanderungen. Ein schöner Weg führt von Scopello zum Nordeingang (Richtung San Vito lo Capo) und wieder zurück. Der Pfad schlängelt sich an der Küste entlang und unterwegs kann man Höhlen und den Strand besuchen. Im Zingaro-Park befinden sich einige Museen/Informationszentren, die über die Fischerei, Manna, die Flora und Fauna und diverse Handwerkszweige Auskunft geben. Da es keine Cafés oder Geschäfte gibt, muss man alles mitbringen, was man für einen Tag in der Natur braucht. Toiletten befinden sich an den Eingängen und am ersten Museum. Wer will, kann in einer Schutzhütte übernachten. Reservierungen über die Website unter "Schutzhütten".

VIA SEGESTA 197, WWW.RISERVAZINGARO.IT, T 0924 35108, GEÖFFNET: TÄGLICH APR.-SEPT. 7.00-19.30, OKT.-MÄRZ 8.00-16.00, EINTRITT: 3 €, SCHUTZHÜTTE 10 €

Eine Wanderung durch das Naturschutzgebiet finden Sie auf der herausnehmbaren Karte in der hinteren Buchklappe.

PENSIONE TRANCHINA Wer in Scopello übernachtet, muss sich einfach entspannen. Die Pension von Marisin und Salvatore trägt mit hübschen Zimmern und einem netten Service das ihrige dazu bei. Zum Frühstück gibt es selbst gemachte Marmelade und Öl. Essen Sie unbedingt auch am Abend mit.

VIA A. DIAZ 7, WWW.PENSIONETRANCHINA.COM, T 0924 541099, PREIS: B&B € 72-92, 15. JULI-15. SEPT. NUR HALBPENSION 110-144 €

RISERVA NATURALE ORIENTATA DELLO ZINGARO

VILLA ANNA & CANTINA VITO Ganz in der Nähe des Dorfes liegen einige Ferienwohnungen mit Aussicht aufs Meer, beispielsweise die Villa Anna und im darunterliegenden Souterrain die im Sommer angenehm kühle Cantina Vito. Die Häuser mit hübschen Terrassen wurden erst kürzlich an den Berg gebaut. Ideal für einen Aufenthalt mitten in der Natur.
FRAZIONE SCOPELLO 1, WWW.HOLIDAYSCOPELLO.COM, T 339 2755277, PREIS: 300-840 € PRO WOCHE

SAN VITO LO CAPO

San Vito lo Capo liegt malerisch zwischen dem Monte Cofano und dem Monte Mónaco, verfügt über einen schönen Sandstrand und ist zudem für sein Couscous und das jährliche Cous Cous Fest (*www.couscousfest.it*) im September bekannt. Die gelbe Spezialität findet man fast überall in der Via Savoie auf der Speisekarte. Es gibt aber auch bessere Adressen als diese belebte Straße, wenn man Couscous probieren möchte.

GIARDINO CORALLO hat keine feste Speisekarte. Man erklärt dem Ober einfach, was man gerne isst, und lässt sich von einem Zwei- oder Drei-Gänge-Menü des Küchenchefs überraschen. Jeden Tag verlassen neue Häppchen und Kreationen die Küche dieses leidenschaftlichen Kochs. Im Garten sitzt man herrlich unter Bananenstauden. Gegenüber befindet sich die Gelateria Minauda (Via d'Amico 12), die beste Eisdiele von San Vito lo Capo.
VIA D'AMICO 5, T 0923 972827, GEÖFFNET: TÄGLICH APR.-OKT. 19.30-0.00, PREIS: MENÜ AB 30 €

CAFFÈ PINO ist für seine *cannoli* berühmt. Die mit Ricotta gefüllten Rollen machen unglaublich satt, schmecken aber himmlisch.
VIA SAVOIA 24, T 392 3580791, GEÖFFNET: TÄGLICH 7.00-0.00, PREIS: CANNOLO 2,50 €

HOTEL CAPO SAN VITO hat ausgezeichnete Zimmer, doch was diese Unterkunft zu etwas ganz Besonderem macht, ist der lässige Luxus des Cous Cous Cafè am Strand. In bequemen Sesseln kann man mit Sand zwischen den Zehen seinen Drink genießen. Das Hotel hat auch einen Wellnessbereich.
VIA SAN VITO 1, WWW.CAPOSANVITO.IT, T 0923 972122, GEÖFFNET: APR.-OKT. TÄGLICH 12.00-15.00 & 18.00-23.00, PREIS: APERITIF 12 €

Am Steg gibt es verschiedene kleine Unternehmen, die für etwa 25 Euro Bootsfahrten über das kristallklare Wasser anbieten. Man kann von San Vito lo Capo aus die Küste bis zur Tonnara von Scopello entlangfahren und wieder zurück. Unterwegs wird der Anker ausgeworfen, damit die Gäste schwimmen oder schnorcheln können. Die Boote fahren normalerweise von Mai bis September.

HOTEL CAPO SAN VITO (L)   THA'AM (R)

THA'AM Die Betreiberfamilie hat tunesische Wurzeln, und das merkt man am Essen, der Einrichtung und dem angenehm orientalischen Flair. Gäste haben die Wahl, drinnen in einem arabisch anmutenden Saal oder draußen unter Tüchern zu speisen. Wer sich beim Essen nicht entscheiden kann, sollte "3 x Couscous" bestellen: mit Lamm, Fisch, *besbes* (Fenchel) und/oder Gemüse. Dazu noch etwas Pfefferminztee, und dann fällt man glücklich in einem der stilvollen Gästezimmer im oberen Stockwerk in sein Bett.
VIA DUCA DEGLI ABRUZZI 32, WWW.SANVITOWEB.COM/THAAM/, T 0923 972836, RESTAURANT GEÖFFNET: APR.-SEPT. TÄGLICH 12.30-15.00 & 19.30-0.00, PREIS: COUSCOUS 15 €, HOTEL 60-120 €

VENTO DEL SUD (Südwind) ist ein Hotel mit zehn Zimmern, die alle nach einem bestimmten Thema eingerichtet sind. Vor allem "Sidi Bou Siad", "Marrakech" und "Hammamet" sind wunderschön. Hier fragt man sich beim Aufwachen wirklich, ob man noch auf Sizilien ist. Das Frühstücksbuffet wird in dem marokkanisch angehauchten Frühstücksraum mit Dachterrasse serviert.
VIA DUCA DEGLI ABRUZZI 183, WWW.HOTELVENTODELSUD.IT, T 0923 621450, PREIS: 80-160 €

HAFEN, SALZ & OSTERPROZESSION

Die Hafenstadt Trapani – Betonung: Trápani – liegt auf einer Halbinsel, die sichelförmig ins Mittelmeer hineinragt, und zählt etwa 70.000 Einwohner. Das Zentrum wurde 1942 bei Bombardierungen zwar stark beschädigt, trotzdem lohnt sich ein Besuch dieser netten, aber bei Touristen noch nicht sehr bekannten Stadt, die zudem stark im Kommen ist.

Die Anbindung durch die Fluggesellschaft Ryanair hat zum Entstehen vieler neuer B&Bs und Restaurants beigetragen. 2005 erhielt Trapani einen weiteren Schub, als der Louis Vuitton Cup von hier aus startete, ein wichtiger Segelwettbewerb im Rahmen des America's Cup. Zu diesem Anlass wurde die gesamte Stadt renoviert, deren zentrale Lage an der Westküste sie zudem zum perfekten Ausgangspunkt für eine Entdeckungstour durch die Region macht.

Fremdenverkehrsamt: Piazza Vittorio Veneto 2, www.turismo.trapani.it, Tel.: 0923 544533.

Die Stadt wurde von den Elymern gegründet, die sie als landwirtschaftlichen Vorposten ihrer Siedlung Eryx (heute Erice) in den Bergen nutzten. Als die Phönizier an die Macht kamen, wurde Trapani als Handelshafen ausgebaut. Ein besserer Ort als Heimatbasis und Startpunkt für den Handel mit Afrika ließ sich kaum denken. Der Hafen und die Küste gewannen schnell an Bedeutung, weil vor allem der Thunfischfang und die Salzproduktion wichtiger wurden. Das Salz wurde in viele Länder verkauft und war wegen seiner hohen Qualität gerade in Skandinavien sehr beliebt, weil es sich besonders gut zum Pökeln von Kabeljau eignete. Die Salinen liegen im Süden der Stadt, und an der Via del Sale, auf dem Weg dorthin, stehen diverse Salzmühlen.

Der Großteil des historischen Zentrums wurde im Barockstil des 18. Jahrhunderts erbaut. Zudem gibt es in Trapani einen Strand, einen gemütlichen Stadtpark und einige gute Restaurants. Viele Juweliere haben sich auf die Bearbeitung von Korallen spezialisiert, obwohl das Korallenriff bereits Schaden genommen hat. Am schönsten ist jedoch der Hafen mit seinem lebhaften Treiben, dem Kommen und Gehen von Fähren und Handelsschiffen, die die Ägadischen Inseln, Pantelleria und sogar Tunesien anlaufen. Wer zu Ostern vor Ort ist, sollte die Prozession am Karfreitag (I Misteri) miterleben.

Wenn Sie eine Tour nach Erice, Mozia, zu den Salinen oder auf die Ägadischen Inseln planen oder zu unchristlicher Zeit zum Flughafen müssen: Trapani Tours von Aldo Trapani, www.trapanitours.com, Tel.: 338 1898040.

TRAPANI STADT

● **SEHENSWÜRDIGKEITEN**
> S. 99–100
1. I MISTERI / CHIESA DEL PURGATORIO
2. SANTUARIO DELL'ANNUNZIATA

● **ESSEN & TRINKEN**
> S. 100–103
3. TENTAZIONI DI GUSTO
4. OSTERIA LA BETTOLACCIA
5. CANTINA SICILIANA
6. CALVINO
7. I GRILLI
8. COUSCOUSERIA BY BETTINA
9. COLICCHIA

● **SHOPPEN** > S. 103
10. STEFANIA
11. CAMPO MARZIO DESIGN

● **100% THERE >**
S. 103–104
12. LIDO PARADISO
13. RADTOUR ZU DEN SALINEN
14. SCUOLA VIRGILIO

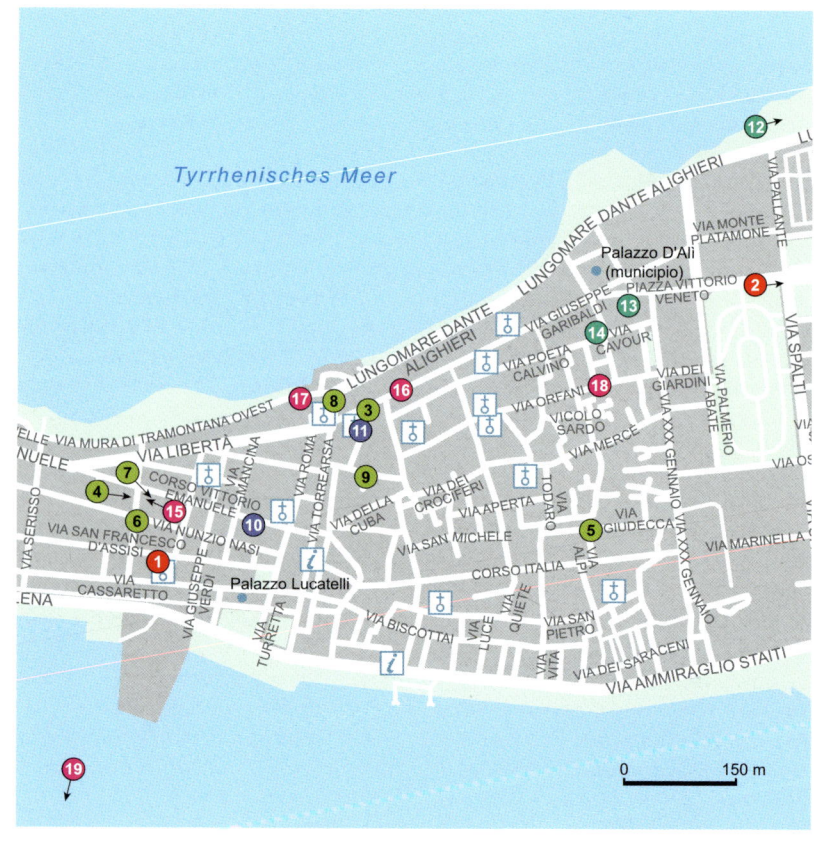

● ÜBERNACHTEN
> S. 104-105
15. AI LUMI
16. GARIBALDI31
17. LA GANCIA
18. CASA TRAPANESE
19. RELAIS ANTICHE SALINE

SEHENSWÜRDIGKEITEN

Wie in vielen sizilianischen Städten ist das historische Zentrum am Meer eine angenehme Überraschung nach den deprimierenden Betonbauten auf der Fahrt in die Stadt. In der Via Garibaldi und auf dem Corso Vittorio Emanuele bekommt man einen guten Eindruck vom Barockstil des 18. Jahrhunderts, der der Altstadt ihren Charakter verleiht. In der Via Giudecca, dem jüdischen Viertel, das der spanische König 1492 räumen ließ, stehen auch noch ältere Gebäude wie der Palazzo della Giudecca, nach der Familie, die ihn im 16. Jahrhundert bauen ließ, auch Casa Ciambra genannt. Gerade die Architektur des Turms zeigt deutlich den spanischen Einfluss.

I MISTERI / CHIESA DEL PURGATORIO Sollten Sie zur Osterzeit in der Stadt sein, haben Sie das große Glück, eines der wichtigsten Ereignisse des Jahres miterleben zu können: die Feierlichkeiten rund um das "Leiden Christi", ein viertägiges Fest, dessen Höhepunkt am Karfreitag stattfindet. 20 lebensgroße Holzstatuen, die den Leidensweg Jesu darstellen – die Misteri –, werden einen ganzen Tag lang durch die Straßen der Stadt getragen. Der Zug wird von Musik und einer Menschenmenge – Einheimischen wie Touristen – begleitet. Die Prozession beginnt an der Chiesa del Purgatorio am Karfreitag um 14 Uhr und wird am darauffolgenden Tag um 12 Uhr dort beendet. Mit etwas Glück kann man die Kunstwerke danach noch in der Kirche betrachten – wenn die Dame, die den Schlüssel verwahrt, Lust hat, die Tür aufzuschließen.
VIA SAN FRANCESCO D'ASSISI / ECKE VIA GEN. GIGLIO, T 0923 562882, GRATIS

Diese Osterfeierlichkeiten und Umzüge sind in ganz Italien sehr verbreitet. Sie gehen auf die Zeiten der spanischen Herrschaft zurück. In Trapani nahm die Tradition ihren Anfang, als sich 1602 eine spanische Bruderschaft dort niederließ und die einheimischen Holzschnitzer damit beauftragte, Statuen für die jährliche Prozession zu fertigen. Im Laufe der Jahre wuchs den Brüdern die Pflege der Statuen und die Organisation der Prozession über den Kopf, sodass sie die maestranze, *die die Zünfte der Fischer, Bäcker und Gemüsebauern repäsentierten, um Hilfe baten. Von da an waren diese für die Prozession am Karfreitag verantwortlich und jeder kümmerte sich um ein bestimmtes Bild. Das ist auch heute noch so: Jede Zunft trägt "ihre" Statue stolz durch die Stadt.*

SANTUARIO DELL'ANNUNZIATA Vier Kilometer östlich der Stadt steht die Pilgerkirche der Heiligen Maria. Das Gebäude wurde 1742 komplett renoviert. Die Fassade mit dem reich verzierten Portal und dem rosettenförmigen Fenster legt noch Zeugnis von der ursprünglichen Baukunst des 14. Jahrhunderts ab. 1498 wurde die Cappella della Madonna errichtet, in der die Madonna von Trapani, eine Marmorstatue von Nino Pisano aus dem Jahr 1350, aufbewahrt wird. Sie ist die meistverehrte und am häufigsten kopierte Madonna der Insel.
VIA CONTE A. PEPOLI 179, GEÖFFNET: TÄGLICH 7.00-12.00 & 16.00-19.00, GRATIS

ESSEN & TRINKEN

Der Name der Stadt Trapani findet sich in vielen Bezeichnungen für Speisen wieder – eine gute Werbung. *Pesto alla trapanese* **mit Basilikum, frischen Tomaten, Knoblauch und Mandeln isst man beispielsweise zu der regionalen Pastasorte** *busiate* **(eine gedrehte Variante). Eine andere Spezialität ist Fisch-Couscous. Wer mit Blick aufs Meer Fisch essen möchte, findet sich in der Via della Sirene bei Le Mura oder La Tramontana ein.**

TENTAZIONI DI GUSTO In einer romantischen Gasse jenseits jeglichen Trubels stehen die großen weißen Sonnenschirme dieses Lokals. Die Köche servieren ausgezeichnete sizilianische Klassiker mit einer besonderen Note. Auf ihr Fisch-Couscous sind sie sehr stolz, die getrennt dazu servierte Fischsuppe muss man selbst langsam darüberträufeln.
VIA BADIA NUOVA 27-29, WWW.TENTAZIONIDIGUSTO.IT, T 0923 548165 / 334 1232688, GEÖFFNET: OKT.-MAI DO-DI 12.30-14.30 & 19.30-23.00, JUNI-SEPT. TÄGLICH 19.30-23.00, PREIS: 15 €

OSTERIA LA BETTOLACCIA Sorgfältig angerichtete Speisen, kräftiges Brot und guter Wein – dieser Slow-Food-Spezialist verwöhnt seine Gäste mit einfachen, aber beachtlichen Gerichten. Genießen Sie die verfeinerte trapanesische Küche mit einer Vielfalt an Aromen in wunderbarer Umgebung. Da das Restaurant klein ist, sollte man reservieren.
VIA GENERALE E. FARDELLA 25 / ECKE VIA SAN FRANCESCO D'ASSISI, WWW.LABETTOLACCIA.IT, T 0923 21695, GEÖFFNET: MO-FR 12.30-15.00 & 19.30-23.00, SA-SO 19.30-23.00, PREIS: 15 €

CANTINA SICILIANA serviert köstliche lokale Spezialitäten wie *busiate* mit *pesto alla trapanese*. Pino Maggiore steht seit klein auf in der Küche und trägt sein kulinarisches Wissen mittlerweile sogar über die Landesgrenzen hinaus. Neben dem Restaurant führt er auch eine Vinothek.
VIA GIUDECCA 36, WWW.CANTINASICILIANA.IT, T 0923 28673, GEÖFFNET: APR.-SEPT. TÄGLICH, OKT.-MÄRZ DO-DI 12.30-15.00 & 19.30-23.00, PREIS: 12 €

OSTERIA LA BETTOLACCIA

CALVINO würde man seinen Freunden so empfehlen: "Der Laden sieht schrecklich aus, aber die Pizza ist köstlich." Und deshalb ist es hier auch immer brechend voll. Pizzakartons stapeln sich an der weiß gekachelten Wand und auf den Plastiktischen liegen Plastiktischdecken. Die Pizzen können Sie auch mitnehmen.
VIA NUNZIO NASI 77, T 0923 21464, GEÖFFNET: MI-MO 10.00-13.00 & 19.00-1.00, PREIS: PIZZA AB 7 €

I GRILLI ist eine hübsch eingerichtete Weinbar und ein Grillrestaurant in einem und liegt in einer belebten Straße. Auf der bemerkenswerten Speisekarte stehen Fleisch- oder Käseteller, aber auch leckere Gerichte vom Grill.
CORSO VITTORIO EMANUELE 69-71, WWW.IGRILLIBRACERIA.IT, T 0923 20663, GEÖFFNET: DO-DI APR.-OKT. 12.30-15.00 & 19.00-23.00, NOV.-MÄRZ 19.00-23.00, PREIS: 10 €

COUSCOUSERIA BY BETTINA Keine Lust auf ein Restaurant? Dann schauen Sie bei Bettina vorbei, in deren Geschäft es allerlei Köstlichkeiten zum Mitnehmen gibt: Couscous, gefüllte Auberginen oder *pasta con le sarde*. Im hinteren Bereich stehen auch ein paar Tische.
VIA TORREARSA 110, T 0923 360053, GEÖFFNET: TÄGLICH 11.00-23.00, PREIS: 7 €

COLICCHIA ist der Spezialist für *granitas*. Die *granita* mit Mandelgeschmack ist ein eiskaltes Erlebnis, das einem noch lange im Gedächtnis bleibt. Auch die Variante Kaffee schmeckt sensationell. Die *granita* können Sie mit oder ohne Sahne bekommen, und die Brioche wird fachmännisch eingetunkt.
VIA DELLE ARTI 6-8, T 0923 547612, GEÖFFNET: TÄGLICH 8.30-13.30 & 16.30-20.30, PREIS: GRANITA 2,50 €

Auf dem Mercato del Pesce (beim Porto Peschereccio) stehen oft Wagen, an denen man ab 8 Uhr Leckereien wie ricotta salata, *eingelegte Kapern und Thunfischcarpaccio kaufen kann.*

SHOPPEN

Im historischen Zentrum zwischen der Via Torrearsa und der Piazzetta Cuba und am Corso Vittorio Emanuele gibt es gute Shoppingadressen. Im neuen Stadtbereich empfiehlt sich vor allem die Via Giovan Battista Fardella, in der unter anderem Geschäfte von Max Mara, Fornarina und Intimissimi liegen.

STEFANIA heißt luxuriöses Shopping im Überfluss. Vier Stockwerke sind angefüllt mit Highlights der italienischen Mode: D&G-Kleider, Prada-Schuhe und sogar Fendi-Boxershorts. Der Eigentümer, der das Geschäft nach seiner Mutter benannt hat, baut sein "Imperium" weiter aus. Im Innenhof entsteht gerade eine Saftbar, und in der gleichen Straße gibt es ein Kindergeschäft (Hausnummer 95).
VIA TORREARSA 23-29, WWW.STEFANIAMODE.IT, T 0923 593161, GEÖFFNET: MO 16.00-20.00, DI-SA 9.00-13.00 & 16.00-20.00

CAMPO MARZIO DESIGN Weg mit dem grauen Image der Geschäftswelt! Hier kommt Farbe auf den Bürotisch. Taschen, Organizer, Telefonetuis, Laptoptaschen und zahllose Stifte in allen Farben. Ein Laden, der auch nach Büroschluss Spaß macht.
VIA BADIA NUOVA 7, WWW.CAMPOMARZIODESIGN.IT, T 0923 873407, GEÖFFNET: MO 16.00-20.00, DI-SA 9.00-13.00 & 16.00-20.00

100% THERE

LIDO PARADISO Das größte Strandlokal (*lido*) der Stadt wäre die perfekte Kulisse für ein Video zu einem Sommerhit. Liegestühle, Bar, Beachvolleyballfeld, Schwimmbad – alles da. Wer kulinarische Sünden kompensieren möchte, macht bei einer Stunde Spinning oder Aquagym mit. Ein wunderbarer Ort für einen Strandtag.
LUNGOMARE DANTE ALIGHIERI, WWW.LIDOPARADISO.COM, T 331 2863919, GEÖFFNET: MAI-OKT. TÄGLICH 8.00-20.00, PREIS: TAG 15 €

RADTOUR ZU DEN SALINEN Seit dem 12. Jahrhundert produzieren die Salinen das beste Salz Italiens. Auch wenn die Produktion heute etwas zurückgegangen ist, läuft der Betrieb immer noch. Am besten kann man diese merkwürdige Landschaft mit dem Fahrrad erkunden. Räder einschließlich der Karte *Le Vie del Sale* bekommen Sie beim Fremdenverkehrsamt. Zuerst geht es in Richtung Via Isola Zavorra und ab dort beginnt die Karte. Vorsicht ist angesagt, denn der sizilianische Verkehr ist nicht an Fahrräder gewöhnt. Als reine Fahrtzeit für die Tour von fast 20 Kilometern muss man etwa eine Stunde rechnen. Mit etwas Glück können Sie Flamingos beobachten.
TOURISMUSBÜRO, PIAZZA VITTORIO VENETO 2, WWW.TURISMO.TRAPANI.IT, T 0923 544533, PREIS: FAHRRAD 2 STUNDEN 7 €, TAG 15 €

SCUOLA VIRGILIO organisiert diverse Kurse rund um die italienische Sprache und Kultur. Wer einen absolviert, kann danach mühelos einen Kaffee mit Hörnchen bestellen, am *aperitivo* teilnehmen oder klarmachen, welche Eissorten er wie haben möchte: "No, non nel cornetto, nella brioche per favore." Den Kursleitern geht es dabei nicht nur um die richtigen Wörter, sondern vor allem auch um die zum Gespräch gehörenden Rituale und Verhaltensweisen.
VIA B. BONAIUTO 20, WWW.SCUOLAVIRGILIO.IT, T 0923 360804, PREIS: 60 € FÜR 1-4 PERSONEN

Im Sommer werden am Wochenende in Strandbars wie Lido Paradiso und Isola Bianca (vier Kilometer weiter) oft Partys gefeiert.

ÜBERNACHTEN

In Trapani gibt es einige gute Hotels und viele hübsche B&Bs und Appartements.

AI LUMI verwöhnt seine Gäste schon seit Langem. Begonnen hat alles damit, dass sich das Ehepaar Rizzo in den Palazzo Berardo Ferro aus dem 18. Jahrhundert verliebte. Mit der Zeit entstanden rund um den Innenhof die schönen Gästezimmer. Frau Rizzo ist mit Leib und Seele bei der Arbeit. Das Frühstück wird im Restaurant serviert, in dem man als Übernachtungsgast 15 Prozent Rabatt auf das Essen bekommt. Der Wein stammt vom eigenen Weinberg Adragna.
CORSO VITTORIO EMANUELE 71-74, WWW.AILUMI.IT, T 0923 540922, PREIS: 70-100 €

GARIBALDI31 Im fünften Stock dieses Wohnhauses in bester Lage befinden sich zwölf modern eingerichtete Zimmer/Appartements mit Aussicht auf eine belebte Straße. Einige bieten auch einen überwältigenden Blick auf das Meer. Versuchen Sie, dort unterzukommen.
VIA GARIBALDI 25, WWW.GARIBALDI31.IT, T 0923 1941527 / 333 3213663, PREIS: 65-120 €

RADTOUR ZU DEN SALINEN (L) RELAIS ANTICHE SALINE (R)

LA GANCIA ist ein neues, kreativ eingerichtetes Hotel am alten Fischmarkt mit luxuriösen Zimmern. Hier findet man die für Sizilien so typischen Kacheln nicht auf dem Fußboden, sondern an der Decke.
VIA MURA DI TRAMONTANA / PIAZZA MERCATO DEL PESCE, WWW.LAGANCIA.COM, T 0923 438060, PREIS: 80-142 €

CASA TRAPANESE vermietet einfache Appartements in einer schmalen Straße am Rand des Zentrums. Fragen Sie nach Nummer 14 mit Terrasse. Auch wenn Sie sich selbst versorgen könnten, wird für das Frühstück gesorgt. Bis 11.30 Uhr gibt es frisch gepressten Blutorangensaft und Croissants.
VIA ORFANE 38, WWW.CASATRAPANESE.COM, T 0923 873926 / 349 1721123, PREIS: AB 50 €

RELAIS ANTICHE SALINE Eine Übernachtung in dieser Salzsahara ist ein ganz besonderes Erlebnis. Das Hotel liegt sieben Kilometer von Trapani entfernt zwischen dem Meer und den Salinen. Früher war es ein Weingut, und da die Weinstöcke am Haus stehen, sind die Zimmer im Erdgeschoss recht dunkel. Es gibt auch ein angenehmes Schwimmbad und einen Whirlpool. Über die Salinen kommt man zum Museum, wo sich das Restaurant des Hotels befindet.
VIA G. VERDI (NUBIA, PACECO), WWW.RELAISANTICHESALINE.IT, T 0923 868042, PREIS: 90-120 €

RUND UM TRAPANI

FAVIGNANA

"Warst du schon auf Favignana?", werden viele Einheimische die Besucher Westsiziliens fragen. Denn die größte und beliebteste der Ägadischen Inseln ist ein Urlaubshit. Die schmetterlingsförmige Insel liegt nur eine halbe Bootsstunde von Trapani entfernt. Bei Favignana gibt es zwei andere Inseln: Levanzo ist die kleinere und gut zum Wandern geeignet. Marettimo ist etwas weiter entfernt und findet daher weniger Beachtung. Die Natur dort ist noch wild und unberührt. Von Trapani aus fahren mindestens zehn Boote täglich nach Favignana und Levanzo, nach Marettimo nur etwa zwei.

ABFAHRT AB VIA AMMIRAGLIO STAITI 23, TRAPANI, WWW.USTICALINES.IT, T 0923 873813, PREIS: HIN- UND RÜCKFAHRT FAVIGNANA 18 €, MARETTIMO 34 €

Der Westen Favignanas mit dem Berg Santa Catarina (314 Meter) ist rau und unwirtlich. In der Mitte liegt die Stadt Favignana. Der Osten der Insel ist flach und eignet sich daher gut für eine Radtour. Zur Erholung kann man in den oft felsigen Buchten baden. Da hier einst Steine abgebaut wurden, stößt man manchmal auf eine Art "unterirdische" Gänge. Wenn man in Richtung Cala Rossa fährt, erreicht man diese wunderbare Landschaft automatisch. Bei der Ankunft mit der Fähre kann man gleich ein Rad mieten (für 5 Euro pro Tag mit Inselkarte). Auch findet man hier alles, was wichtig ist: Essen, Trinken, Geschäfte. Aber aufgepasst: Außerhalb der Saison schließen viele Läden.

Im Hafen steht der seit 1977 verlassene Stabilimento Florio, ein Thunfischbetrieb, der die damalige Wirtschaftskrise nicht überlebte. Er erinnert auch an die traditionelle Thunfischjagd, für die die Insel bekannt ist: die Mattanza.

CAMARILLO BRILLO "Unsere Öffnungszeiten sind flexibel. Wenn es gut läuft, haben wir Tag und Nacht offen, aber außerhalb der Saison schließen wir manchmal schon früh." Die toskanischen Lebenskünstler servieren in ihrem Café von 8 bis 11 Uhr ein ganz unsizilianisches Frühstück, außerdem herrliche Salate und einen ausgedehnten *aperitivo*. Der Hotspot der Insel.

VIA VITTORIO EMANUELE 18, WWW.CAMARILLOBRILLO.IT, T 329 7726127, GEÖFFNET: 8.00-23.00, PREIS: APERITIF 10 €

AMICI DEL MARE ist das ultimative Thunfischrestaurant und ein Klassiker auf Favignana. Hier wird stets frischester Fisch serviert – schließlich sitzt man am Hafen auch an der Quelle.

PIAZZA MARINA, T 0923 922596, GEÖFFNET: TÄGLICH FÜR MITTAG- UND ABENDESSEN, PREIS: 15 €

CALA ROSSA

ERICE (L)   PASTICCERIA MARIA GRAMMATICO (R)

CALA ROSSA ist wegen der Tuffsteinformationen ein außergewöhnlicher Ort. Von den Felsen aus blickt man über ein Tal voller Blumen und Sträucher bis in die azurblaue Bucht. Dorthin zu gelangen, ist nicht einfach, doch der Blick ist umwerfend. Das Meer und den Sand erreicht man nur über eine Kletterpartie über die scharfen Felsen. Da es keine Strandbars oder Lärm gibt, kann man in aller Ruhe die Natur bewundern. Andere Strände wie Cala Azzurra oder Burrone Beach sind mit dem Rad gut zu erreichen.

MATTANZA Trotz des stark abnehmenden Thunfischbestands findet noch jedes Jahr im Mai/Juni zur Paarungszeit die Thunfischjagd Mattanza statt. Sie ist heute nicht mehr als größte Einkommensquelle der Insel von Bedeutung, sondern eher als Touristenattraktion. Sobald die Thunfische eingekreist sind, werden sie von bis zu acht Mann gleichzeitig ins Boot gehievt und getötet. Wen das blutrote Meer und das grausame Töten nicht abschrecken, kann auf einem Fischerboot mitfahren.

SEGELTÖRN Egadi Islands organisiert Segeltörns entlang der Inseln, tagsüber (10.30 bis 16 Uhr), abends (17.30 bis 21.30 Uhr) oder sogar mit Übernachtung.
WWW.EGADIISLANDS.COM, *T 392 8395774*, *PREIS: 70 €*

CAVE BIANCHE ist ein Hotel mit Schwimmbad, Garten und Restaurant an einem ganz besonderen Ort: in der viereckigen "Grube" eines ehemaligen Steinbruchs. Vor allem abends, wenn alles erleuchtet ist, ist die Atmosphäre zauberhaft. Die Zimmer sind modern und verfügen über eine eigene Terrasse.
STRADA COMUNALE FANFALO, WWW.CAVEBIANCHEHOTEL.IT, T 0923 925451, RESTAURANT GEÖFFNET: TÄGLICH 12.30-14.30 & 20.00-22.30, PREIS: ZIMMER 135-320 €

Wer länger auf Favignana bleiben will, sollte sich nach einem "eigenen" Häuschen umschauen. Einige Optionen finden Sie auf www.afavignana.it.

ERICE

Das mittelalterliche Dorf Erice auf dem Gipfel des Monte San Giuliano ist sehenswert. Auf 750 Meter Höhe hat der Ort eigene klimatische Verhältnise und ist oft in geheimnisvolle Nebelschleier gehüllt.

Erice wurde, wie Trapani und Segesta, von dem Bergvolk der Elymer gegründet. Auf dem Berg stand ein Heiligtum, das der von den Bewohnern verehrten Göttin der Fruchtbarkeit geweiht war: anfangs der phönizischen Astarte, dann der griechischen Aphrodite und schließlich der römischen Venus.

Das Dorf wurde stadtplanerisch ganz klassisch in Form eines Dreiecks aufgebaut. Innerhalb einer Zyklopenmauer, die aus großen, ungleichmäßigen Steinquadern ohne Mörtel errichtet wurde, befinden sich gepflasterte Straßen, Häuser mit schön verzierten Torbögen und gut und gern 60 Kirchen. Die Porta Trapani bildet den Eingang. Dort finden Sie Schilder mit einer Streckenempfehlung und dem Text: "A friendly walk around Erice". Diese Route führt entlang der wichtigsten Sehenswürdigkeiten wie der Chiesa Matrice aus dem Jahr 1314 und dem Castello di Venere. Ein Spaziergang durch das Dorf könnte eine Reise in die Vergangenheit sein, doch leider wird man von Touristenläden und Restaurants schnell ins 21. Jahrhundert zurückgeholt. Kommen Sie am besten früh, bevor die Buskarawanen anrollen. Apropos Souvenirs: Erice ist für seine *frazzate* (bunte Baumwollteppiche) bekannt und für die Pasticceria von Maria.

FUNIVIA Mit der Seilbahn kann man von Trapani aus nach Erice fahren. So hat man einen unvergleichlichen Blick auf Trapani und erreicht gleich das nächste Ziel. Die Gondel für acht Personen überbrückt die Strecke in etwa 20 Minuten und fährt jeden Tag, außer bei starkem Wind. Die Zeiten ändern sich monatlich, allerdings gilt: im Sommer häufiger und länger. Tipp: Wasser mitnehmen, es kann warm werden.
STRADA PROVINCIALE TRAPANI-ERICE / VIA CAPUA, CASA SANTA, WWW.FUNIVIAERICE.IT, T 0923 869720 (OBEN) / 0923 569306 (UMTEN), GEÖFFNET: MO 12.00-20.30, DI-FR 7.45-20.30, SA-SO 9.30-0.00, PREIS: HIN- UND RÜCKFAHRT 9 €

CASTELLO DI VENERE Die normannische Burg entstand im 12. und 13. Jahrhundert auf den Resten des Tempels der Fruchtbarkeitsgöttin Venus. Die Griechen, die den ursprünglichen Tempel für Aphrodite gebaut hatten, hatten dafür einen wunderbaren Standort gewählt. In der Nähe der Burg liegt die Torretta Pepoli, eine ehemalige "Jagdhütte" aus dem 19. Jahrhundert, die auf einem eigenen Felsen steht. Von dort hat man einen schönen Blick auf Trapani, San Vito lo Capo und den Monte Cofano.
VIA CONTE A. PEPOLI, GEÖFFNET: TÄGLICH APR.-JUNI & SEPT.-OKT. 10.00-18.00, JULI-AUG. 10.00-20.00, NOV.-MÄRZ 10.00-16.00, EINTRITT: 3 €

PASTICCERIA MARIA GRAMMATICO Maria gehört zur Crème de la Crème der sizilianischen Konditoren. Sie lernte ihren Beruf bei Nonnen und tut ihre guten Werke heute in der Hauptstraße. Nur im November schließt ihr Geschäft für zwei Wochen. Den Rest des Jahres finden Marias Mandelkekse und Marzipankreationen reißenden Absatz. Manchmal ist der Laden sehr voll, dennoch sollten Sie sich die Chance nicht entgehen lassen, die Spezialitäten wie etwa warme Genovesi-Törtchen mit Sahne zu kosten.
CORSO VITTORIO EMANUELE 14, WWW.MARIAGRAMMATICO.IT, T 0923 869390, GEÖFFNET: TÄGLICH 9.00-0.00, WINTER DO-DI 9.00-19.00, PREIS: TÖRTCHEN 3 €

POSTALE 17 Alte Backsteinwände und eine neue, frische Einrichtung verbinden sich zu einem wunderbaren Café, das zu einer Verschnaufpause nach einem Spaziergang durch das Dorf einlädt. Man kann auch Zimmer mieten.
PIAZZA GRAMMATICO 8-10, T 0923 869352, GEÖFFNET: TÄGLICH NOV.-MÄRZ 7.00-17.00, APR.-OKT. 12.00-15.30 & 19.00-23.30, PREIS: MENÜ DEGUSTAZIONE (DEGUSTATIONSMENÜ MIT VOR- UND HAUPTSPEISEN) AB 25 €

SEGESTA

Segesta wird auch die "Perle Siziliens" genannt. In der Antike vermischte sich die ursprüngliche Bevölkerung mit den Griechen. Heute findet man in der *area archeologica* inmitten der rauen und weiten Landschaft der Contrada Barbaro nur noch einen Tempel und ein Amphitheater.

ARTEMIS-TEMPEL Das dorische Heiligtum ist wunderbar erhalten, obwohl es nie komplett fertiggestellt wurde. Da das südlich gelegene Selinunte ständig Ansprüche auf das Land von Segesta geltend machte, galt es als Erzfeind Nummer eins. Segesta bat Karthago um Unterstützung, woraufhin 409 v. Chr. sowohl Selinunte als auch Agrigent zerstört wurden. Leider wurde danach (vermutlich unter der Schutzherrschaft Karthagos) der Bau des Tempels unterbrochen, sodass das Dach fehlt und die Säulen keine Kannelierung (vertikale dekorative Furchen) aufweisen.
CONTRADA BARBARO SP68, T 0924 952356, GEÖFFNET: TÄGLICH APR.-OKT. 9.00-19.00, NOV.-MÄRZ 9.00-17.00, EINTRITT: 6 €

ARTEMIS-TEMPEL

AMPHITHEATER

AMPHITHEATER Das Bauwerk auf dem Monte Barbaro, 1,5 Kilometer vom Tempel entfernt, stammt aus dem 3. Jahrhundert v. Chr. Sie können dorthin laufen oder den Shuttlebus nehmen (1,50 Euro, Tickets gibt es am Eingang des archäologischen Parks). Im August findet im Amphitheater das Theaterfestival Le Notti di Segesta statt, bei dem Sie abends Vorstellungen besuchen können, aber auch um 5.30 Uhr mit dem Sonnenaufgang als natürlicher Kulisse. Informationen unter *www.festivalsegesta.com*.
SIEHE ARTEMIS-TEMPEL

Haben Sie genug von den Touristenhorden in der Hochsaison? Dann fahren Sie nach Calatafimi, wo Giuseppe Garibaldi und seine Freiheitskämpfer 1860 einen wichtigen Sieg errangen. Von der Chiesa del Santissimo Crocifisso wandert man zum Castello Eufemio hinauf. Die Aussicht über die Berglandschaft und den Tempel von Segesta ist herrlich.

SALEMI

Südlich von Segesta/Calatafimi liegt der Bergort Salemi. Hierher kommen nur wenige Touristen, doch ein Spaziergang durch die Altstadt lohnt sich.

SPAZIERGANG SALEMI Von der Piazza Libertà folgt man den Schildern Castello/Biblioteca in die Via G. Amendola. Auf der Piazza della Dittatura geht es links zur Piazza Alicia hinauf. Nach der Zerstörung durch das Erdbeben von 1968 gab der portugiesische Architekt Álvaro Siza dem Platz im Jahr 1988 ein neues Gesicht und integrierte in seinen modernen Entwurf die Überreste der Chiesa Madre und das imposante Castello Normanno-Svevo. Im Caffè Moderno können Sie sich mit einem Sandwich oder Getränk stärken. Am Platz liegt auch das eindrucksvolle Museo della Mafia.
MUSEO DELLA MAFIA: PIAZZA ALICIA 13, GEÖFFNET: (AB 16 J.) DI-DO 10.00-13.00 & 16.00-19.00, EINTRITT: 5 €

Als die Eingangstür zum Mafiamuseum kurz nach der Eröffnung 2010 in Brand gesteckt wurde, reagierte der Direktor gelassen: "Wir nehmen die Tür heraus und stellen sie in den Saal zum Thema Einschüchterungen." Die Bilder von Mafiaopfern stammen vom belgischen Maler Patrick Ysebaert.

RISTORANTE ARDIGNA liegt auf dem Land zwischen Salemi und Calatafimi. Die Gegend und die Speisekarte sind gleich rustikal. Im Inneren sitzt man an einem großen offenen Kamin, draußen um ein kleines Schwimmbad herum. Da das Essen gut und das Lokal beliebt ist, sollten Sie reservieren. Die Schnecken mit Knoblauch und die *grigliata mista* (verschiedene Sorten Fleisch mit Ofenkartoffeln) sind legendär.
C. DA ARDIGNA, WWW.ARDIGNA.IT, T 368 7223269, GEÖFFNET: DI-SO 20.00-23.00, SA-SO AUCH 13.00-15.00, PREIS: 20 €

MARSALA STADT

WEIN, GESCHICHTE & MÜSSIGGANG

Marsala ist für den gleichnamigen Dessertwein bekannt. Der hübsche Ort am Meer hat ein altes Zentrum, in dem die Kunst des Flanierens offenbar erfunden wurde. Die Atmosphäre ist freundlich, auch abends, wenn die Einheimischen zusammenkommen und sich die Piazza della Repubblica von ihrer besten Seite zeigt. Marsala hat gut 80.000 Einwohner, etwas mehr als Trapani, wirkt aber kleiner.

Der Ort wurde Ende des 4. Jahrhunderts als Alternative zur Kolonie auf der Insel Mozia erbaut. Die Römer machten daraus eine der wichtigsten Handelsstädte Siziliens, und die Araber gaben dem Ort im 9. Jahrhundert den Namen Marsa Allah (Hafen Gottes). Im Mittelalter war Marsala eine geschäftige Stadt, was hauptsächlich an dem von den Arabern so gelobten Hafen lag. Aus Angst vor Angriffen von außen schloss Karl V. den Hafen im 16. Jahrhundert, was der Blütezeit der Stadt ein Ende bereitete.

Während 1773 der Blick des Engländers John Woodhouse über die Weinberge von Marsala schweifte, beschloss er, diesen herrlichen Wein mit nach Hause zu nehmen. Damit der gute Tropfen die Seereise überstand, fügte Woodhouse zusätzlich Alkohol dazu – der Marsala war geboren und wurde ein großer Erfolg. Andere Engländer folgten seinem Beispiel, so etwa die Whitakers, die sich später einen Namen mit der Wiederentdeckung der Insel Mozia machen sollten.

Der nächste Höhepunkt in Marsalas Geschichte war die Ankunft des Freiheitskämpfers Giuseppe Garibaldi im Jahr 1860. Er erschien mit seinen 1000 Rothemden, der Freiwilligenarmee I Mille, vor den Toren Marsalas, um Sizilien zu befreien und damit einen Beitrag zur Einheit Italiens zu liefern.

SEHENSWÜRDIGKEITEN

Das historische Zentrum von Marsala wurde schön restauriert und wirkt mit seinen barocken Gebäuden sehr elegant. In der viereckig aufgebauten Altstadt gibt es zahlreiche Sehenswürdigkeiten. Die Straße zum imposanten Stadttor ähnelt einem Boulevard, der noch auf die Hochsaison wartet. Jenseits des Stadttors liegt als Prunkstück das archäologische Museum. Jeden Morgen (außer sonntags) gibt es bei der Porta Garibaldi einen Markt mit lokalen Produkten wie Fisch und Gemüse.

PIAZZA DELLA REPUBBLICA könnte als Drehort für einen alten italienischen Film dienen. Der Platz mit den glänzenden Pflastersteinen und den schönen Gebäuden ringsum liegt in der Mitte des viereckigen Zentrums. Der kleine, aber vornehme Palazzo Comunale würde sich perfekt für eine klassische Balkonszene eignen. Am auffälligsten ist die Kathedrale, die auf den Überresten einer normannischen Kirche erbaut wurde und dem Heiligen Thomas von Canterbury geweiht wurde. Begonnen wurde mit dem

Bau 1628, doch die Fassade wurde erst 1956 fertiggestellt, als ein heimgekehrter Emigrant Geld spendete.

CONVENTO DEL CARMINE ist ein ehemaliges Kloster aus dem Jahr 1155 und das älteste der Stadt. Seit der Renovierung Mitte der 1990er-Jahre finden in der heutigen Pinacoteca Comunale Wechselausstellungen mit moderner Kunst statt. Das Kloster und der ruhige Innenhof werden auch gern im Rahmen von Hochzeiten und für die dazugehörigen Fotos genutzt.
PIAZZA CARMINE, WWW.PINACOTECAMARSALA.IT, T 0923 713822, GEÖFFNET: DI-SO 10.00-13.00 & 18.00-20.00, EINTRITT: 3 €

MUSEO ARCHEOLOGICO BAGLIO ANSELMI Das eindrucksvolle Gebäude an der schönen Küstenstraße, der Baglio Anselmi aus dem Jahr 1893, war früher ein Lager für Marsalawein und beherbergt seit 1985 das archäologische Museum. Wo früher Weinfässer standen, finden heute Ausstellungen statt. Die beiden hohen Hallen beeindrucken schon, bevor man sich dem bemerkenswerten Inhalt gewidmet hat. Ausgestellt sind Funde aus dem Meer und vom Land, darunter ein Schiff aus punischer Zeit (vor 3000 Jahren), eine Vielzahl von Amphoren und römische Mosaikfußböden.
LUNGOMARE BOEO, T 0923 953614, GEÖFFNET: MO 9.00-13.30, DI-SO 9.00-19.00, EINTRITT: 4 €

Das ehemalige Kino Cine Impero in der Nähe der Porta Nuova ist ein Beispiel für den italienischen Futurismus aus dem frühen 20. Jahrhundert. Bis 1970 wurden hier noch zahlreiche Filme gezeigt. Jetzt dient das Gebäude als Kulturzentrum.

ESSEN & TRINKEN

Sobald man einen Platz ergattert hat, kann man hier wunderbar essen und trinken.

IL GALLO E L'INNAMORATA ist ein Slow-Food-Tempel mit hölzernen Klappstühlen, weißen Tischdecken, schlichten Tellern und vor allem köstlichen Gerichten. Auf einer Schultafel werden die Tagesspezialitäten angekündigt: *salade di polpo* (Tintenfisch) oder Gnocchi mit Wurst und Pistazien. Und natürlich Mandelkekse.
VIA S. BILARDELLO 18, WWW.OSTERIAILGALLOELINNAMORATA.COM, T 0923 1954446, GEÖFFNET: DI-SO 12.30-14.30 & 19.30-22.30, PREIS: 15 €

DA PINO wird auch "ritrovo sportivo" genannt, was man am besten mit "Sportbar" übersetzen kann. Auf der Einrichtung liegt nicht unbedingt der Fokus der Betreiber, aber man bekommt ausgezeichnete Fischgerichte, Fischsuppe oder Couscous.
VIA SAN LORENZO 27, WWW.TRATTORIADAPINO.IT, T 0923 715652, GEÖFFNET: TÄGLICH 12.30-14.30 & MO-SA 19.30-22.30, PREIS: 15 €

CAFFÈ LETTERARIO MER KA BA

LA SIRENA UBRIACA ist eine kleine Enoteca mit Hockern drinnen und draußen. Das Weinsortiment ist gut sortiert, und auf dem Tresen stehen allerhand Leckereien wie Sandwiches mit Knoblauchpesto oder Paprika-Mandel-Tapenade. Zur Weinbar gehört auch ein (Online-)Geschäft mit lokalen Spezialitäten wie Wein, Marzipan, Marmelade und Pastasoßen.
VIA G. GARIBALDI 39, WWW.LASIRENAUBRIACA.IT, T 328 1053522, GEÖFFNET: TÄGLICH 10.00-14.30 & 15.30-23.30, PREIS: APERITIF AB 5 €

In der Gelateria del Cassaro, Via XI Maggio 45, gibt es ganz besondere Eissorten wie Marsalawein, Ricotta oder Pfefferminz.

CAFFÈ LETTERARIO MER KA BA eignet sich bestens für einen Kaffee oder ein Mittagessen. Das Café liegt in einer belebten Straße und zieht ein modernes Publikum an. Ein Aperitif zwischen Büchern ist mal etwas anderes.
VIA GARIBALDI 8-10, FB CAFFELETTERARIOMERKABAMARSALA, T 338 504 7509, GEÖFFNET: DI-SO 7.00-2.00, PREIS: AB 5 €

100% THERE

CANTINE FLORIO Marsalawein kann man natürlich in jeder Enoteca probieren, doch für eine richtige Verkostung besucht man Florio am Stadtrand. Vincenzo Florio, auch als "Pate des sizilianischen Weinhandels" bekannt, war 1833 der erste Italiener im Marsala-Geschäft unter lauter Engländern. In dem Betrieb kann man Wein probieren und kaufen (zum Beispiel einen 25-jährigen Donnafranca), sich an den meterhohen Fässern entlangführen lassen oder das Museum besuchen, in dem noch Flaschen aus dem Jahr 1862 stehen. Im Sommer sollte man sich anmelden.
VIA V. FLORIO 1, WWW.CANTINEFLORIO.IT, T 0923 781111, GEÖFFNET: MO-FR 9.00-18.00, SA 9.00-13.00, FÜHRUNG SA 10.30, MO-FR APR.-OKT. 11.00 & 15.30, NOV.-MÄRZ 15.30, PREIS: FÜHRUNG INKL. DEGUSTATIONSMENÜ 10 €

....

Marsala wird nach dem Solera-Verfahren hergestellt. Die allmähliche Vermischung von Wein aus verschiedenen Jahrgängen garantiert die verfügbare Menge und den Geschmack. In jedem Fass steckt also auch etwas Neues, wodurch der ganz eigene Charakter entsteht.

....

ÜBERNACHTEN

B&B IL PROFUMO DEL SALE Celsa versteht es, seine Gäste zufriedenzustellen. In den drei Zimmern mit Kräuternamen liegen persönlich ausgewählte Seifen. Morgens steht ein stärkendes Frühstück bereit, und bei der Abreise bekommt man ein Säckchen mit parfümiertem Salz als Andenken.
VIA VACCARI 8, WWW.ILPROFUMODELSALE.IT, T 0923 1890472, PREIS: 50 €

HOTEL CARMINE Das zweifellos schönste Hotel von Marsala liegt am gleichnamigen Platz. In dem geschichtsträchtigen Gebäude hat jedes luxuriöse Zimmer seinen eigenen Charakter. Außer einem prachtvollen Garten bietet Carmine auch einen offenen Kamin für die kälteren Abende. Ein schöner Ort, um sich in den sizilianischen Klassiker *Der Gattopardo* zu vertiefen ...
PIAZZA CARMINE 16, WWW.HOTELCARMINE.IT, T 0923 711907, PREIS: 90-110 €

RUND UM MARSALA

MOZIA

Auf dieser winzigen Insel vor der Küste von Marsala vergisst man sofort alles, worüber man sich gerade noch aufgeregt hat. Bei einem Spaziergang – mit Eidechsen, die davonsausen, einem Grillenkonzert und zwitschernden Vögeln – entschleunigt sich das Leben von selbst. Kaum vorstellbar, dass hier vor etwa 2700 Jahren einiges los war, denn auf Mozia lag damals eine phönizische Handelsstadt.

Das Stadtbild war von schmalen Straßen und relativ hohen Häusern geprägt, wodurch viel auf wenig Grund unterzubringen war. Erstaunlich war auch die befestigte Straße, die von der Insel nach Sizilien führte und auf der die Bewohner mit Wagen über das Wasser fahren konnten. Nach einer Blütezeit wurde Mozia im späten 4. Jahrhundert v. Chr. von den Griechen eingenommen. Ein Jahr später eroberten die Phönizier die Stadt und beschlossen, an einem anderen Ort eine neue Stadt zu erbauen: Marsala. Mozias Tage waren damit gezählt.

Der Engländer Joseph Whitaker, ein Spross der berühmten "Weinfamilie" von Marsala, entdeckte 1888 die Überreste der antiken Stadt. Fasziniert ließ er sich daraufhin auf Mozia nieder und fand in der Folge Reste der Stadtmauer, Opferstellen, eine Begräbnisstätte und Häuser mit prachtvollen Mosaikböden. Auf einer Wanderung durch Olivenhaine und Weinberge kommt man an diversen Ausgrabungsstätten vorbei.

FERRY MOZIA LINE Die Fähren nach Mozia legen an zwei Stellen ab: im Süden und im Norden der Salinen, die etwa zehn Kilometer nördlich von Marsalas Zentrum liegen. Der nördliche Abfahrtsort der Mozia Line ist netter. Passen Sie auf, dass Sie auf der Rückfahrt das richtige Boot erwischen, denn es gibt verschiedene Unternehmen. Beim Café MammaCaura kann man umsonst parken.
C. DA ETTORE INFERSA, WWW.MOZIALINE.COM, T 0923 989249, TÄGLICH 9.00-18.00 (ALLE 20 MINUTEN), PREIS: 5 €

MAMMACAURA liegt am nördlichen Anleger der Mozia Line. Von der stimmungsvollen Terrasse aus blickt man auf Salzhügel und eine Windmühle. Im goldenen Abendlicht kann man es sich bei Couscous oder einem Aperitif gut gehen lassen.
C. DA ETTORE INFERSA, WWW.MAMMACAURA.IT, T 388 8772499, GEÖFFNET: TÄGLICH MÄRZ-SEPT. 8.30-2.00 OKT.-FEBR. 8.30-22.00, PREIS: APERICENA 15 €

Die Salinen von Marsala verändern je nach Licht ihr Gesicht. Abends färben sie sich rosa oder reflektieren den orangefarbenen Sonnenuntergang.

MAMMACAURA (L)   SALINEN (R)

WHITAKER MUSEUM Man sieht das Museum sofort, wenn man die Fähre verlässt. Obwohl es einem Engländer gewidmet ist, sind die Informationen nur auf Italienisch angegeben. Die Sammlung umfasst zahlreiche phönizische und griechische Überreste von Speeren bis hin zu Schmuck. Der ganze Stolz dieses Museums ist die griechische Statue eines jungen Mannes, die wahrscheinlich aus dem 5. Jahrhundert v. Chr. stammt.
WWW.FONDAZIONEWHITAKER.IT, GEÖFFNET: TÄGLICH APR.-OKT. 9.30-18.30, NOV.-MÄRZ 9.00-15.00, EINTRITT: 9 €

KANU MIETEN Von Lucio ein Kanu zu mieten, ist schon ein Erlebnis an sich. Zusammen mit seinen Söhnen ist er der Herr über ein Feld voll mit Surfbrettern, Segelbooten, Oliven- und Maulbeerbäumen. Man darf dort auch sein Wohnmobil aufstellen. Wassersportfreunde sind hier genau richtig, denn die Söhne sind Fachmänner für Kite- und Windsurfen. Achtung: Da das Wasser in Küstennähe nicht tief ist, besteht die Gefahr aufzulaufen.
ASD CENTRO NAUTICO STAGNONE DA LUCIO, C. DA SPAGNOLA 112A (1 KM WESTLICH DER SÜDLICHEN ANLEGESTELLE DER FÄHRE NACH MOZIA), WWW.CENTRONAUTICOSTAGNONE.IT, T 333 6297699, PREIS: KANU FÜR 2 PERS./TRETBOOT 15 € PRO TAG

CEFALÙ STADT

STRAND, LA ROCCA & TRUBEL

Dass der tyrrhenische Küstenort Cefalù eine große Anziehungskraft auf Touristen ausübt, ist angesichts der gut erhaltenen mittelalterlichen Bauten, der idyllischen Lage unter dem riesigen Felsen La Rocca und dem langen Sandstrand nicht verwunderlich. Der ursprüngliche Name von Cefalù lautet Cephaloedium, was von dem altgriechischen Wort für "Pferd" abgeleitet ist. Das erklärt sich, wenn man sich La Rocca anschaut, denn der Felsen ähnelt einem Pferdekopf.

Die ursprünglich griechische Siedlung aus dem 5. Jahrhundert v. Chr. wurde 1131 kurze Zeit zum mächtigsten Bistum Siziliens. Grund dafür war der Befehl König Rogers II., einen imposanten Dom zu bauen. Nach dessen Tod verlor Cefalù jedoch diese wichtige Position und war in den folgenden Jahrhunderten nicht mehr als ein nettes Fischerdorf mit ein paar schönen Gebäuden und einer eindrucksvollen Kirche.

Das Dorf von damals ist heute eine Kleinstadt mit 13.800 Einwohnern, die in der Hochsaison, vor allem im August, leider sehr touristisch ist. Sobald der Massenansturm der Gäste abebbt, kehrt der Charme des Ortes sofort zurück. Dann ist der weite Strand wieder leer und es gibt genügend – auch günstige – Möglichkeiten, um etwas zu essen und zu übernachten. Cefalù diente 1988 als Kulisse für den Film *Cinema Paradiso* von Giuseppe Tornatore.

Cefalù ist nur eine Stunde von Palermo entfernt und problemlos mit Auto oder Zug zu erreichen. Eine Bahnfahrt ist durchaus zu empfehlen, denn die Gleise führen an der Küste entlang. Die Altstadt ist von 10 bis 13 Uhr und von 17 bis 0 Uhr autofrei. Parkplätze gibt es an der Küstenstraße (Lungomare Giuseppe Giardino). Kosten pro Auto 5 Euro, pro Wohnwagen 15 Euro.

SEHENSWÜRDIGKEITEN

Der westliche Teil von Cefalù ist ein Labyrinth aus schmalen Gassen, Treppen, Torbögen und engen Passagen. Der östliche Teil ist mit geraden, breiten Straßen großzügiger gestaltet.

DUOMO DI CEFALÙ Der Dom steht umringt von sanft wogenden Palmen und mit La Rocca im Rücken imposant an seinem Platz. Ein backsteingepflasterter Weg führt wie ein roter Teppich zu dem riesigen Holzportal der Kirche. Als König Roger II. 1131 mit seiner Flotte auf dem Rückweg von Neapel nach Sizilien von einem heftigen Sturm überrascht wurde, schwor er, wenn er den Sturm überlebte, an der Stelle, an der er das Land erreichte, eine prachtvolle Kirche zu bauen. Der Ort war Cefalù. Eine schöne Geschichte, doch wahrscheinlicher ist, dass der Bau der Kathedrale eine Folge von Rogers Konflikt mit dem Erzbischof von Palermo war. Denn Roger hoffte, mit einer weit von Palermo entfernten riesigen Kirche die kirchlichen Machtverhältnisse verändern zu können. Das gelang ihm auch teilweise, aber leider war der Dom noch nicht vollendet, als Roger 1154 starb. Seine Nachfolger investierten weder viel Zeit noch Geld, daher ist der einzige wirklich prachtvolle Teil der Kirche die Kuppel, der Rest blieb eher bescheiden. Dennoch ist der Bau von außen eine der schönsten Kathedralen Italiens. Innen fällt vor allem die Kuppel mit dem Pantokrator ins Auge. Christus zeigt auf diesem Mosaik einen sehr menschlichen Gesichtsausdruck. In der Hand hält er eine Bibel mit dem Text: "Ich bin das Licht der Welt; wer mir nachfolgt, der wird nicht wandeln in Finsternis" (Johannes 8,12).

PIAZZA DUOMO, T 0921 922259, GEÖFFNET: TÄGLICH 8.00-18.45, GRATIS

ESSEN & TRINKEN

In der Altstadt, am Strand, in den Straßen zwischen der Via Vittorio Emanuele und dem Corso Ruggero sowie auf der Seite von La Rocca gibt es zahllose Lokale für Touristen. Einige gute Optionen gibt es auch an der Piazza Duomo, zum Beispiel die Ostaria del Duomo. Das Café del Molo bietet sich für eine Erfrischung oder ein Eis mit Blick auf die Bucht und den alten Fischerhafen an.

LA GALLERIA ist Restaurant, Cocktailbar, Galerie und Buchladen in einem. Durch das Tor betritt man eine Welt, die nur noch wenig mit dem Touristengewimmel zu tun hat. Die helle Einrichtung wirkt sehr ansprechend, und zwischen Kunst, CDs und Kochbüchern isst man hier ganz besonders: *aubergine caponata* mit Modica-Schokolade oder Schwertfisch mit Maulbeermarmelade (*gelsi*).

VIA MANDRALISCA 23, WWW.LAGALLERIACEFALU.IT, T 0921 420211, GEÖFFNET: JUNI-AUG. TÄGLICH & SEPT.-MAI DO-DI 12.00-15.30 & 19.00-0.00, PREIS: 15 €

LA BRACE Das Restaurant gehört der Niederländerin Thea, die alle Gerichte der Speisekarte auch selbst zubereitet. Und das macht sie offenbar gut, denn die Einheimischen essen gern in diesem kleinen Lokal. Daher ist Reservieren sinnvoll.

VIA XXV NOVEMBRE 10, WWW.RISTORANTELABRACE.COM, GEÖFFNET: DI-SO 12.30-15.00 & 19.00-23.00, PREIS: 13 €

SHOPPEN

Im Corso Ruggero und in der Via Vittorio Emanuele gibt es viele Souvenir-, Bademoden- und Delikatessenläden. Bisweilen deuten Schilder mit dem Text "No Photo" einen gewissen Touristenüberdruss an. Trotzdem kann man hier wunderbar shoppen.

LA BRACE (L)   MAU ACCESSORI (R)

ENOTECA LE PETIT TONNEAU In dem Geschäft mit Hunderten von Weinen kann man natürlich Wein kaufen, aber auch probieren. Mit ein bisschen Glück ist noch Platz auf dem kleinen Balkon mit drei Sitzplätzen, von dem aus man einen wunderschönen Blick hat – und das bei einem Glas Prosecco und Tapas. Verkauft werden auch viele Sorten Pesto, Honig und Mandelkekse.
VIA VITTORIO EMANUELE 49, WWW.LEPETITTONNEAU.IT, T 0921 421447, GEÖFFNET: TÄGLICH 9.30-12.00 & 16.30-22.00

MAU ACCESSORI Allessandra stellt Schmuck aus alten Knöpfen her – originelle Ohrringe, Fingerringe – und außerdem Ledertaschen, die mit edlen Knöpfen verziert sind.
VIA VITTORIO EMANUELE 38, T 335 3582005, GEÖFFNET: MAI-NOV. MO-SA 9.30-13.30 & 16.30-20.30, SO 16.30-20.30, AUG. TÄGLICH 9.30-13.30, 16.30-20.30 & 21.30-0.00

PURA VIDA In diesem großzügigen modernen Laden gibt es nur italienische Marken wie Miss Sixty und Goagoa. Hier findet man Kleidungsstücke, die in Deutschland schwer zu bekommen sind. Die Größen entsprechen allerdings auch der italienischen Damenwelt.
VIA BORDONARO 95, T 0921 820421, GEÖFFNET: TÄGLICH 9.30-22.00

CAFÉ DEL MOLO (L)   SCIROCCO (R)

100% THERE

Besucher verbringen die meiste Zeit am Strand von Cefalù. Für einen Sonnenschirm und zwei Liegestühle zahlt man 7,50 bis 15 Euro pro Tag. Je weiter von der Stadt (und der Hochsaison) entfernt, desto preisgünstiger – und ruhiger. Wer die absolute Ruhe in einer anderen Welt sucht, packt seine Schnorchelausrüstung und taucht an der Westseite des Strandes ab.

LA ROCCA Lassen Sie die lebhaften Straßen, den Strand und das Meer weit hinter sich und steigen Sie auf den Stolz von Cefalù: La Rocca. Der Legende nach handelt es sich dabei um den ehemaligen Wohnort der Riesen, die zuallererst Sizilien bewohnten. Sie hatten eine gute Wahl getroffen, denn der 278 Meter hohe Felsen ist ein eindrucksvoller Gipfel. Die Nachfolger der Riesen bauten dort im 5. Jahrhundert den Tempel der Diana und sieben Jahrhunderte später eine normannische Burg. Außer einigen losen Felsblöcken ist von dem Kastell kaum etwas übrig geblieben. Doch von oben hat man einen herrlichen Blick auf den Dom und an klaren Tagen auf die Äolischen Inseln. Wer gern ausgiebig spazieren geht, kann sich hier ebenfalls austoben, sollte aber genügend Zeit mitbringen, denn allein schon die Kletterpartie über die Treppen dauert sicher eine halbe Stunde. Tipp: Gute Wanderschuhe (mit rutschfester Sohle) sind sinnvoll, mit Sandalen werden Sie sich schwertun.

AN DER KREUZUNG PIAZZA GARIBALDI / VIA UMBERTO GEHT ES HINAUF, DEN SCHILDERN NACH, GEÖFFNET: TÄGLICH 9.00-19.00, WINTER BIS 16.30, GRATIS

AUSGEHEN

Cefalù hat einige gute Bars, in denen man nach dem Essen einen Cocktail oder Schlummertrunk bekommt.

CARRÈ LOUNGE Die angesagte Carrè Lounge wurde an der ursprünglichen Stadtmauer und um einen alten Wasserbrunnen gebaut. Der perfekte Mix von hypermodern und historisch.

VIA C. O. DI BORDONARO 60, WWW.CARRELOUNGE.COM, T 346 7616804, GEÖFFNET: TÄGLICH 15.00-3.00

ÜBERNACHTEN

Touristische Hotspots verfügen leider oft über Unterkünfte, die für den Preis viel zu wenig bieten und dennoch schnell ausgebucht sind. Im August ist Cefalù voll und unglaublich teuer, allerdings gibt es auch einige angenehme Optionen.

BOHÉMIEN B&B oder **B&Z** Diese vier Zimmer mit Frühstück, die thematisch gestaltet sind (Warhol, Bianco & Nero, Toulouse-Lautrec und Dalì), werden von Bruder und Schwester betrieben. Alle Zimmer haben auffällig geräumige Badezimmer. Sein Frühstück kann man mittels einer Liste bestellen, auf der man ankreuzen kann, welches süße Teilchen es sein darf.

VIA UMBERTO I 15/C, WWW.BOHEMIENBEB.IT, T 0921 424193 / 373 7149962, PREIS: 60-110 €

SCIROCCO ist ein warmer Wind aus Afrika. Und genauso fühlt sich das Ambiente auf der Dachterrasse dieses gemütlichen B&Bs an. Hier kann man frühstücken oder abends ein Glas Wein mit spektakulärer Aussicht auf das Meer und La Rocca trinken.

PIAZZA GARIBALDI 8, WWW.SCIROCCOBEB.COM, T 392 6444131, PREIS: 50-110 €

RUND UM CEFALÙ

Das Hinterland von Cefalù ist von dem Madonie-Gebirge geprägt, und die Stadt bietet sich als Ausgangspunkt für die Erkundung dieses großartigen Naturparks an.

PARCO DELLE MADONIE

Das Naturschutzgebiet Parco delle Madonie erstreckt sich von Scillato bis Castelbuono zwischen den Flüssen Pollina und Imera. Nach dem Ätna ist es der höchste Gebirgszug Siziliens mit dem Pizzo Carbonara als höchstem Punkt (1979 Meter). Im Frühjahr bleibt der Schnee hier lange liegen.

In den Wäldern leben Stachelschweine, Füchse, Hasen, Greifvögel und Rehe. Es gibt sogar versteinerte Schwämme und Korallen. Zum ursprünglichen Bewuchs gehören jahrhundertealte Stechpalmen, wilde Oliven und die einzigartige Nebrodi-Tanne. Auch die Manna-Esche wächst hier, die das in Heilmitteln verwendete Manna liefert. Beim Büro für Ökotourismus in Cefalù (Corso Ruggero 114) erhalten Sie Wanderkarten.

Manna wird aus dem harzartigen Ausfluss der Fraxinus ornus (oder Manna-Esche) gewonnen. Sobald die Flüssigkeit der Sonne ausgesetzt wird, gerinnt sie zu Manna. Auf das Manna aus den Bäumen in der Umgebung von Castelbuono und Pollina ist die ganze Region stolz. Der Süßstoff fördert die Verdauung und wird pur verwendet, aber auch in Tee, Schokolade, Likör, Weihrauch und Speisen.

Die Region des Madonie-Gebirges hat eine eigene Küche und ist von einem schlichten, bäuerlichen Lebensstil geprägt. Viele Dörfer wie Geraci Siculo und Petralia Soprana haben ihre Traditionen bewahrt und produzieren auf althergebrachte Weise (Milch-)Spezialitäten wie Ricotta. Allerdings verlassen auch immer mehr Bewohner ihre Bergdörfer und werden von Palermern abgelöst, die der Ruhe wegen hierherziehen. Einer der ersten Orte, zu denen man auf dem Weg nach oben gelangt, ist Castelbuono.

PARCO DELLE MADONIE

MANNA, MIELE E GUSTO

CASTELBUONO

Castelbuono ist die "Hauptstadt" der Madonie. Nur 20 Kilometer von Cefalù entfernt bildet diese mittelalterliche Stadt einen großen Kontrast zum Tourismus an der Küste. Man fährt eine gute halbe Stunde auf die bescheidene Höhe von 423 Metern und kann dann eine prachtvolle Burg besichtigen und Restaurants und Geschäfte besuchen.

CASTELLO DEI VENTIMIGLIA Die sehenswerte Burg aus dem 14. Jahrhundert, die Castelbuono seinen Namen gab, liegt wunderschön. Doch das eigentliche Prunkstück ist die Cappella Palatina mit den Reliquien von Sant'Anna. Die Kapelle, in der Giuseppe Serpotta – der Bruder des berühmten Giacomo – sich 1683 ausleben durfte, ist überwältigend. Wie viel Barockdekor passt wohl auf einen Quadratmeter? Nehmen Sie sich etwas Zeit und lassen Sie das eindrucksvolle Stuckmeisterwerk auf sich wirken.
PIAZZA CASTELLO, WWW.MUSEUCIVICO.EU, T 0921 671211, GEÖFFNET: DI-SO 9.30-13.00 & 15.30-19.00, EINTRITT: 4 €

NANGALARRUNI ist das Restaurant von Küchenchef Giuseppe Carollo, auch Beppe genannt. Hier treffen viele Aromen der Madonie aufeinander, zum Beispiel frische Pilze (zu jeder Saison!) und das besondere schwarze Schweinefleisch einer lokalen Rasse. Auch Manna wird in der Küche verwendet. Den passenden Wein findet man auf einer Liste mit gut 600 Sorten aus ganz Italien. Sehr zu empfehlen ist das Fünf-Gänge-Menü.
VIA DELLE CONFRATERNITE 10, WWW.HOSTARIANANGALARRUNI.IT, T 0921 671428, GEÖFFNET: DO-DI 12.30-15.00 & 19.30-23.00, PREIS: MENÜ 35 €

In Castelbuono gibt es verschiedene Geschäfte, die Spezialitäten verkaufen, zum Beispiel das Manna, Miele e Gusto (Manna, Honig und Geschmack) in der Via Sant'Anna 6. Oft können Sie die diversen Köstlichkeiten auch probieren – hier Käse, dort Öl, Fleischwaren, Süßigkeiten oder Manna.

FIASCONARO Dieser Familienbetrieb ist auf ganz Sizilien und darüber hinaus für seine *panettone* bekannt. Der typische Mailänder Weihnachtskuchen wurde nach eigenem Geschmack leicht abgeändert, sodass einige ganz besondere Variationen entstanden. Zum Glück muss man nicht auf Weihnachten warten, denn *panettone* gibt es das ganze Jahr über. Oft steht draußen ein Tisch mit süßen Kuchen und dem passenden Belag (wie Pistazien-Nutella oder Mannacreme).
PIAZZA MARGHERITA 10, WWW.FIASCONARO.COM, T 0921 677132, GEÖFFNET: TÄGLICH 6.00-0.00

 CATANIA, ÄTNA & UMGEBUNG, TAORMINA, MESSINA, NORDOSTKÜSTE, ÄOLISCHE INSELN

NORDOST-SIZILIEN

AUTOTOUR NORDOST-SIZILIEN

So können Sie Nordost-Sizilien in fünf Tagen erkunden. Diese Route bringt Sie zu allen Orten, die Sie gesehen haben müssen, und hält auch einige Überraschungen bereit. Sie essen zwischen Einheimischen und wohnen ganz besonders.

TAG 1 **CATANIA >** früh aufstehen und auf den Mercato della Pescheria gehen (S. 146) **>** Kaffee auf einer Terrasse trinken, beispielsweise bei MM **>** das Castello Ursino besuchen (S. 142) **>** über die Piazza Duomo schlendern und bei La Cucina dei Colori vegetarisch essen (S. 143) **>** die Fassaden an der Via Crociferi bewundern **>** das Amphitheater besichtigen (S. 142) **>** in der Via Etnea auf einen Drink oder ein Eis bei Savia einkehren (S. 144) **>** das schönste Restaurant in der Via Santa Filomena aufsuchen **>** bei Antica Dimora übernachten (S. 149) **>**

TAG 2 **ÄTNA >** zeitig zum Ätna aufbrechen, über Nicolosi und Rifugio Sapienza (S. 153) **>** zurück über Zafferana Etnea **>** die Panoramastraße Via Mareneve genießen **>** unterwegs in einem Rifugio etwas essen oder nach Castiglione di Sicilia weiterfahren und bei Sine Tempore (S. 160) speisen **>** bei Patria (S. 161) Wein verkosten **>** bei Mamma Rosaria zu Abend essen und im Agriturismo San Marco übernachten (S. 163) **>**

TAG 3 **NEBRODI & TINDARI >** nach Randazzo fahren und durch das mittelalterliche Dorf schlendern **>** etwas Leckeres in der Pasticceria Musumeci (S. 164) kaufen **>** ein Picknick zusammenstellen **>** über die SS116 eine Tour durch den Nebrodi-Naturpark unternehmen **>** in schöner Natur picknicken **>** die Madonna von Tindari und den archäologischen Park Tyndaris (S. 195) besichtigen **>** nach Milazzo fahren und bei Bagatto (S.192) essen **>** über den Boulevard spazieren **>** im Antico Borgo (S. 193) übernachten **>**

TAG 4 **MILAZZO / ÄOLISCHE INSELN >** im Innenhof des B&B frühstücken **>** zwei Optionen: entweder die Zitadelle von Milazzo (S. 190) besuchen und **>** am Strand von Rodia oder Mortelle entspannen **>** oder zeitig mit dem Boot nach Vulcano fahren **>** Mittagessen bei Maurizio in La Forgia (S. 206) **>** hinterher nach Ganzirri fahren **>** dort zu Abend essen und in der Villa Morgana (S. 189) übernachten **>**

TAG 5 **ALCÀNTARA & TAORMINA >** früh nach Taormina fahren und die S185 nach Gole dell'Alcàntara nehmen **>** zurück zur Küste und bei Il Barcaiolo (S. 170) zu Mittag essen **>** in Taormina shoppen und das Teatro Greco (S. 169) besuchen **>** bei Bambar eine *granita* probieren (S. 170) **>** in der Daiquiri Lounge etwas trinken (S. 173) **>** in der Villa Carlotta (S. 174) übernachten **>**

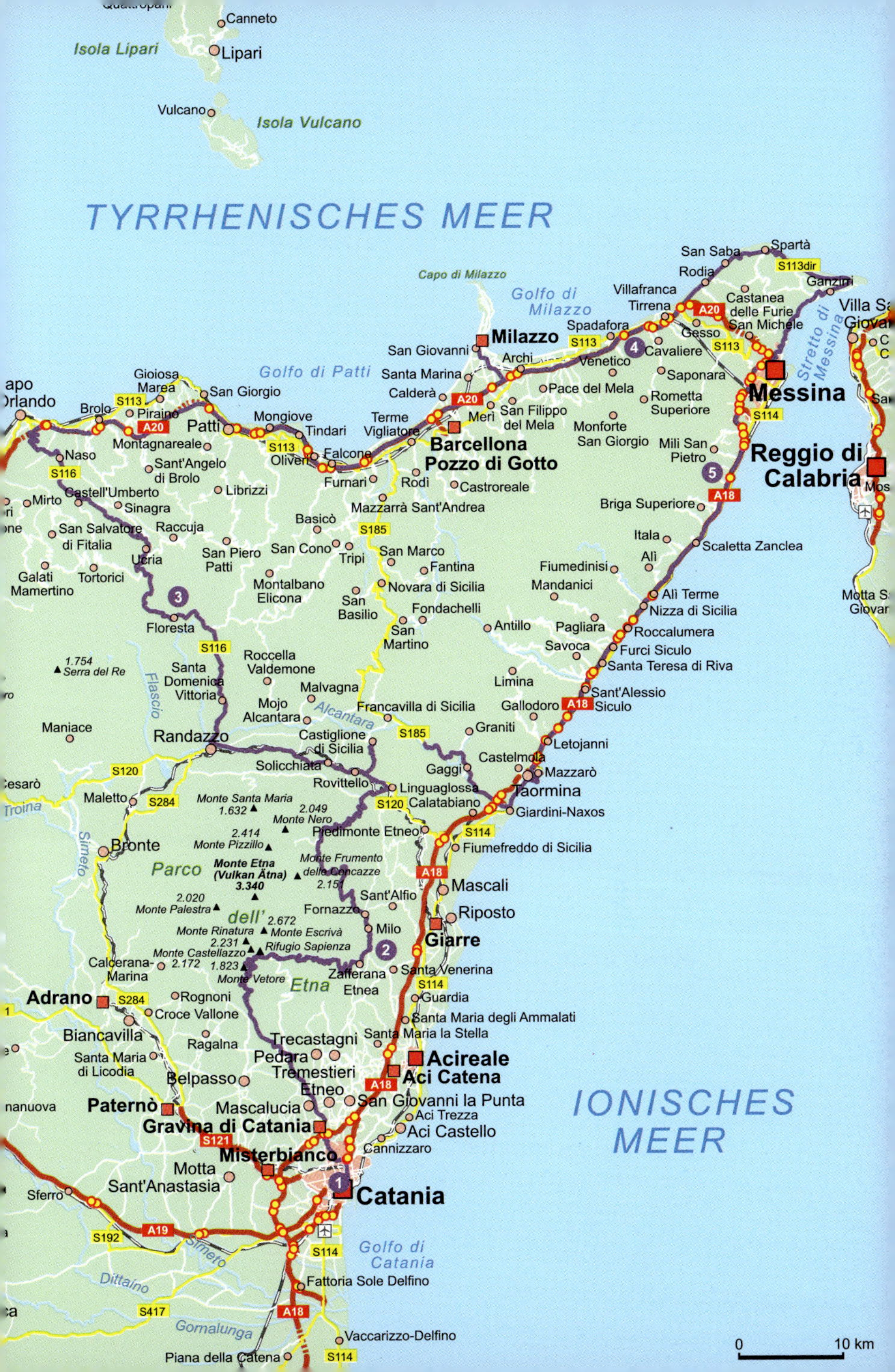

Canneto
Isola Lipari
Lipari
Vulcano
Isola Vulcano
TYRRHENISCHES MEER
San Saba
Spartà
Rodia
S113dir
Ganzirri
Capo di Milazzo
Golfo di Milazzo
Villafranca Tirrena
A20
Castanea delle Furie
San Michele
Villa S
Giovan
Stretto di Messina
Milazzo
Spadafora
Gesso
San Giovanni
S113
4
Cavaliere
S113
Archi
Venetico
Saponara
Golfo di Patti
Santa Marina
Messina
Gioiosa Marea
San Giorgio
Calderà
Pace del Mela
Rometta Superiore
apo
Orlando
S113
A20
Terme Vigliatore
Meri
San Filippo del Mela
Monforte San Giorgio
Brolo
Piraino
Mongiove
S114
A20
Patti
Tindari
Barcellona Pozzo di Gotto
Mili San Pietro
Reggio di Calabria
Montagnareale
S113
Oliveri
Falcone
Naso
Sant'Angelo di Brolo
Furnari
Rodì
Castroreale
5
S116
Librizzi
A18
Mirto
Castell'Umberto
Sinagra
Mazzarrà Sant'Andrea
Briga Superiore
San Salvatore di Fitalia
Raccuja
Basicò
S185
Itala
Scaletta Zanclea
Ucria
San Piero Patti
San Cono
Tripi
San Marco
Alì
Galati Mamertino
Tortorici
Fantina
Fiumedinisi
Montalbano Elicona
Novara di Sicilia
Mandanici
Alì Terme
Motta S
Giovan
3
San Basilio
Fondachelli
Nizza di Sicilia
Floresta
San Martino
Antillo
Pagliara
Roccalumera
S116
Savoca
Furci Siculo
1.754
Serra del Re
Santa Domenica Vittoria
Roccella Valdemone
Santa Teresa di Riva
Flascio
Malvagna
Limina
Sant'Alessio Siculo
Mojo Alcantara
Alcantara
Francavilla di Sicilia
Gallodoro
A18
Maniace
Graniti
Randazzo
Castiglione di Sicilia
S185
Letojanni
Solicchiata
Castelmola
Gaggi
Mazzarò
S120
Rovittello
Linguaglossa
Taormina
Maletto
S284
Monte Santa Maria 1.632
S120
Calatabiano
Giardini-Naxos
Troina
2.049 Monte Nero
2.414 Monte Pizzillo
Piedimonte Etneo
S114
Fiumefreddo di Sicilia
Simeto
Bronte
Monte Frumento delle Concazze 2.151
A18
Parco
Monte Etna (Vulkan Ätna) 3.340
Mascali
2.020 Monte Palestra
Sant'Alfio
Riposto
dell'
2.672
Fornazzo
Monte Rinatura 2.231
Monte Escrivà
Milo
Giarre
Monte Castellazzo 2.172
Rifugio Sapienza
2
Calcerana-Marina
1.823 Monte Vetore
Zafferana Etnea
Santa Venerina
Etna
S114
Adrano
S284
Rognoni
Guardia
Croce Vallone
Santa Maria degli Ammalati
Biancavilla
Trecastagni
Santa Maria la Stella
Ragalna
Pedara
Acireale
Santa Maria di Licodia
Tremestieri Etneo
Aci Catena
Belpasso
A18
IONISCHES MEER
San Giovanni la Punta
Paternò
Mascalucia
Aci Trezza
Gravina di Catania
Aci Castello
S121
Misterbianco
Cannizzaro
Motta Sant'Anastasia
1
Catania
Sferro
S192
A19
S114
Golfo di Catania
Simeto
Dittaino
Fattoria Sole Delfino
S417
A18
Gornalunga
Vaccarizzo-Delfino
Piana della Catena
S114
0
10 km

CATANIA STADT

"MAILAND DES SÜDENS"

Catania ist die größte Stadt an der Ostküste und die zweitgrößte Siziliens, aufstrebend und gleichzeitig sehr traditionell. In der Vergangenheit gab man der Stadt verschiedene Spitznamen. Einer davon war "Little Chicago" wegen der Aktivitäten rivalisierender Mafiabanden. In den 80er-Jahren gab es sogar eine Sperrstunde. Heutzutage wird Catania wegen seiner Lebendigkeit und der blühenden Wirtschaft gern "Mailand des Südens" genannt.

Auf den ersten Blick wirkt die Stadt etwas heruntergekommen und hektisch, und wie in vielen italienischen Städten scheint der Verkehr extrem chaotisch. Wer sich jedoch nach einem Rundgang mit einer *granita* vor einem Café niederlässt, lernt die Atmosphäre schnell zu schätzen. Catania mag der Wirtschaftsmotor Siziliens sein, die Einwohner nehmen sich jedoch alle Zeit, um ihr Leben zu genießen. In zahllosen Bars werden bei einem Aperol Spritz oder einem San Bitter Geschäfte besprochen und Termine ausgemacht. Bei den Kiosken auf der Piazza Vittorio Emanuele III legt man mit dem typischen Durstlöscher *seltz al limone*, gesalzenem Sodawasser mit Zitrone, gerne mal eine Pause ein. Wenn der Verkehr auf der lebhaften Durchgangsstraße komplett zum Stillstand kommt, weil ein Autofahrer anhält, um mit einem befreundeten Fußgänger die Fußballergebnisse zu besprechen, regt sich hier niemand auf.

Catania wurde wahrscheinlich um 730 v. Chr. von griechischen Siedlern gegründet. Als die Römer die Herrschaft übernahmen, entwickelte sich die Stadt zu großem Reichtum. 1669 wurde Catania fast vollständig von einem Ausbruch des Ätna zerstört, 1693 folgte das schwere Erdbeben, bei dem sich die Küstenlinie der Stadt um einige Hundert Meter verschob. Das Castello Ursino lag einst am Hafen, heute mitten in einem Wohngebiet. Im Zuge des Wiederaufbaus wurden breitere Straßen und große Plätze angelegt, was den Schaden im Falle zukünftiger Erdbeben und Vulkanausbrüche begrenzen sollte. Der wichtigste Architekt des Wiederaufbaus war Giovanni Battista Vaccarini, von dem zum Beispiel der Dom und der Liotru-Brunnen stammen. Da viele Gebäude in Catania aus schwarzem Lavastein oder Basalt bestehen – und auch aufgrund der Luftverschmutzung –, ist Schwarz die vorherrschende Farbe der Stadt.

Die Kreuzung der Via Etnea und der Via Vittorio Emanuele ist das Herz der Stadt. Die Via Etnea ist die wichtigste Geschäftsstraße, die von der Piazza Duomo kerzengerade in Richtung Ätna verläuft. Zwischen der Piazza Duomo und dem Hafen findet täglich ein Fischmarkt statt.

CATANIA STADT

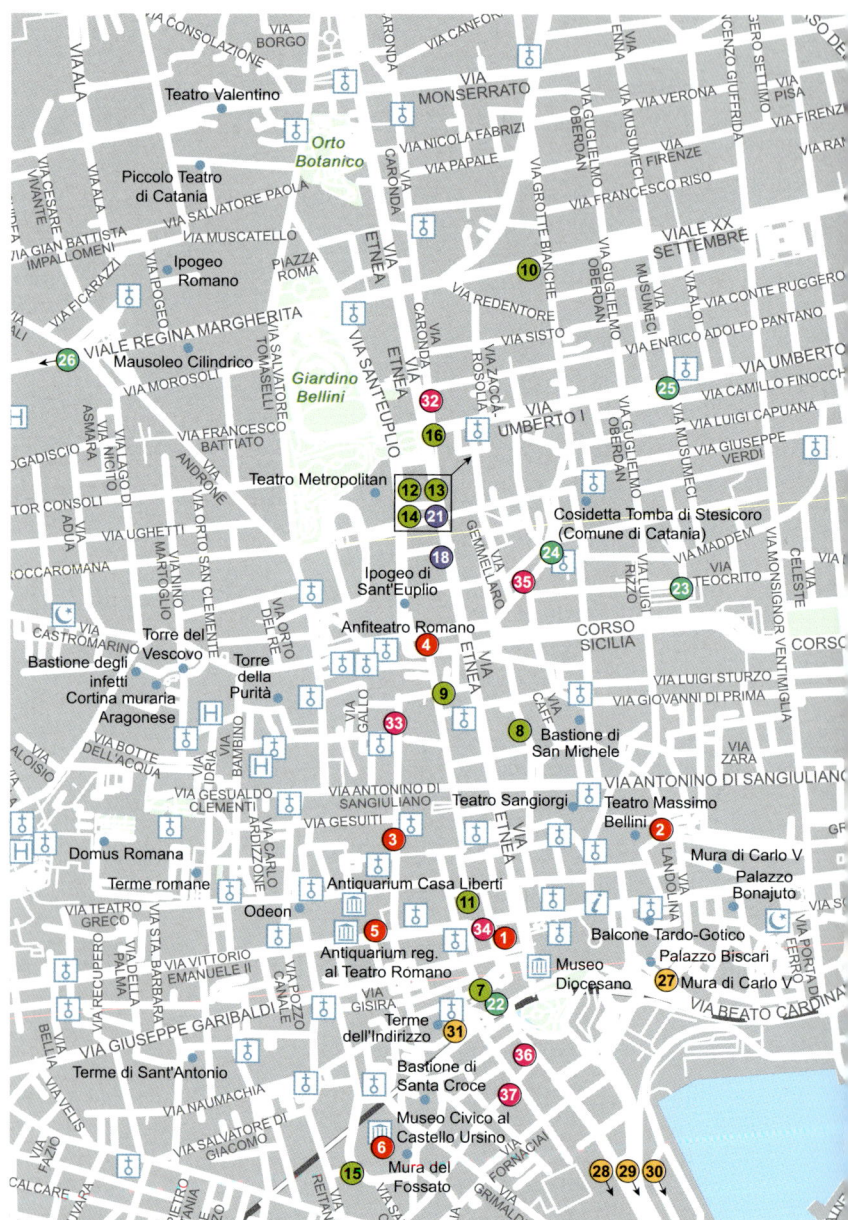

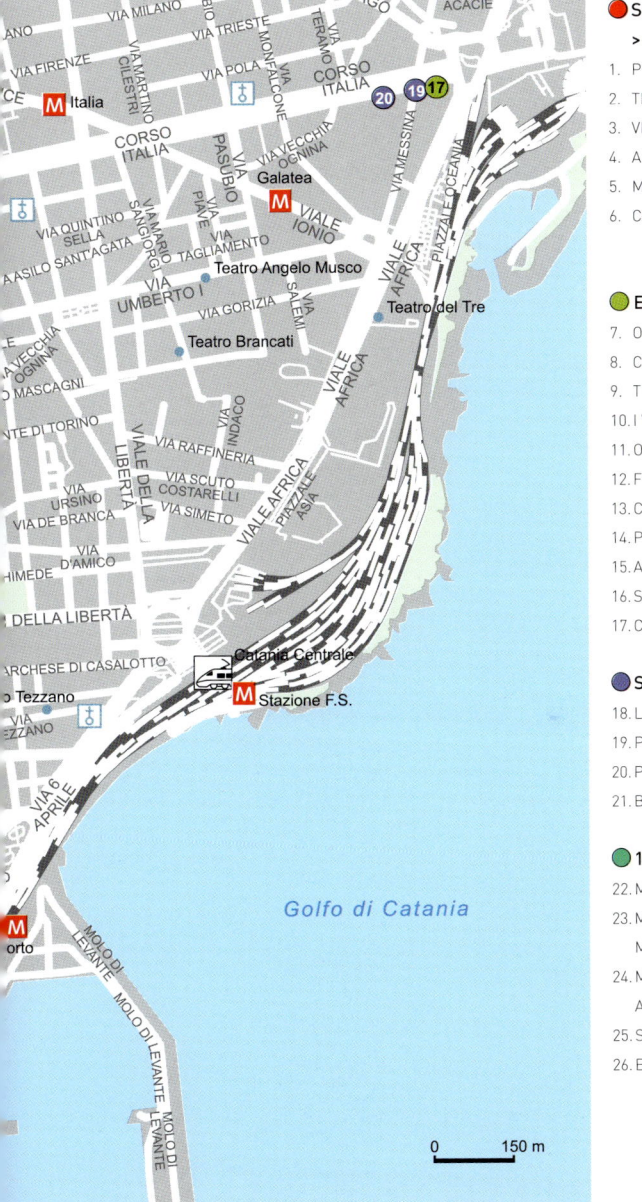

● SEHENSWÜRDIGKEITEN
> S. 140–142

1. PIAZZA DEL DUOMO
2. TEATRO MASSIMO BELLINI
3. VIA CROCIFERI
4. ANFITEATRO ROMANO
5. MUSEO CIVICO BELLINIANO
6. CASTELLO URSINO

● ESSEN & TRINKEN > S. 143–144

7. OSTERIA ANTICA MARINA
8. CUCINA DEI COLORI
9. TRATTORIA DA NUCCIO
10. I VICERÈ
11. OSTERIA PIZZERIA ANTICA SICILIA
12. FUD
13. CURTIGGHIU
14. POLPETTERIA
15. AL CAVALIER ROXY
16. SAVIA
17. CAFFÈ EUROPA

● SHOPPEN > S. 145–146

18. LA RINASCENTE
19. PAPELÙ
20. PATRIZIA PEPE
21. BOUDOIR 36

● 100% THERE > S. 146–147

22. MERCATO DELLA PESCHERIA
23. MÄRKTE (ANTIQUITÄTEN- UND FLOH-MARKT): PIAZZA GRENOBLE
24. MARKT (NAHRUNG): PIAZZA CARLO ALBERTO
25. SELTZ AL LIMONE
26. ETNALAND

● **AUSGEHEN > S. 147–148**	31. AGORÀ HOSTEL	33. CROCIFERI
27. I QUATTRO VENTI		34. HOTEL CENTRALE EUROPA
28. Y'S JAZZ CLUB	● **ÜBERNACHTEN**	35. B&B FERA O' LUNI
29. MOSQUITO	**> S. 148–149**	36. BAD
30. AFRO BAR	32. HOTEL ETNEA 316	37. ANTICA DIMORA

SEHENSWÜRDIGKEITEN

Der Zug, der auf der Piazza del Duomo abfährt, bringt Besucher für 5 Euro in 35 Minuten zu allen wichtigen Sehenswürdigkeiten von Catania (Tel.: 340 6090488). Eine gute Alternative, wenn die Temperatur ansteigt und man die Stadt in der Hitze nicht zu Fuß durchstreifen möchte.

PIAZZA DEL DUOMO Auf diesem eleganten Platz stehen der Dom und die Fontana dell'Elefante, deren schwarzer Elefant das Symbol der Stadt ist und Liotru genannt wird. Das Denkmal stammt noch aus der Römerzeit und wurde aus Lava gefertigt. Die Säule, auf der Liotru steht, ist ein Obelisk, der dem Isis-Kult geweiht ist und auf das alte Ägypten verweist. Der Dom, oder die Cattedrale di Sant'Agata, wurde in normannischem Stil zwischen 1092 und 1240 auf den Resten römischer Bäder errichtet, die man auch besichtigen kann. Nach dem Erdbeben von 1693 wurde der Dom von Giovanni Battista Vaccarini mit einer prachtvollen Barockfassade wiederaufgebaut. Innen sind das Grabmal des Komponisten Vincenzo Bellini und die Kapelle der Heiligen Agata zu besichtigen, der Schutzpatronin der Stadt. In der normannischen *cappella* liegen die Überreste von normannischen Herrschern aus dem Haus von Aragón.

TEATRO MASSIMO BELLINI Dieses Theater mit einer fantastischen Akustik wurde 1890 mit der Oper *Norma* von Bellini eröffnet und ist heute für seine wunderbaren Aufführungen bekannt. Auf der Website können Sie das Programm abfragen und Karten reservieren. Im Oktober findet der Wettstreit Premio Bellini d'Oro statt, bei dem der beste Bellini-Interpret gekürt wird.
VIA PERROTTA 12, WWW.TEATROMASSIMOBELLINI.IT, T 095 7306111, FÜHRUNGEN DI-SA 9.30-12.00, EINTRITT: 6 €

VIA CROCIFERI ist eine der schönsten Straßen Catanias. An ihrem Ende liegt der Arco di San Benedetto, der angeblich in einer Nacht erbaut wurde. Er sollte die Benediktinerklöster der Nonnen und Mönche auf den gegenüberliegenden Straßenseiten miteinander verbinden. Links hinter dem Bogen steht die Kirche San Benedetto aus dem Jahr 1713, deren Holzschnitzereien im Inneren absolut sehenswert sind. Gegenüber der barocken Kirche San Giuliano steht ein Jesuitenkloster, das von Vaccarini gebaut wurde.

PIAZZA DEL DUOMO

SAVIA

ANFITEATRO ROMANO Von der Piazza Stesicoro aus kann man die Überreste des römischen Amphitheaters besichtigen. Das Theater, das wahrscheinlich 200 v. Chr. entstand, war eines der größten des Römischen Reiches.
PIAZZA STESICORO, GEÖFFNET: DI-SO 9.00-13.30 & 14.30-17.00, GRATIS

MUSEO CIVICO BELLINIANO BELLINIANO ist das Geburtshaus des Komponisten Vincenzo Bellini (1801–1835), der in seinem kurzen Leben ganze elf Opern schrieb. Die Sammlung des Museums umfasst Partituren, Dokumente, Porträts und diverse Musikinstrumente.
PIAZZA SAN FRANCESCO 3, T 095 7150535, GEÖFFNET: MO-SA 9.00-19.00, SO 9.00-13.00, EINTRITT: 5 €

CASTELLO URSINO wurde im Auftrag von Kaiser Friedrich II. zwischen 1239 und 1250 als Hafenbastion gebaut. Ursprünglich lag das Kastell am Meer, aber als Folge von Vulkanausbrüchen und Erdbeben verschob sich die Küstenlinie, sodass es heute in einem Wohnviertel steht. Ab 1837 diente es als Gefängnis. Heute befindet sich darin das Museo Civico mit einer archäologischen Sammlung, Statuen aus dem Mittelalter und der Renaissance sowie Gemälden und Münzen.
PIAZZA FEDERICO II DI SVEVIA, T 095 34583, GEÖFFNET: MO-SA 9.00-13.00 & 14.30-19.00, SO 9.00-13.00, EINTRITT: 6 €

Wer in Catania parken möchte, kauft in der nächsten tabaccheria *einen Parkschein zum Rubbeln (siehe Praktische Informationen vorne im Reiseführer). Man kann sein Auto auch bei einem Parkwächter an der Bushaltestelle am Anfang des Fischmarktes abstellen. Für ein paar Euro "bewacht" er den Wagen und hält die Parkpolizei auf Abstand. Echt sizilianisch, ohne Erfolgsgarantie, aber trotzdem eine gute Alternative.*

ESSEN & TRINKEN

Die Einwohner von Catania sind als Fischliebhaber bekannt, daher steht in fast allen Restaurants und Trattorien eine Vitrine mit dem frischen Fang des Tages. Einfach den gewünschten Fisch aussuchen und die Zubereitungsart angeben. Wer sich traut, kann auch Pferdefleisch probieren, eine lokale Delikatesse. Die Via Santa Filomena ist das kulinarische Zentrum der Stadt.

OSTERIA ANTICA MARINA Laut zahlreicher Führer und Zeitschriften liegt das beste Fischrestaurant der Insel mitten auf dem Fischmarkt von Catania. Von der Terrasse aus kann man wunderbar die Aktivitäten auf dem Markt verfolgen. Den Fisch bekommt man nirgendwo frischer und leckerer, allerdings hat er auch seinen Preis. Auf dem gleichen Platz befindet sich auch das weniger schicke MM. Tagsüber trinken viele Einheimische hier ihren Kaffee, abends ist es ein hübsches Restaurant mit einer kleinen Karte.
VIA PARDO 29, WWW.ANTICAMARINA.IT, T 095 348197, GEÖFFNET: DO-DI 12.00-15.00 & 19.00-23.00, PREIS: 20 €

LA CUCINA DEI COLORI bietet vegetarische Gerichte und ein Mittagsbuffet, bei dem man allerlei Köstlichkeiten probieren kann. Auch Nichtvegetarier sind bei diesem Angebot bestimmt zufrieden.
VIA SAN MICHELE 9, T 095 7159893, GEÖFFNET: DI-SO 12.00-15.00 & DI-SA 19.00-23.00, PREIS: BUFFET 15 €

TRATTORIA DA NUCCIO Wer bei Nuccio essen will, muss rechtzeitig kommen, denn die Trattoria schließt, sobald der Fisch alle ist. Täglich wird nach dem Besuch des Fischmarkts neu entschieden, was auf die Karte kommt. Wenn alles aufgegessen ist, macht die Küche zu. Angeblich ist in dieser Trattoria noch nie etwas übrig geblieben.
VIA PENNINELLO 34, T 095 322461, GEÖFFNET: MO-SA 13.00-14.30 & 20.00-0.00, PREIS: 15 €

I VICERÈ Dieses große und schicke Restaurant liegt in einer der teureren Einkaufsstraßen von Catania und ist für seine leckeren Pizzen und frischen Salate bekannt. Sonntags kommen die Einheimischen gerne mit der ganzen Familie hierher. Wer in aller Ruhe ein ausgiebiges Abendessen abseits der Touristenströme genießen will, ist in diesem Lokal richtig. Es ist leicht zu finden, denn abends parken ab 21 Uhr große SUVs in zweiter Reihe davor.
VIALE XX SETTEMBRE 62, T 095 431819, GEÖFFNET: MI-MO 12.30-15.00 & 20.00-0.00, PREIS: 25 €

OSTERIA PIZZERIA ANTICA SICILIA Auf der fantastischen Terrasse auf dem Bürgersteig unter den Lampen verbringen Sie bestimmt einen gemütlichen Abend. Die Bedienung ist fünfsprachig, denn neben Gruppen von Sizilianern kommen auch Touristen hierher. Prosecco gibt es vom Fass, außerdem können Sie sich an einem großen Antipasti-Buffet bedienen und viele Leckereien aus dem Meer genießen. Reservieren ist sinnvoll. Zur Untermalung werden auf der Straße häufig traditionelle Lieder gesungen.
VIA ROCCAFORTE 15-17, WWW.RISTORANTEOSTERIAANTICASICILIA.IT, T 095 7151075, GEÖFFNET: TÄGLICH RUND UM DIE UHR, PREIS: 15 €

FUD ist ein geschmackvoll eingerichtetes Restaurant, das vor allem von der jüngeren Bevölkerung aufgesucht wird, um Hamburger – mit gutem Fleisch und Bio-Mayonnaise –, Salate, Pizza oder einen Käseteller zu verzehren. Auf der phonetisch geschriebenen Speisekarte wählt man beispielsweise den "Am Burger" oder den "Ors Burger". Und FUD heißt ganz einfach "food".
VIA SANTA FILOMENA 35, WWW.FUD.IT, T 095 7153518, GEÖFFNET: TÄGLICH 11.00-SPÄTABENDS, PREIS: HAMBURGER 7 €

CURTIGGHIU In diesem Bistro sitzt man drinnen oder draußen gleichermaßen schön. Curtigghiu bedeutet "Gerücht", daher hängen hier viele Telefone. Es gibt eine kleine Speisekarte mit Fisch und Fleisch.
VIA SANTA FILOMENA 43, T 329 2218331, GEÖFFNET: MO-FR 19.00-23.00, SA-SO 17.00-0.00, PREIS: 15 €

POLPETTERIA Der Küchenchef hat extrem originelle Ideen, was die Variationen von *polpette* (Bällchen) aus Fisch, Fleisch oder Gemüse angeht. Beispielsweise Rindfleischbällchen mit Pistazie und Minze oder Schwertfisch in Zitronenblatt mit Salat – lecker!
VIA SANTA FILOMENA 48, WWW.POLPETTERIA.IT, T 095 7159433, GEÖFFNET: TÄGLICH 17.00-0.00 & SO 13.00-15.30, PREIS: AB 7,50 €

AL CAVALIER ROXY Auf dem Platz gegenüber dem Castello Ursino bekommt man mittags oder abends auf einer großen Terrasse typisch sizilianische Küche. Manchmal spielt auch Livemusik. Italienische Familien feiern hier gern.
PIAZZA FEDERICO II DI SVEVIA 51, WWW.CAVALIEREROXY.IT, T 095 340418, GEÖFFNET: TÄGLICH 13.00-14.30 & 20.00-0.00, PREIS: MENÜ 25 €

SAVIA Schon seit gut 100 Jahren ist diese Bar-Pasticceria gegenüber dem Giardino Bellini in Catania ein Begriff. Geschäftsleute trinken vor ihrem nächsten Termin noch schnell einen *caffè* und essen *arancini* oder *schiacciata* (flache, gefüllte Pizza).
VIA ETNEA 302-304, WWW.SAVIA.IT, T 095 322335, GEÖFFNET: TÄGLICH 8.00-23.00, PREIS: PIZZA 4 €

CAFFÈ EUROPA ist eine schicke und sehr bekannte Bar, in der Jung und Alt nebeneinandersitzen, Zeitung lesen und den Leuten hinterherschauen. Einfach etwas zu trinken bestellen und von der Terrasse aus das Treiben auf der Straße beobachten.
CORSO ITALIA 300, T 095 372655, GEÖFFNET: MI-MO 8.00-23.00, PREIS: CANNOLO 2,50 €

PAPELÙ

SHOPPEN

Das schicke, moderne Einkaufsviertel von Catania erstreckt sich zwischen der Via Etnea, der Via Umberto I und dem Corso Italia. Je weiter man in Richtung Meer und Bahnhof geht, desto zahlreicher werden die Märkte und Krimskramsläden. In der Via Etnea haben die meisten Ketten wie Sisley und Coin ihre Filialen. Der elegantere und breitere Corso Italia beherbergt die edleren Modehäuser und Juweliere.

LA RINASCENTE ist eine Ansammlung von Luxusgeschäften, vergleichbar mit den Galeries Lafayette. Schon allein wegen der Klimaanlage ist das Stöbern zwischen den Gadgets, der Kleidung großer Modemarken, den Accessoires und Einrichtungsgegenständen ein Genuss.
VIA ETNEA 377, WWW.RINASCENTE.IT, T 095 317401, GEÖFFNET: MO-SA 9.00-21.00, SO 10.00-21.00

PAPELÙ befindet sich am Ende des Corso Italia und verkauft Taschen, Gebrauchsgegenstände und Wohnaccessoires bekannter und weniger bekannter Designer. Das Geschäft hat schon seit Jahren einen guten Ruf in Catania.
CORSO ITALIA 300C, WWW.PAPELU.COM, T 095 7221308, GEÖFFNET: MO-SA 10.00-13.00 & 16.30-20.00

PATRIZIA PEPE Diese Modekette wurde von den toskanischen Unternehmern Patrizia Bambi und Claudio Orrea gegründet. Die beiden verkaufen farbenfrohe, gewagte und verspielte Kleidung für Damen und Herren.
CORSO ITALIA 272B, WWW.PATRIZIAPEPE.COM, T 095 377833, GEÖFFNET: TÄGLICH 10.00-13.00 & 16.30-20.00

BOUDOIR 36 Auf der Suche nach einem Duft, der zu Ihnen passt? In dieser klassisch eingerichteten, etwas altmodisch anmutenden Parfümerie berät Antonio Sie gern und kompetent. Er kennt die Entstehungsgeschichte und die Eigenschaften jedes Duftes.
VIA SANTA FILOMENA 36, WWW.BOUDOIR36.IT, T 095 7152358, GEÖFFNET: DI-SA 18.00-22.00

100% THERE

Catania ist eine pulsierende Handelsstadt. Auf dem Markt oder in den Bars kann man wunderbar wild gestikulierende Männer in Anzügen beobachten. Beenden sollten Sie den Tag mit einem Drink auf einem der kleinen Plätze – zwischen immer noch wild gestikulierenden Herrschaften natürlich.

MERCATO DELLA PESCHERIA Ⓛ   MARKT AUF DER PIAZZA GRENOBLE Ⓡ

MERCATO DELLA PESCHERIA Den berühmten Fischmarkt von Catania muss man gesehen haben. Er reicht von den kleinen Eisenbahntunneln und der Porta Uzeda bis zur Via Pardo und der Via Garibaldi. Laut schreiend preisen die Verkäufer ihren frischen Fisch an. Auch Metzger und Gemüseverkäufer bieten ihre Ware an. Dem kleinen Gewürzladen von Salvatore Adonia, La Bancarella Capricciosa, sollten Sie unbedingt einen Besuch abstatten. Er liegt am Marktanfang in der ersten Gasse, von der Via Pardo aus links.
GEÖFFNET: TÄGLICH 7.00-12.00

MÄRKTE In Catania gibt es noch viele andere interessante Märkte. Auf der und um die Piazza Grenoble gibt es am Sonntagmorgen einen Antiquitäten- und Flohmarkt. Lassen Sie die Kamera besser stecken, denn die Händler mögen keine Fotos. Von Montag bis Samstag wird hier ein normaler gemischter Markt abgehalten. Auf der Piazza Carlo Alberto (Via San Gaetano alla Grotta) können Sie über einen weiteren netten Wochenmarkt, Fera 'o Luni oder La Fiera, schlendern.
PIAZZA GRENOBLE, GEÖFFNET: MO-SA 5.00-13.00 PIAZZA CARLO ALBERTO, GEÖFFNET: MO-SA 8.00-14.00

SELTZ AL LIMONE Kaufen Sie sich an einem der schönen Kioske auf der Piazza Vittorio Emanuele III, zum Beispiel bei Giammona, gesalzenes Sodawasser mit Zitronensaft oder ein anderes farbenfrohes Getränk. Sie können hier ungeniert Leute beobachten und auch kennenlernen.
PIAZZA VITTORIO EMANUELE III, GEÖFFNET: TÄGLICH 8.00-23.00

ETNALAND Natürlich hat Sizilien auch seinen eigenen Vergnügungspark: Etnaland heißt 8500 m² Wasserspaß mit riesigen Rutschen, Schwimmbecken und einem Wildwasserparcours. Neben dem Acquapark, der von Juli bis Anfang September geöffnet hat, gibt es auch einen Themenpark, den man von April bis Oktober besuchen kann. Auf der Website finden Sie Öffnungszeiten und Preise.
AUF DER SS121 DIE ABZWEIGUNG VALCORENTE NEHMEN, WWW.ETNALAND.EU, T 095 7913334, WWW.ETNALAND.EU, GEÖFFNET: JULI-SEPT. TÄGLICH 9.30-18.30, EINTRITT: 24 €, KINDER BIS 1,40 M 15 €, BIS 1 M GRATIS

AUSGEHEN

Wer in Catania ausgehen will, tut gut daran, in der erstbesten Bar im *Lapis* nachzuschauen (auch online: *www.lapisnet.it*), dieser zweiwöchentlich erscheinenden Broschüre mit dem kompletten Angebot im Bereich Theater, Musik und Kunst. Diskotheken finden Sie im Zentrum oder außerhalb der Stadt, im Sommer vor allem an der Viale Presidente Kennedy, der Uferstraße im Süden der Stadt. In den Gassen hinter dem Teatro Massimo Bellini öffnen nach 23 Uhr, wenn die Restaurantküchen schließen, die Cafés und Bars ihre Türen und Terrassen. Vor allem die Via Coppola ist beliebt, doch überall um das Theater herum findet man Cafés, die bis in die Morgenstunden geöffnet haben.

I QUATTRO VENTI beschreibt sich selbst als "Lifestyle-Ikone". In diesem angesagten Club, der auf den Resten eines alten Badehauses gebaut ist, kann man, sofern man den Türsteher passiert hat, essen, trinken und bis zum Morgengrauen tanzen.
PIAZZA DUSMET 53, WWW.IQUATTROVENTI.COM, FB LADOMENICABELLATRIX, T 095 327477, GEÖFFNET: MI-SO 20.30-5.00

Y'S JAZZ CLUB Von November bis Mai organisiert Tony Carbone freitags und samstags am Abend Jazzkonzerte auf der Terrasse des Hotel Le Dune. Tony spielte selbst in vielen Bands und so gelingt es ihm immer, gute Künstler für seine Konzerte zu buchen. Da der Club etwas außerhalb der Stadt liegt, müssen Sie mit dem Auto oder Taxi hinfahren.
VIALE KENNEDY 10B, LUNGOMARE PLAJA, FB YJAZZCLUB, T 095 7233120, GEÖFFNET: FR-SA 23.00-4.00

MOSQUITO und **AFRO BAR** sind nur zwei Beispiele für Diskotheken, die im Sommer südlich von Catania am Strand entstehen und nach Sonnenuntergang geöffnet sind. Laufen Sie einfach am Strand entlang, bis Sie den richtigen Ort gefunden haben.
MOSQUITO: VIALE KENNEDY 7, T 095 341737, GEÖFFNET: 22.00-5.00 AFRO BAR: VIALE KENNEDY 47, T 095 340880, GEÖFFNET: 23.30-5.00

AGORÀ HOSTEL ist die Jugendherberge von Catania, in der es Schlafsäle sowie Zwei-, Drei- und Vierbettzimmer gibt. An der Bar mit Terrasse trifft man ein internationales Publikum. Abends kann man im Keller an der Bar etwas trinken. Die Atmosphäre erinnert ein bisschen an die 1980er-Jahre, ist aber sehr angenehm.
PIAZZA CURRÒ 6, WWW.AGORAHOSTEL.COM, T 095 7233010, GEÖFFNET: TÄGLICH BAR 13.00-4.00, PIZZERIA 20.30-2.00, PREIS: PIZZA 9 €, PREIS: DOPPELZIMMER MIT BAD 50-60 €

ÜBERNACHTEN

HOTEL ETNEA 316 wirkt zwar etwas altmodisch, ist aber trotzdem sehr schön. Die Zimmer haben hohe Decken und Balkone. Wenn man nach einem langen Tag in der Stadt von dort die Aussicht genießt, ist die unordentliche Rezeption schnell vergessen. Auch gut: Frühstück gibt es bis mittags.
VIA ETNEA 316, WWW.HOTELETNEA316.IT, T 095 2503076, PREIS: 75 €

CROCIFERI ist ein B&B mit Parkettboden, alten Möbeln und bemalten Decken in einer der schönsten Straßen von Catania. Man meint fast, in einem Museum zu übernachten. Alle Zimmer haben einen Balkon.
VIA CROCIFERI 81, WWW.BBCROCIFERI.IT, T 095 7152466, PREIS: 80 €

HOTEL CENTRALE EUROPA liegt mitten in der Altstadt neben der Kathedrale und keine zwei Minuten vom Fischmarkt entfernt. Das Hotel ist ordentlich und hat einen Balkon mit schöner Aussicht auf den Domplatz.
VIA VITTORIO EMANUELE 167, WWW.HOTELCENTRALEUROPA.IT, T 095 311309, PREIS: 85 €

BAD

B&B FERA O' LUNI hat angenehme Zimmer, deren Decken sehr hoch und mit Ornamenten verziert sind. Die Aussicht auf den Markt ist einzigartig, doch das Leben beginnt hier früh.
VIA SAN GAETANO ALLA GROTTA 23, WWW.BEBFERAOLUNI.IT, T 342 6627047, PREIS: 60-100 €

BAD Am besten mieten Sie ein kleines Appartement mit Dachterrasse. Dann können Sie morgens auf dem Fischmarkt einkaufen und abends in der eigenen Küche kochen. Die Zimmer sind im Retro-Stil eingerichtet und haben Tapeten mit auffälligen Mustern. Gäste bekommen einen Gutschein, mit dem sie in einer Bar auf dem Fischmarkt frühstücken können.
VIA C. COLOMBO 24, WWW.BADCATANIA.COM, T 095 346903, PREIS: ZIMMER 70-80 €, APPARTEMENT 90-100 €

ANTICA DIMORA ist ein schönes, klassisch eingerichtetes B&B mit einer perfekten Gastgeberin. Die Zimmer haben hohe Decken mit Fresken und das große Wohnzimmer darf man mitbenutzen. Das Haus liegt zu Fuß nur ein paar Minuten vom Fischmarkt entfernt. Übrigens kann man in der Straße umsonst parken.
VIA DEL PLEBISCITO 23, WWW.BBANTICADIMORACATANIA.IT, T 095 2868765, PREIS: 50-90 €

RUND UM CATANIA

Die felsige Küste nördlich von Catania hat einige sehenswerte (Bade-)Orte mit hübschen Hotels und Restaurants zu bieten. Auf dem Weg ans Meer windet sich der unterirdische Fluss Aci an Städten wie Aci Castello, Aci Trezza und Acireale vorbei. Acireale liegt auf einem Lavaplateau oberhalb des Ionischen Meers.

In Viagrande bei Catania wohnt Eleonora Consoli, die in Italien als Kochbuchautorin berühmt ist. In ihrer malerischen Villa hält sie fantastische Kochkurse ab. Informationen finden Sie unter: www.isolabella.it/sicily-cooking-class/la-cucina-del-sole.

GENTE DI MARE ist ein Restaurant, das einige Fischer gemeinsam eröffnet haben. Man fühlt sich hier wie im Wohnzimmer freundlicher Sizilianer und kann gutes Essen mit Zutaten frisch aus dem Meer genießen.
VIA DIETRO CHIESA 20, ACI TREZZA, T 095 8178781, GEÖFFNET: TÄGLICH 20.00-23.00, PREIS: 10 €

Bei Aci Trezza liegen die aus dem Meer ragenden Felsen Faraglioni dei Ciclopi. Der Legende nach wurden Odysseus und seine Männer hier von dem Zyklopen Polyphem gefangen genommen. Sie machten das einäugige Monster betrunken, stachen ihm einen glühenden Speer ins Auge und flohen. Blind vor Wut und Schmerzen warf Polyphem ihnen glühende Lavabrocken hinterher, die heute noch im Meer liegen.

HOTEL SANTA TECLA PALACE ist ein schickes, stilvolles Hotel in Acireale, das seit Jahren in der Gegend bekannt ist und kürzlich renoviert wurde. Vom Schwimmbad aus hat man einen Blick aufs Meer. Es gibt einen schönen Innenhof und ein gutes Restaurant mit großer Weinkarte.
VIA BALESTRATE 100, ACIREALE, WWW.HOTELSANTATECLA.IT, T 095 7634015, PREIS: AB 200 €

ÄTNA & UMGEBUNG REGION

DER VULKAN & URSPRÜNGLICHE DÖRFER

An vielen Stellen der Insel ist der 3323 Meter hohe Ätna am Horizont präsent. Der Vulkan liegt 35 Kilometer nordwestlich von Catania im Parco dell'Etna (58.000 Hektar). Da der Boden hier aufgrund zahlloser Eruptionen ungemein fruchtbar ist, bildet der Anbau von Weintrauben und Zitrusfrüchten die wichtigste Einnahmequelle der Gegend.

Am Fuß des Berges liegen ursprüngliche Dörfer und Städte, die sich gut als Ausgangspunkt für eine Erkundung des Ätnas eignen. Alle haben ihren ganz besonderen Charme – weil sie sich im Winter in einen Wintersportort verwandeln, weil sie mit einer normannischen Burg aufwarten können oder aber regionale Spezialitäten zu bieten haben.

ÄTNA

Der Ätna ist der höchste aktive Vulkan Europas. Es besteht also durchaus die Möglichkeit, bei einem Besuch der Region Lava aus dem Berg strömen zu sehen. Kleinere Eruptionen und Erdbeben kommen regelmäßig vor, sind aber kein Grund zur Beunruhigung. Solange der Ätna brodelt, kommt es zu keinem großen Ausbruch, heißt es. Das Unangenehmste daran ist für die meisten Sizilianer – neben dem Stromausfall –, dass sie ein paar Minuten lang nicht mit dem Handy telefonieren können.

Der erste schriftlich belegte Ausbruch fand 475 v. Chr. statt, der stärkste 1669. Catania wurde dabei völlig zerstört, und die Küstenlinie verschob sich um einige Hundert Meter. Die letzte große Eruption erfolgte 2002 an der Nord- und Südseite bei Piano Provenzano. Der Verlauf des Lavastroms ist noch deutlich zu erkennen, denn der Bereich sieht aus wie eine kahle, pechschwarze Mondlandschaft.

Bei einem Urlaub auf Sizilien darf man Mongibello, wie die Einheimischen den Vulkan nennen, eigentlich nicht verpassen. Die Landschaft ist spektakulär und der Bewuchs verändert sich mit jedem Höhenmeter: Erst gibt es hohe Nadelbäume, dann Gräser, Moose und Blumen und schließlich nur noch schwarzes Gestein. Vulkanexkursionen werden von verschiedenen Unternehmen angeboten, man kann aber auch allein auf den zahllosen unbefestigten Wegen des Ätna wandern gehen. In einigen Dörfern am Fuß des Berges kann man ein Quadbike leihen und damit über die Felsen düsen, beispielsweise bei Etna Quad im Rifugio Ragabo an der Via Mareneve (*www.etnaquad.it*, Tel.: 339 5875145).

EXKURSIONEN Von Piano Provenzano an der Nordseite des Ätna und dem Rifugio Sapienza an der Südseite kann man mit Etna Tracking in Richtung Gipfel starten. Von diversen Dörfern aus bietet Etna Experience sommers wie winters Tagestouren an, die an alten Lavaströmen und Grotten vorbei durch die Alcàntara-Schlucht führen. Man

ÄTNA & UMGEBUNG REGION

ÄTNA > S. 153–157
1. RIFUGIO SAPIENZA / SÜDLICHER ÄTNA
2. PIANO PROVENZANO / NÖRDLICHER ÄTNA
3. 4 ARCHI
4. FCE / FERROVIA CIRCUMETNEA
5. MARINA DI COTTONE
6. BARONE DI VILLAGRANDE

LINGUAGLOSSA > S. 157–160
7. MUSEO ETNOGRAFICO
8. RISTORANTE BOCCAPERTA
9. IL VINO DELLA ROSA
10. GAMBINO
11. FAHRRÄDER MIETEN BEI MONGIBELLO TREK
12. L'ALTRO ROYAL
13. WUNDERBAR

14. SHALAI RESORT

CASTIGLIONE DI SICILIA > S. 160–163
15. PRO LOCO
16. RISTORANTE SINE TEMPORE
17. WEINPROBE BEI PATRIA
18. GOLE DELL'ALCÀNTARA
19. LE IX PORTE
20. AGRITURISMO SAN MARCO

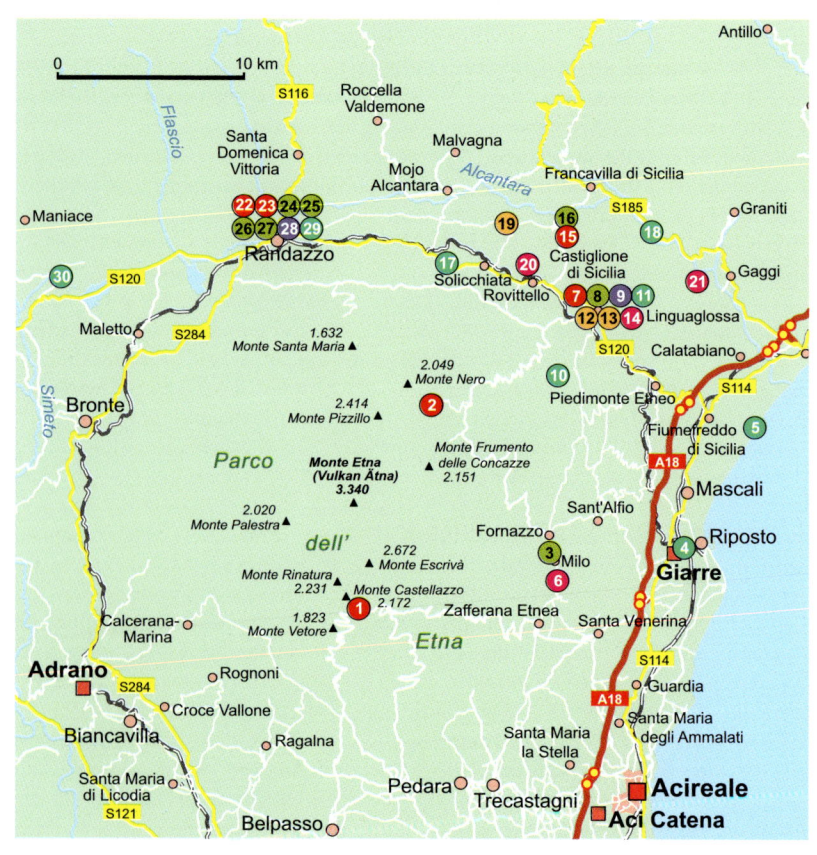

㉑ FONDO CIPOLLATE

RANDAZZO > S. 163–167
㉒ CHIESA DI SANTA MARIA
㉓ MUSEO ARCHEOLOGICO PAOLO VAGLIASINDI
㉔ RISTORANTE SAN GIORGIO DEL DRAGO

㉕ RISTORANTE LA BIFORA
㉖ PASTICCERIA SANTO MUSUMECI
㉗ CAFFÈ DEL CORSO
㉘ MARKT IN RANDAZZO
㉙ AUTOFAHRT DURCH DAS NEBRODIGEBIRGE
㉚ CASTELLO NELSON

● SEHENSWÜRDIGKEITEN
● ESSEN & TRINKEN
● SHOPPEN
● 100% THERE
● AUSGEHEN
● ÜBERNACHTEN

sollte sich vorher über den Streckenverlauf informieren, denn Wetter und vulkanische Aktivitäten können dabei eine Rolle spielen. Diese Tagestouren führen allerdings nicht auf den Gipfel des Vulkans, das geht nur vom Rifugio Sapienza aus – vorausgesetzt, dass die Sicherheit es zulässt. Da die Temperatur auf drei Kilometern über dem Meeresspiegel bis zu 18 Grad kühler sein kann als am Strand, dürfen Jacken nicht fehlen. Bergschuhe sind zu empfehlen.

ETNA TRACKING: WWW.ETNATRACKING.COM, T 328 6691009, PREIS: 45-60 €
ETNA EXPERIENCE: WWW.ETNAEXPERIENCE.COM, T 095 8738756, PREIS: 55-70 €

RIFUGIO SAPIENZA / SÜDLICHER ÄTNA Von hier aus kann man mit der Seilbahn auf den Berg fahren. Wer noch höher hinaufwill, mietet einen Jeep samt Bergführer. Abhängig vom Wetter und dem Gemütszustand von Führer und Vulkan kommt man so manchmal fast bis auf den Gipfel. Mit etwas Glück und nach einer ein- bzw. sechsstündigen Wanderung können Sie bei Eruptionen Lava entdecken. Die Parkgebühren für einen halben Tag betragen 2,50 Euro und für einen ganzen Tag 4 Euro. Parktickets bekommen Sie am Kiosk links neben dem Eingang der Seilbahn. Das Rifugio selbst ist übrigens ein Hotel-Restaurant mit Blick auf den Ätna und das Meer.

ERREICHBAR ÜBER DAS DORF ZAFFERANA ETNEA

PIANO PROVENZANO / NÖRDLICHER ÄTNA Piano Provenzano ist der Ausgangspunkt für eine Vulkantour mit Bergführer oder einem großen Unimog-4x4-Jeep. Bergführer und natürlich auch Unmengen an Souvenirs findet man in den Hütten an den großen Parkplätzen am Anfang der Jeepstrecken. Parken kostet 3 Euro für den ganzen Tag, ab 14 Uhr 1,50 Euro. Weder die Jeeps noch die Bergführer bringen Besucher ganz auf den Gipfel. Aus Sicherheitsgründen ist das oft sogar verboten. Interessierte fahren etwa eine Dreiviertelstunde und wandern dann anderthalb Stunden zum Krater von 2002. Dort können sie über den Kraterrand schauen, wo einem die Schwefeldämpfe fast den Atem nehmen. Die Aussicht von hier oben ist spektakulär.

ERREICHBAR ÜBER DAS DORF LINGUAGLOSSA, DORT SS MARENEVE BERGWÄRTS NEHMEN ODER ÜBER RANDAZZO, DEN SCHILDERN 'ETNA NORD' FOLGEN

In Sant'Alfio bei Milo steht der Castagno dei Cento Cavalli, ein riesiger Kastanienbaum, der mehrere Hundert Jahre alt ist. Der Baum ist einer der ältesten Europas.

4 ARCHI ist ein großes, ursprüngliches Restaurant in dem Ort Milo. Schwarz gekleidete Ober erfüllen die Wünsche ganzer Familien von den Großeltern bis zu den Enkeln. Auf der Karte stehen Kaninchen, Wildschwein und natürlich frisch zubereitete *maccheroni*. Das Restaurant ist Mitglied des Slow-Food-Clubs, die Zutaten werden daher mit ausreichend Zeit eingekauft und die Gerichte mit der nötigen Liebe zubereitet.
VIA FRANCESCO CRISPI 9, MILO, WWW.4ARCHI.IT, T 095 955566, GEÖFFNET: DO-DI 20.00-23.00 & SA-SO 13.00-15.00, PREIS: 12 €

In den Orten um den Ätna gibt es keine nennenswerten Shoppinggelegenheiten. Dazu steigt man am besten in den Zug nach Giarre. Auf der Piazza Duomo und im Corso Italia finden Sie allerhand Geschäfte. Am Corso findet bis mittags auch der Fischmarkt von Riposto statt. Von dort aus geht es direkt zum Strand.

FCE / FERROVIA CIRCUMETNEA Der Zug einer privaten Eisenbahngesellschaft fährt mehrmals täglich um den Ätna herum, von Riposto an der Küste über Giarre, Piedimonte Etneo, Linguaglossa und Randazzo bis nach Catania und wieder zurück. Ohne jeglichen Fahrstress kann man so die schönsten Aussichten auf den Ätna genießen. Der FCE fährt ungefähr alle zwei Stunden. Manchmal muss man in Randazzo umsteigen. Die Fahrt von Riposto nach Randazzo dauert etwa anderthalb Stunden, bis nach Catania dreieinhalb Stunden. Am Bahnhof erhalten Sie die entsprechenden Auskünfte, vor allem für die Rückfahrt. Sonntags fahren weniger Züge, und dies obendrein sehr unregelmäßig. Auf der Website finden Sie Zeiten und Preise.
STATION CIRCUMETNEA CATANIA: VIA CARONDA 352, RIPOSTO: PIAZZA CASTROGIOVANNI, WWW.CIRCUMETNEA.IT, T 095 541250

MARINA DI COTTONE heißt der saubere Kieselstrand bei Fiumefreddo, etwas nördlich von Giarre. Auch im Sommer ist die Wassertemperatur hier etwas frisch, weil der in das Meer mündende Fluss Schmelzwasser vom Ätna führt. Auf der Promenade können Sie leckere Austern und Seeigel essen.
ERREICHBAR AB FIUMEFREDDO ÜBER DIE SP711

Das richtige Campinggefühl kommt bei einer Übernachtung in einem Rifugio auf, einer berghüttenartigen Herberge. Der Wanderweg Via Mareneve windet sich zwischen Milo (Fornazzo) und Linguaglossa bis auf etwa 750 Meter Höhe durch raue Waldgebiete und Lavalandschaften. Hier liegen die Rifugi Citelli, Ragabo und Brunek hintereinander.

NÖRDLICHER ÄTNA

BARONE DI VILLAGRANDE ist das älteste Weingut der Region (1727) und liegt wunderschön an den Hängen des Ätna. Dieser *agriturismo* hat herrliche Zimmer, die angenehm zeitgemäß mit modernen und auch barocken Elementen eingerichtet sind. Man fühlt sich hier wie ein König. Vom Schwimmbad aus hat man einen herrlichen Blick über die Landschaft. Ein zusätzliches Plus ist das gute Restaurant.
VIA DEL BOSCO 25, MILO, WWW.VILLAGRANDE.IT, T 095 7082175, PREIS: 140 €

LINGUAGLOSSA

Linguaglossa oder "lange Zunge" verdankt seinen Namen dem Lavastrom, der das Dorf vor Jahrhunderten fast zerstörte, und ist ein guter Ausgangspunkt, um die Nordseite des Ätna zu erkunden.

Der Ort hat, wie die meisten in Sizilien, eine Vielzahl an Kirchen und sehenswerten alten Gebäuden zu bieten. Im Winter verwandelt sich Linguaglossa in einen Wintersportort. Auf den Speisekarten stehen vor allem Produkte aus den Bergen: schwarzes Schwein aus Nebrodi, *herbe dell'Etna* (wilder Spinat) und Pilze.

SHALAI RESORT

MUSEO ETNOGRAFICO Im Fremdenverkehrsbüro Pro Loco befindet sich ein kleines Museum, das über die Flora und Fauna des Ätna und die Lebensweise der Einheimischen informiert. Sie können außerdem in Erfahrung bringen, wo ein Fest (*sagra*) oder eine Verkostung lokaler Produkte wie Wein oder Käse stattfindet. Pro Loco organisiert auch Ausflüge zum Ätna und in die nahe gelegenen Gole dell'Alcàntara.
PIAZZA ANNUNZIATA 5, WWW.PROLOCOLINGUAGLOSSA.IT, T 095 643094, GEÖFFNET: SOMMER MO-SA 9.00-13.00 & 16.00-20.00, SO 9.00-12.00, WINTER MO-SA 9.00-13.00 & 15.00-19.00, SO 9.00-12.00, GRATIS

RISTORANTE BOCCAPERTA Das Ehepaar, das dieses kleine Restaurant betreibt, ist stolz auf die Tatsache, dass es hier keine Gefriertruhe gibt. Alle Zutaten sind frisch und jeden Tag entscheidet sich auf dem Markt, was abends auf der Speisekarte steht.
VIA UMBERTO I 96-98, WWW.RISTORANTEBOCCAPERTA.COM, T 095 7774333, GEÖFFNET: MI-MO 12.30-15.00 & 19.30-22.30, PREIS: 12 €

....

Das Shoppingangebot in Linguaglossa – Metzger, Bäcker, ein Mineraliengeschäft und ein paar Bekleidungsläden – befriedigt hauptsächlich die akuten Bedürfnisse. Ein Besuch der Geschäfte lohnt sich dennoch, denn hier scheint die Zeit stehen geblieben zu sein.

....

IL VINO DELLA ROSA ist eine fantastische Vinothek, die von Rosa d'Agostino geführt wird. Neben allen bekannten sizilianischen Weinen gibt es hier Honig mit heilsamer Wirkung, Keramik aus Caltagirone, Olivenöl und Marmeladen aus der Region. Wer etwas über Wein erfahren möchte, macht mit Rosa einen Ausflug. Sie organisiert mittags, wenn das Geschäft geschlossen hat, Exkursionen zu den besten Weingütern der Umgebung. Ihr Motto: "Man bekommt erst ein Gespür für das Produkt, wenn man weiß, woher die Trauben stammen und wie die Erde riecht." Preis: 15 Euro pro Person, wenn man mit ihrem Auto fährt, 10 Euro, wenn Rosa mitfahren darf.
VIA ROMA 116, T 095 643134, GEÖFFNET: TÄGLICH 9.00-13.00 & 16.30-20.00

GAMBINO Wein probieren und kaufen kann man auch bei den Weingütern in der Umgebung. Jeden Tag zwischen 10 und 22 Uhr findet in der brandneuen *cantina* von Gambino eine Weinprobe statt, bei der auch Antipasti gereicht werden. Eine Reservierung für tagsüber ist zu empfehlen, für abends zwingend notwendig.
CONTRADA PETTO DRAGONE, WWW.VINIGAMBINO.IT, T 095 2272678, PREIS: 15-20 €

FAHRRÄDER MIETEN BEI MONGIBELLO TREK Leihen Sie sich ein Mountainbike aus, um das Dorf und die Umgebung zu erkunden. Am Ende des Dorfes, bergauf in Richtung Castiglione, beginnt rechts ein Radweg nach Castiglione.
VIA UMBERTO I 106, WWW.MONGIBELLOTREK.COM, T 366 3852102, PREIS: 16 € PRO TAG

L'ALTRO ROYAL Linguaglossa ist keine Stadt zum Ausgehen, aber eine Mahlzeit und einen Drink bekommt man natürlich auf jeden Fall und in dieser beliebten Bar/Pizzeria sogar noch ein besonderes Spielangebot: Wer ein bisschen Italienisch spricht, kann die Herausforderung annehmen und bei Dr. Why mitspielen, der sizilianischen Variante von Trivial Pursuit. Einen Versuch ist das schon allein wegen der lobenden Anerkennung wert, die man von allen bekommt, wenn man es als Ausländer mit den leidenschaftlichen Locals aufzunehmen wagt.

VIA ROMA 161, WWW.LALTROROYAL.IT, T 095 643058, GEÖFFNET: JUNI-SEPT. TÄGLICH, OKT.-MAI FR-MI 18.00-1.30, PREIS: PIZZAMENÜ 10 €

WUNDERBAR An einem lauen Sommerabend kann man herrlich auf der Terrasse sitzen und bis spätabends einen Drink, einen leckeren Imbiss oder eine *granita* genießen.

VIA ROMA 141, T 329 1472095, GEÖFFNET: DI-SO 8.00-0.00, PREIS: GRANITA 3 €

SHALAI RESORT befindet sich in einem Palazzo aus dem 19. Jahrhundert, der von den Architekten Lucia Papa und Paola Mariotto zu einem prachtvollen Hotel umgebaut wurde. Die Zimmer haben Fresken an den Decken und sind mit modernem Design eingerichtet. Es gibt ein Spa und ein schickes Restaurant.

VIA G. MARCONI 25, WWW.SHALAI.IT, T 095 643128, PREIS: 150-190 €

CASTIGLIONE DI SICILIA

Der Blick auf Castiglione di Sicilia ist eindrucksvoll, egal, von welcher Seite man darauf zufährt. Das Dorf normannischen Ursprungs liegt auf einem Hügel zwischen der Alcàntara-Schlucht und dem Ätna. Die Jugend ist nach Catania, Palermo oder Rom abgewandert, daher trifft man in den Gassen vor allem auf schwarz gekleidete, ältere Herrschaften.

PRO LOCO Die Einwohner von Castiglione verweisen gern schmunzelnd darauf, dass ihr Dorf ganze sieben Kirchen zählt. Allerdings sind die Leute hier sehr gläubig und nehmen ergriffen an der Prozession zu Ehren der Madonna della Catena (Ende Mai) teil. Man kann die Kirchen auf eigene Faust besichtigen, aber ein paar Informationen, die das Fremdenverkehrsamt Pro Loco liefern kann, sind sicherlich hilfreich.

VIA REGINA MARGHERITA 77, T 0942 984544, GEÖFFNET: MO-SA 10.00-12.00 & 16.00-18.00

RISTORANTE SINE TEMPORE hat in einer schmalen Gasse eine kleine Terrasse, die der ideale Ort an einem heißen Augustnachmittag ist. Die Gasse ist zu steil, um bequem durchspazieren zu können, und Autos passen gerade so hindurch. Da die Italiener sich keine Blöße geben wollen, versuchen sie, dem Gast, der sich am Hauswein und der frischen Pasta gütlich tut, zu beweisen, dass nichts unmöglich ist. Ein amüsantes Schauspiel. Das zum Restaurant gehörende Hotel Federico II ist sehr gepflegt und nicht allzu teuer.

VIA MAGGIORE BARACCA 2, WWW.RISTORANTESINETEMPORE.COM, T 0942 980368, GEÖFFNET: DO-DI 12.00-15.00 & 19.00-22.00, PREIS: 8 €, HOTEL: WWW.HOTELFEDERICOSECONDO.COM, PREIS: 60-115 €

FONDO CIPOLLATE Ⓛ   CASTIGLIONE DI SICILIA Ⓡ

WEINPROBE BEI PATRIA Franco di Miceli, der aus einem Winzergeschlecht aus Corleone stammt, lernte das Handwerk ursprünglich bei Torrepalino. Danach übernahm er das Landgut, änderte den Namen in Patria und versah alle Fenster mit seinem Familienwappen. Er ließ einen zweistöckigen Weinkeller aus den Felsen schlagen, den man besichtigen kann. Auffallend sind dabei die verschiedenen Lavaschichten im Basaltboden.
SS120 BEI KM 194.5, SOLICCHIATA, WWW.VINIPATRIA.IT, T 0942 986072, TELEFONISCH EINEN TERMIN VEREINBAREN

GOLE DELL'ALCÀNTARA Das eiskalte Schmelzwasser, das vom Ätna herabfließt, donnert zwischen den meterhohen Lavawänden dieser Schluchten hindurch. Über eine lange Treppe in der Nähe von Motta Camastra kann man von Mai bis November gratis den Parco Fluviale dell'Alcàntara besuchen. Zahlreiche italienische Familien machen hier, mit Kühlboxen bestückt, ein Picknick oder waten durch das frische, belebende Wasser. Etwa 150 Meter weiter befindet sich der offizielle, zahlungspflichtige Eingang, von dem man mit dem Aufzug hoch- und wieder herunterfahren kann. Im Park kann man auf verschiedenen Wegen wandern, den botanischen und geologischen Garten besuchen, und seit 2013 gibt es auch ein Kinder-Planschbecken. Durch die schwarzen, unterschiedlich geformten Lavafelsen wirkt die Landschaft ganz unwirk-

RANDAZZO

lich. In Begleitung von Führern kann man in einem Neoprenanzug einen Teil des Flusses und die Wasserfälle erkunden (15 Euro). Canyoning ist ebenfalls möglich: Mit Helm und Schwimmweste bezwingen Mutige sogar Wasserfälle (25 Euro).
VIA NAZIONALE 5, MOTTA CAMASTRA, SS185 ZWISCHEN FRANCAVILLA UND GIARDINI NAXOS, WWW.TERRALCANTARA.IT, T 0942 985010, GEÖFFNET: TÄGLICH 8.00-19.00, PREIS: AUFZUG 9 €

LE IX PORTE In diesem *agriturismo* kann man am Freitag und Samstag abends unter freiem Himmel mit Blick auf den Vulkan tanzen. Das Schwimmbad wechselt mit der unterschiedlichen Beleuchtung der Tanzfläche die Farbe.
VIA DA PIETRAMARINA 2, T 0942 395275, PREIS: COCKTAIL 10 €

AGRITURISMO SAN MARCO Mamma Rosaria betreibt diesen *agriturismo* voller Hingabe. Schon vor Tagesanbruch bereitet sie das Frühstück vor und gibt danach manchmal Kochkurse. Ihr Mann organisiert Exkursionen mit dem Jeep oder Mountainbike. Weitere große Pluspunkte von San Marco sind das Schwimmbad und der Blick auf den Ätna, die Obstbäume und Weinreben. Gäste dürfen gern mitessen, und das kann man nur empfehlen. Schon die herrlichen Antipasti mit Ricotta, frittierten Auberginen und vielem mehr sind ein Genuss.
SS120 ZWISCHEN LINGUAGLOSSA UND ROVITTELLO BEI KM 199.6, WWW.AGRITURISMOSANMARCO.COM, T 389 4237294, PREIS: 70 €

FONDO CIPOLLATE liegt ganz in der Nähe der Gole dell'Alcàntara. Das alte Landhaus befindet sich inmitten von Orangen- und Olivenbäumen, auf die man auch vom Schwimmbad aus blickt. Die Zimmer sind großzügig geschnitten. Wer will, kann in der Saison im bäuerlichen Betrieb mithelfen. Gleich nach der Ankunft bekommt man von Gabriella eine Liste mit Restaurants überreicht, die ihren strengen Bewertungskriterien standgehalten haben.
SP81 RICHTUNG CASTIGLIONE DI SICILIA, CONTRADA CIPOLLATE 12-14, FRAZ. MITOGIO, WWW.AGRITURISMOFONDOCIPOLLATE.IT, T 389 1571912, PREIS: 70-90 €

RANDAZZO

Randazzo wurde von Griechen, die aus Naxos geflohen waren, an den Hängen des Ätna erbaut. Der Ort erlebte seine Blütezeit unter normannischer Herrschaft. Die Gebäude wurden teilweise aus Lavastein und Basalt errichtet, Materialien also, die in der Gegend reichlich vorhanden sind.

Randazzo liegt von allen Dörfern rund um den Ätna am dichtesten am Krater. 1981 wurde es zuletzt von einem Lavastrom bedroht, der damals fast die Stadtmauern erreichte. Wenn man in den Ort hineinfährt, sieht man noch zerstörte Häuser und Eisenbahngleise zwischen den schwarzen Felsbrocken.

CHIESA DI SANTA MARIA Diese Kirche aus dem 13. Jahrhundert wurde komplett aus Lavagestein gebaut. Innen heben sich die schwarzen Säulen von dem zierlichen Taufbecken ab, das von Gagini entworfen wurde. Es scheint fast, als sei die Kirche Gott und dem Teufel zugleich geweiht.
PIAZZA DELLA BASILICA 5, T 095 921003, GEÖFFNET: TÄGLICH 10.00-12.00 & 16.00-18.00, GRATIS

MUSEO ARCHEOLOGICO PAOLO VAGLIASINDI befindet sich im alten Castello Carcere, das zu Zeiten der Bourbonen als Gefängnis genutzt wurde. Dort wird eine Ausstellung mit archäologischen Funden aus der Privatsammlung des ehemaligen Staatsmannes und Sammlers Paolo Vagliasindi gezeigt. Wenn das Museum aus unerklärlichen Gründen geschlossen ist, kann man über das Fremdenverkehrsamt (Tel.: 095 921028) einen Besichtigungstermin vereinbaren.
PIAZZA RABATÀ 2, T 095 7991214, GEÖFFNET: TÄGLICH 9.00-18.00, GRATIS

RISTORANTE SAN GIORGIO DEL DRAGO Normalerweise bespricht man die Bestellung mit dem Wirt, doch es gibt auch eine gedruckte Speisekarte, auf der regionale Gerichte wie *orecchiette in salsa di zucchine*, *tonnacchioli alle erbe dell'Etna*, *ossobuco* und *grigliata mista* mit den obligatorischen Würstchen und dem wilden Fenchel stehen. Der toskanische Inhaber serviert eine besondere Spezialität: *tagliata*, ein herrlich rosa gebratenes Entrecôte mit Olivenöl, grünem Pfeffer und frischem Rosmarin – Grund genug, hier einzukehren. Vom Restaurant und der Terrasse schaut man auf die alte Burg.
PIAZZA SAN GIORGIO 28, T 095 933972, GEÖFFNET: MI-MO 13.00-15.00 & 20.00-23.00, PREIS: 15 €

....

Das Ristorante San Giorgio del Drago ist nicht leicht zu finden, doch es gibt einen "Geheimweg". Wenn Sie aus Linguaglossa auf der SS120 nach Randazzo kommen, fahren Sie vor der ERG-Tankstelle rechts eine Einbahnstraße hoch und gleich nach dem Stadttor wieder rechts. Das erspart Ihnen die Fahrt durch das Straßenwirrwarr des mittelalterlichen Örtchens. Jeder Verkehrsteilnehmer – selbst die Polizei – hat Verständnis dafür, wenn man die Einbahnstraße in der falschen Richtung befährt.
....

RISTORANTE LA BIFORA Daniele Longhitano hat im ersten Stock des alten Palastes gegenüber dem Rathaus ein gemütliches Restaurant mit Pizzaofen und alten Kachelböden eingerichtet. Auf der großen Veranda kann man zu Mittag essen. Zu den einfachen regionalen Gerichten passt ein frischer Weißwein am besten. Abends serviert Daniele auch Pizza.
PIAZZA MUNICIPIO 7, T 348 8921637, GEÖFFNET: DI-SO 12.00-15.30 & 19.00-0.00, PREIS: 10 €

PASTICCERIA SANTO MUSUMECI Auf dem Platz gegenüber der wichtigsten Kirche von Randazzo befindet sich einer der besten Eishersteller Italiens. Sein Schokolade-Orange-Pinienkern-Eis und das Birnen-Mandel-Eis haben bereits nationale Wettbewerbe gewonnen. Auf der Terrasse gegenüber der Kirche kann man sich von den

CHIESA DI SANTA MARIA Ⓛ

netten Eis- und Marzipankünstlern verwöhnen lassen. Auch lecker: die Sorten Pistazie, Mandarine und Keks.
PIAZZA SANTA MARIA 9, T 095 921196, GEÖFFNET: TÄGLICH 9.00-13.30 & 16.30-23.00

CAFFÈ DEL CORSO Unter der Woche ist allein schon die Einrichtung zwischen Barock und Jugendstil ein guter Grund, sich dieses Café anzuschauen. Sonntags, zwischen dem Kirchgang und den Einkäufen auf dem Markt, trifft sich dann halb Randazzo hier auf einen Drink. Auf der Terrasse macht man es sich mit einem Cappuccino und einem *cornetto* bequem und schaut den Passanten hinterher.
VIA UMBERTO 74, T 338 3407623, GEÖFFNET: TÄGLICH 8.00-23.00

MARKT IN RANDAZZO Für die Dörfer um den Ätna ist dieser Sonntagsmarkt eigentlich der einzige größere Markt von Bedeutung. Neben einem breiten Sortiment an Unterwäsche, Schuhen, Kleidung und Nagellack gibt es Stände mit regionalen Produkten wie Käse und Fleischwaren. Hier kann man ein leckeres Picknick zusammenstellen oder Souvenirs für zu Hause kaufen.
PIAZZA LORETO 1, GEÖFFNET: SO 8.00-14.00

RISTORANTE SAN GIORGIO DEL DRAGO

Ausgehen beschränkt sich in Randazzo hauptsächlich darauf, in einer der Kneipen im Zentrum ein Bier zu trinken. Suchen Sie ein Lokal in den Gassen um die Via Umberto auf oder gehen Sie einfach dorthin, wo Leute mit einem Getränk in der Hand draußen stehen.

AUTOFAHRT DURCH DAS NEBRODIGEBIRGE Von Randazzo führt die SS116 durch fast unberührte Natur nach Capo d'Orlando an die Nordküste. Eine wunderschöne Alternative, wenn man nicht die Autobahn nehmen will. Der Nebrodi-Naturpark (gesprochen: Nébrodi) ist ein herrliches Wandergebiet, wo man morgens auf Füchse und Wildschweine treffen kann. Picknicksachen nicht vergessen und von Randazzo aus in Richtung Santa Domenica Vittoria fahren, das letzte Dorf, bevor das Schutzgebiet beginnt. Auf einer Strecke von wenigen Kilometern befinden sich verschiedene Picknickstellen, manche sogar mit Grillplatz.
BESUCHERZENTRUM 'PARCO DEI PARCHI', CORSO UMBERTO 197, WWW.PARCODEINEBRODI.IT, T 095 697818, GEÖFFNET: MO-SA 10.00-12.30 & 15.30-18.00

Bronte ist eine kleine Stadt an der Westseite des Ätna, die für ihre vorzüglichen Pistazien berühmt ist. Die "grünen Diamanten des Ätna" werden nur alle zwei Jahre geerntet. Die Sizilianer verwenden sie überall in der Küche: süß im Eis und als Brotaufstrich, herzhaft in Pesto oder zu Schwertfisch. Ende September/Anfang Oktober feiert Bronte die Sagra del Pistacchio.

CASTELLO NELSON Bei Maniace, 25 Kilometer landeinwärts von Randazzo, liegt das Landgut des britischen Admirals Horatio Nelson, das bis 1981 im Besitz seiner Nachkommen war. 1173 wurde das Gebäude als Abtei von Santa Maria di Maniace errichtet. 1799 wurde Admiral Nelson als Dank für seine Hilfe bei einem Aufstand von König Ferdinand I. von Neapel und Sizilien zum Herzog von Bronte ernannt und erhielt den imposanten Komplex als Geschenk. Mit der Kirche, dem Park und dem Skulpturengarten wirkt das Gut wie eine englische Oase des 19. Jahrhunderts mitten auf Sizilien. Hier liegt auch die Erklärung für die Namensübereinstimmung des Ortes Bronte mit den berühmten Brontë-Schwestern aus der Literatur.
SS120 IN RICHTUNG MANIACE BIS ZUR KREUZUNG, KILOMETERMARKIERUNG 170 NEHMEN, T 095 690018, GEÖFFNET: TÄGLICH 9.00-13.00 & 14.30-19.00, (WINTER BIS 17.00), EINTRITT: PARK 1,50 €, FÜHRUNG 3 €

TAORMINA STADT

MONDÄNER ORT MIT AUSSICHT

Das mondäne Taormina liegt auf einem hohen Felsen mit einer spektakulären Aussicht über die gleichnamige Bucht. Das Zentrum ist durch eine Treppe und eine Seilbahn mit der Bucht und dem kleinen Strand an der Landzunge Isola Bella verbunden. Taormina ist ideal zum Shoppen und für eine Verschnaufpause mit Kuchen in einem Tearoom. Der Ort wird seit Langem vom Jetset geliebt.

Taormina besucht man am besten im Frühjahr, wenn die Touristensaison noch nicht in vollem Gang ist und die Stadt nach Zitrusfrüchten duftet. Zwischen Ostern und Oktober erreichen die Kreuzfahrtschiffe und Busse Stadt und Umgebung. Tagsüber ist der Corso Umberto dann mit kauflustigen Touristen überfüllt, doch abends wird es häufig etwas ruhiger. Der Corso ist eine lang gestreckte Fußgängerzone, auf der man eine Zeit lang unterwegs sein kann. Achtung: Die Straßen in Taormina sind schmal und Parkplätze schwer zu finden. Oft ist es besser, das Auto am Hotel oder in einem der Parkhäuser am Stadteingang stehen zu lassen.

SEHENSWÜRDIGKEITEN

Taormina ist mit der eleganten Einkaufsstraße Corso Umberto, der Seilbahn zur Isola Bella und den vielen Gassen und Treppen unbedingt einen Besuch wert. Allerdings ist die Stadt sehr touristisch, doch ein Essen bei Kerzenlicht mit Blick auf das Meer ist dennoch fantastisch. Weitere Informationen finden Sie unter *www.taormina.it*.

TEATRO GRECO Dieses griechisch-römische Theater ist eine der bekanntesten Sehenswürdigkeiten Siziliens und wurde wahrscheinlich von den Griechen im 3. Jahrhundert v. Chr. errichtet. In der Römerzeit wurde es gehörig umgebaut. Das Theater war zu allen Zeiten intensiv in Gebrauch – auch heute noch. Die Konzerte und Events, die hier im Sommer fast täglich stattfinden, stellen eine wichtige Einkommensquelle für die Stadt dar. Von Juli bis September organisiert Taormina Arte Opern- und Theateraufführungen – außergewöhnliche Erlebnisse mit der Straße von Messina als natürliche Kulisse im Hintergrund. Das Programm finden Sie auf der Website.
VIA TEATRO GRECO 50, WWW.TEATROGRECOTAORMINA.COM, T 0942 23220, GEÖFFNET: TÄGLICH 9.00-19.00, EINTRITT: 9 €

DUOMO SAN NICOLÒ Taormina ist trotz seines mondänen, weltoffenen Charakters natürlich auch eine typisch sizilianische Stadt, daher gibt es auch hier einen Dom. Er überstand als eine der wenigen Kirchen der Insel das Erdbeben und wurde deshalb nicht im Barockstil des 17. Jahrhunderts wiederaufgebaut, sondern hat seinen mittelalterlichen Charakter behalten. Nehmen Sie sich die Zeit, sich auf die Stufen des barocken Brunnens vor dem Dom zu setzen und die steinernen Seepferdchen zu betrachten.
PIAZZA DEL DUOMO, GEÖFFNET: TÄGLICH 9.00-19.00, GRATIS

CHIESA SAN GIUSEPPE wird leicht übersehen, da die Aussicht auf die Bucht und die Geschäfte am Corso alle Aufmerksamkeit auf sich ziehen. Doch es lohnt sich, einen Blick auf die Rokoko-Ausstattung im Inneren zu werfen. Falls gerade eine Hochzeit stattfindet, können Sie sich vorsichtig unter die Festgäste mischen, falls Ihre Kleidung dem Anlass einigermaßen angemessen ist. Das Erlebnis einer prachtvollen sizilianischen Hochzeit in diesem prunkvollen Interieur ist schon etwas ganz Besonderes.
PIAZZA IX APRILE, GEÖFFNET: TÄGLICH 9.00-19.00, GRATIS

ESSEN & TRINKEN

Auf den Treppen in den Gassen von Taormina, vor allem im Bereich des Corso Umberto, tauchen nach Sonnenuntergang plötzlich die Terrassen der Restaurants auf. Mahlzeiten und Getränke sind nicht ganz billig, dafür ist die Atmosphäre einmalig. Natürlich gibt es in Taormina auch einige Geheimtipps, in denen sich die Einheimischen treffen.

AL DUOMO liegt im Zentrum von Taormina in einer Seitenstraße gegenüber dem Dom. Hier bekommt man typisch sizilianische Küche in hoher Qualität. Auf der Karte stehen sogar vegetarische Gerichte. Von den grellgelben Neonbuchstaben am Eingang sollte man sich nicht abschrecken lassen, denn das Innere mit den kleinen Holztischen ist gemütlich und ruhig. Von der Dachterrasse aus hat man eine tolle Aussicht.
VICO EBREI 11, WWW.RISTORANTEALDUOMO.IT, T 0942 625656, GEÖFFNET: DI-SO 12.00-15.00 & 18.00-23.00, PREIS: 20 €

BAMBAR macht die besten *granitas* in ganz Sizilien, das ist Tatsache. Die Terrasse und die mit Kacheln verzierten Wände sind weitere Pluspunkte dieser Bar. Was halten Sie zum Beispiel von Erdbeeren mit Sahne als morgendliches Verwöhnfrühstück? Zum Glück hat Bambar im Sommer lange geöffnet.
VIA DI GIOVANNI 45, FB BAMBAR-TAORMINA, T 0942 24355, GEÖFFNET: DI-SO 7.00-21.30 (SOMMER BIS 23.00), PREIS: GRANITA 5 €

AL SARACENO Hier sitzen mehr Einheimische als in den meisten anderen Restaurants von Taormina, weil das Essen gut und die Atmosphäre persönlich ist. Das Lokal liegt ein paar Autominuten außerhalb des Zentrums an einer Abzweigung der SS114. Es duftet nach frisch gegrilltem Fisch, und von der Terrasse hat man eine schöne Aussicht.
VIA MADONNA DELLA ROCCA 16/18, WWW.ALSARACENO.IT, T 0942 632015, GEÖFFNET: MÄRZ-OKT. DI-SO 12.00-14.30 & 19.00-23.30, JUNI-SEPT. TÄGLICH 19.00-0.00, PREIS: MENÜ 35 €

IL BARCAIOLO liegt unterhalb von Taormina in einer hübschen Bucht. Auf der geschützten Terrasse mit Meerblick kann man in Zitronensaft marinierten rohen Fisch genießen. Die Eigentümerin Anna Maria hilft ihren Gästen gern und empfiehlt allerhand Leckereien. Um einen Tisch zu ergattern, sollten Sie früh da sein oder reservieren. Vor

BAMBAR

dem Essen können Sie am Strand zwischen den Fischerbooten spazieren gehen. Wichtig: Moskitospray nicht vergessen!

VIA CASTELLUCCIO 43, SPIAGGIA MAZZARÒ-TAORMINA, WWW.BARCAIOLO.ALTERVISTA.ORG, T 0942 625633, GEÖFFNET: MI-MO 12.00-15.00 & 19.00-22.00, PREIS: MENÜ 30 €

....

Shoppen kann man in Taormina am besten zwischen den alten Stadttoren Porta Messina und Porta Catania am Corso Umberto. Hier finden Sie exklusive Designerkleidung und Juweliere. Reiche Russen und Amerikaner lieben diese Einkaufsstraße, aber es gibt zum Glück auch Geschäfte für die normale Brieftasche.

....

100% THERE

Taormina ist das Saint-Tropez Siziliens: Hier kann man zwischen dem Jetset flanieren und in den teuren Boutiquen am Corso Umberto stöbern, zum Beispiel bei Scandurra oder Musumeci. Oder man genießt bei einem Eis die Aussicht von der Piazza IX Aprile.

DAIQUIRI LOUNGE

GIARDINI DELLA VILLA COMUNALE Wer genug hat von den engen Gassen, kann sich im Stadtpark im Grünen entspannen, solange es hell ist. Nehmen Sie sich bei einem Bäcker, zum Beispiel bei Managò in der Via Giardinazzo 55, ein Sandwich mit und picknicken Sie auf einer Bank. *Panino con panorama!*
EINGANG VIA ROMA / VIA BAGNOLI CROCE

SEILBAHN Müde vom Spazierengehen? Dann fahren Sie doch mit der Seilbahn zum hübschen Strand von Isola Bella und genießen Sie dort einen Cocktail.
VIA PIRANDELLO 3, T 0942 23906, GEÖFFNET: MO 8.45-20.00, DI-SO 7.45-20.00, PREIS: EINFACHE FAHRKARTE 3 €

MAZZARÒ Die Badebuchten von Mazzarò sind Taorminas eigentlicher Strand. Man erreicht sie mit der Seilbahn von Taormina aus oder über die SS114 aus Catania. Der schönste Weg ist aber eine im Mai und Juni komplett mit blühenden Bougainvilleen überwachsene alte Treppe, die im Zentrum von Taormina beginnt. Unten am Strand gibt es einige Restaurants. In dem Bereich, wo keine Stühle stehen, muss man mit seinem Handtuch umziehen, falls ein Fischer sein Boot aufs Trockene ziehen will.

TAORMINA FILMFESTIVAL Jedes Jahr im Juni findet in Taormina ein Filmfestival statt. Im griechischen Theater werden dann 21 speziell ausgewählte neue Filme gezeigt. Auf der Website finden Sie das Programm.
VIA TEATRO GRECO 50, WWW.TAORMINAFILMFEST.IT, T 0942 21142 (TAORMINA ARTE)

FESTA DEI CARRI Jeden Freitag im September und Oktober steigt die Festa dei Carri, eine Parade mit bunt bemalten Esels- und Pferdewagen, die mit musikalischer Begleitung von der Isola Bella zur Porta Messina ziehen. Eigentlich geht es um 18 Uhr los, doch dank der sizilianischen "Planung" wird es manchmal etwas später. Das Ganze dauert ungefähr anderthalb Stunden. Informationen bekommen Sie bei AAST Taormina (Tel.: 094 223243). In diesen Wagen kann man das ganze Jahr über Fahrten zu den Sehenswürdigkeiten in der Altstadt von Taormina unternehmen.
PORTA MESSINA, FAHRPREIS 20-50 € (JE NACH VERHANDLUNGSGESCHICK)

AUSGEHEN

In Taormina geht man in eine Kneipe oder mit etwas Glück auf eine private Party. Man kann auch in der Wunderbar auf der Piazza IX Aprile 7 Leute beobachten. Große Diskotheken gibt es im angrenzenden Küstenort Giardini Naxos.

DAIQUIRI LOUNGE Auf den Treppenstufen in der Gasse gegenüber dem Dom wurden kleine Sitzgelegenheiten aufgestellt, auf denen man sich niederlassen und einen Aperol Spritz und dazu einige Snacks konsumieren kann. Es wird Loungemusik gespielt, und die Leute sind eher hip als schick.
SALITA BADA VECCHIA 2, T 320 7857129, GEÖFFNET: DI-SO 17.00-3.00

SEPTIMO ist im Zentrum der einzige zu Fuß erreichbare Ort zum Tanzen. Sehen und gesehen werden ist hier sehr wichtig. Die Eintrittspreise wechseln, und der Club ist für alle Altersklassen geeignet.
VIA S. PANCRAZIO 50, T 0942 625522, GEÖFFNET: DO-SO 23.00-5.00, EINTRITT: 20 €

LA GIARA Dieser große, luxuriöse Club liegt unter dem gleichnamigen Restaurant etwas außerhalb der Stadt. Donnerstags kommt die einheimische Jugend abends zum Tanzen hierher. Eintritt ist frei, aber bereits an der Tür muss man für zwei Getränke bezahlen (20 Euro).
VICO LA FLORESTA 1, WWW.LAGIARATAORMINA.IT, T 0942 23360, GEÖFFNET: DO-SO 1.00-5.00

ÜBERNACHTEN

Übernachtungen können in Taormina in der Hochsaison eine kostspielige Angelegenheit werden. Manche Hotels sind es durchaus wert, etwas tiefer in die Tasche zu greifen. Für schmälere Budgets empfiehlt sich die farbenfrohe Jugendherberge Taormina's Odyssey (Via Paternò di Biscari 13, *www.taorminaodyssey.com*). Außerhalb der Saison gibt es allerdings oft günstige Angebote. Ein *agriturismo* in der Nähe ist auch eine Option, zum Beispiel Fondo Cipollate in Castiglione di Sicilia (siehe Ätna & Umgebung).

VELLO D'ORO ART HOTEL liegt im Zentrum am Ende des Corso Umberto. Die Einrichtung ist eine gelungene Kombination aus alten Jugendstilelementen, moderner Ausstattung und zeitgenössischen Kunstwerken.
VIA FAZZELLO 2, WWW.HOTELVELLODORO.COM, T 0942 23788, PREIS: 100 €

HOTEL VILLA CARLOTTA ist im Barockstil eingerichtet und eine gute Option, wenn man gern ein Schwimmbad im Hotel hat und mit Blick über die Bucht baden möchte. Die Lounge in den Katakomben aus byzantinischer Zeit ist außergewöhnlich. Das Hotel liegt schön an der gewundenen Zugangsstraße nach Taormina, noch bevor die Parkplatzprobleme beginnen. Das Frühstücksbuffet lässt keine Wünsche offen.
VIA PIRANDELLO 81, WWW.HOTELVILLACARLOTTATAORMINA.COM, T 0942 626058, PREIS: 125 €

HOTEL VILLA GRETA liegt etwas außerhalb, doch nach einem kurzen Spaziergang über ein paar Treppen oder mit dem Stadtbus ist man schnell im Zentrum. Innen wartet ein Raritätenkabinett aus den 1970er-Jahren: Vitrinen mit Schildkröten und vollgehängte Wände. Das Hotel gehört zu den besseren Unterkünften, bietet einen wunderschönen Blick und ein gutes Restaurant.
VIA LEONARDO DA VINCI 46, WWW.VILLAGRETA.IT, T 0942 28286, PREIS: 50-110 €

HOTEL VILLA CARLOTTA

RUND UM TAORMINA

CASTELMOLA

Von Taormina windet sich die Via Leonardo da Vinci bergauf in Richtung Castelmola, ein Bergdorf, das als eines der schönsten Italiens gilt und von dem aus man auf die Berge rundum blickt. In Castelmola ist oft viel los, doch gegen Abend, wenn es kühler wird, kann man es wunderbar auf den Terrassen aushalten.

GIARDINI NAXOS

Etwas südlich von Taormina liegt der beliebte Badeort Giardini Naxos. Die ehemals griechische Siedlung entstand im 8. Jahrhundert v. Chr. Am lang gestreckten Sandstrand befinden sich zahlreiche Cafés und Restaurants und vor allem abends ist mit den Freiluftdiscos und Strandbars genug Unterhaltung geboten.

RISTORANTE SEA SOUND liegt nicht sehr schön zwischen den Hotels, doch es verfügt über eine große Terrasse mit viel Grün und Blick aufs Meer. Was das Meer täglich bietet, wird hier – zu nicht ganz günstigen Preisen – in einfache Gerichte verwandelt. Die Calamari vom Grill schmecken köstlich.
VIA JANNUZZO 37/A, WWW.RISTORANTESEASOUND.COM, T 0942 54330, GEÖFFNET: APR.-OKT. TÄGLICH 12.30-15.00 & 20.00-23.00, PREIS: MENÜ 50 €

MARABÙ ist die größte und bekannteste Freiluftdisco der Gegend. Hier treffen sich Einheimische und Touristen im Sommer zum Tanzen. Bevor man sich in das Vergnügen stürzen kann, muss man an der Tür 10 Euro bezahlen, bekommt dafür aber immerhin ein Getränk. Auf Facebook finden Sie alle wichtigen Ankündigungen und Informationen.
VIALE JANUZZO 2, FB MARABUDISCONAXOS, T 320 8219167, GEÖFFNET: JUNI-AUG. DO-SO 0.00-5.00

TAITÙ, die Wintervariante von Marabù, zeichnet sich durch ein angenehmes, recht gemischtes Publikum aus. Oft werden Themenabende veranstaltet, die aber selten zu speziell sind, um mitzumachen.
VIA VULCANO 3, T 338 2436157

RISTORANTE SEA SOUND

MESSINA STADT

EINE HAFENSTADT MIT VERGANGENHEIT

Messina wurde im 8. Jahrhundert v. Chr. von griechischen Siedlern gegründet und hieß ursprünglich "Zankle" nach dem griechischen Wort für "Sichel", da die natürliche Form des Hafens daran erinnerte. Wegen seiner Lage an der Grenze zwischen dem östlichen und dem westlichen Teil des Mittelmeers entwickelte sich Messina zur wichtigsten Hafenstadt Siziliens, die Einwohner trieben in ganz Europa Handel. Die Stadt wurde von Armeniern, Arabern, Juden und vielen anderen Volksgruppen bewohnt.

....

Der griechischen Legende nach hausten die Monster Scylla und Charybdis in der Straße von Messina, die Sizilien von Italiens Festland trennt. Der griechische Held Odysseus musste ihnen auf seiner Reise die Stirn bieten. Scylla, das vielköpfige Monster, fraß einen Teil seiner Besatzung. Charybdis trank die Straße von Messina leer und spie sie danach mit voller Kraft wieder aus, wodurch gefährliche Strudel zwischen den Felsen entstanden. Das eine Monster gibt es tatsächlich, Scilla ist ein Ort am gegenüberliegenden Ufer in Kalabrien.

....

Messina war reich und mächtig, bis die Stadt den Spaniern um 1674 nach einer langen, verheerenden Belagerung in die Hände fiel. Erdbeben brachten noch weiteren Schaden. Die schlimmste Katastrophe aber ereignete sich 1908, als ein Erdbeben und wahrscheinlich auch ein Tsunami die Stadt beinahe dem Erdboden gleichmachten. Fast 100.000 Menschen verloren dabei ihr Leben. Die Chiesa della Santissima Annunziata dei Catalani war mehr oder weniger das einzige Gebäude, das dem Erdbeben standhielt. Die Bombardierungen von 1943 trugen das ihrige zum weiteren Verfall bei. Messina ist durch eine Fähre mit dem italienischen Festland verbunden, auch in wirtschaftlicher Hinsicht ist die Stadt von dieser Verbindung abhängig. Seit Jahren ist daher von dem Bau einer Brücke über die Straße von Messina die Rede, doch bisher hat das noch nicht geklappt. Die Argumente dagegen variieren von Angst vor dem Widerstand der Mafia, seismischen Risiken bis hin zu dem Wunsch, Sizilien solle unabhängig werden.

Messina ist einerseits durch den Wiederaufbau eher modern geprägt, andererseits aber auch eine alte, etwas verfallene Hafenstadt. Obwohl es auf den ersten Blick wenig Besonderes zu sehen gibt, macht vielleicht gerade das den Charme aus: Messina ist eine "richtige" Stadt, in der normale Menschen wohnen, arbeiten und Spaß haben. Einige Einwohner haben sich dem Ziel gewidmet, ihre Stadt lebendig zu erhalten. So kann man vielerlei Schönes entdecken. Messina ist durchaus eine interessante Stadt, aber man braucht sicher nicht tagelang zu bleiben. Sonntags ist das Zentrum übrigens wie ausgestorben.

MESSINA STADT

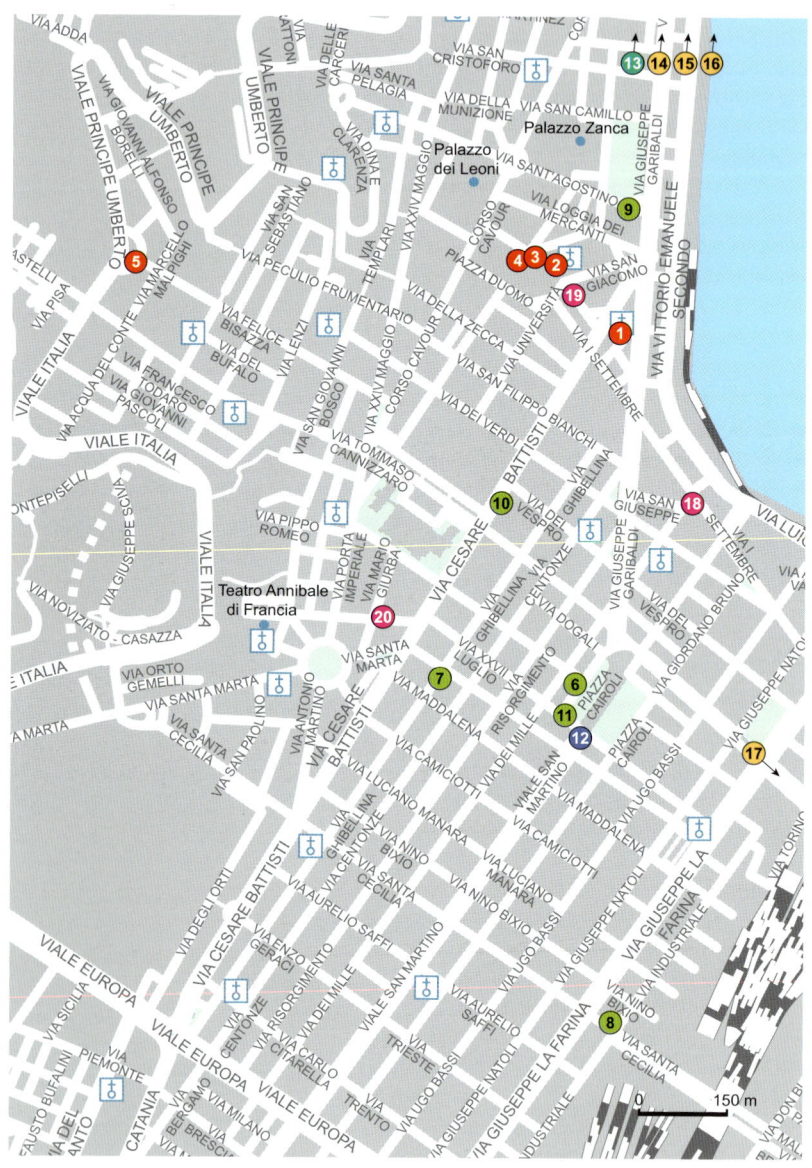

- **SEHENSWÜRDIGKEITEN**
  > S. 181–182
  1. CHIESA DELLA SANTISSIMA ANNUNZIATA DEI CATALANI
  2. DUOMO
  3. IL CAMPANILE
  4. FONTANA DI ORIONE
  5. ORTO BOTANICO PIETRO CASTELLI

- **ESSEN & TRINKEN**
  > S. 182–184
  6. PASTICCERIA IRRERA
  7. RISTORANTE PIERO
  8. AL PADRINO
  9. LE DUE SORELLE
  10. FAMULARI
  11. CHIOSCO OTTOCENTESCO

- **SHOPPEN > S. 184**
  12. PIAZZA CAIROLI

- **100% THERE**
  > S. 184
  13. FIERA CAMPIONARIA INTERNAZIONALE DI MESSINA

- **AUSGEHEN > S. 184–187**
  14. BLU SKY
  15. M'AMA DISCO
  16. LA SPIAGGETTA
  17. FLEXUS DISCOTECA

- **ÜBERNACHTEN**
  > S. 187
  18. HOTEL SANT'ELIA
  19. B&B LEPANTO
  20. MESSENION

SEHENSWÜRDIGKEITEN

CHIESA DELLA SANTISSIMA ANNUNZIATA DEI CATALANI Diese prachtvolle arabisch-normannische Kirche überstand als einziges Bauwerk das Erdbeben von 1908. Ende des 12. Jahrhunderts wurde die Kirche auf den Resten eines Tempels zu Ehren des Meeresgottes Neptun errichtet. Im 16. Jahrhundert wurde sie katalanischen Kaufleuten zugewiesen und erhielt so ihren heutigen Namen.
PIAZZA DEI CATALANI, T 090 661691, BESICHTIGUNG NUR NACH VEREINBARUNG

DUOMO Der Dom, ursprünglich aus dem Jahr 1197, wurde im Auftrag Heinrichs VI. von Hohenstaufen gebaut. Durch das Erdbeben von 1908 und ein Bombardement von 1943 wurde er zerstört, danach unter Beibehaltung des ursprünglichen Charakters wiederaufgebaut. Am Sonntagnachmittag finden oft Orgelkonzerte statt, die eine Besichtigung zu einem besonderen Erlebnis machen. In der Apsis am Altar ist ein riesiges Christusmosaik zu bewundern.
PIAZZA DUOMO, GEÖFFNET: TÄGLICH 9.00-19.00, EINTRITT: 2 €

IL CAMPANILE, der große Glockenturm neben dem Dom, ist Messinas wichtigste Sehenswürdigkeit. Im Turm befindet sich eine mechanische Uhr, die 1933 in Straßburg gefertigt wurde. Jeden Tag um 12 Uhr mittags setzen sich Figuren in Bewegung und ziehen unter Begleitung von Löwengebrüll, Hahnengeschrei und Marschmusik eine Viertelstunde lang am Betrachter vorbei. Man kann auf den Turm steigen und das Uhrwerk aus der Nähe anschauen. Allerdings sollten Sie das vor 11.30 Uhr tun, sonst stehen Sie oben, wenn die Figuren mit ihrer Runde beginnen. Mit seiner Höhe von gut 60 Metern ist der Turm der höchste Punkt von Messina, bei klarem Wetter hat man von dort eine fantastische Aussicht.
PIAZZA DUOMO, T 090 774895, GEÖFFNET: TÄGLICH 9.00-19.00, EINTRITT: 3,50 €

FONTANA DI ORIONE Der Springbrunnen neben dem Dom wurde nach Orion benannt, dem Sohn des Meeresgottes Poseidon, der, laut der Legende, Teile von Messina erbaut hat. Der Brunnen stammt von der Hand Giovanni Angelo Montorsolis, eines Schülers von Michelangelo, und wurde 1547 errichtet. Anlass war der Umstand, dass die ersten Häuser von Messina über ein Aquädukt mit fließendem Wasser aus dem Fluss Camaro versorgt wurden. Der Brunnen zeigt die vier großen Flüsse Nil, Tiber, Ebro und Camaro. Letzterer speist den Brunnen noch heute. Auf der Piazza Duomo steht auch ein Denkmal zu Ehren von Don Juan de Austria, dem Sieger der Schlacht bei Lepanto. Er steht mit dem Fuß auf dem Kopf des osmanischen Anführers Ali Pascha. Auf dem Sockel der Statue ist die Seeschlacht dargestellt.
PIAZZA DUOMO

ORTO BOTANICO PIETRO CASTELLI Der botanische Garten ist eine Oase der Ruhe mitten in der Stadt. 2009 wurde die Mauer um den Garten vollständig renoviert und seitdem wird der Park gut gepflegt. Ein Spaziergang lohnt sich auf jeden Fall, vor allem auch wegen der großen Sammlung fleischfressender Pflanzen.
PIAZZA XX SETTEMBRE, WWW.ORTOBOTANICO.MESSINA.IT, T 090 391940, GEÖFFNET: MO-FR 8.00-12.00, GRATIS

....

Abgesehen von diesen Sehenswürdigkeiten hat Messina auch eine ganz eigene Attraktion zu bieten: Im Hafen kann man ein ganz besonderes Schauspiel verfolgen. Wer sich die Zeit dazu nimmt, kann verfolgen, wie ein Zug, Waggon für Waggon, im Bauch der Fähre verschwindet. Die Überfahrt zum Festland dauert eine Viertelstunde, das Rangieren des Zuges fast eine Stunde.

....

ESSEN & TRINKEN

In den Sommermonaten wird es in Messina ziemlich ruhig. Die wohlhabenderen Einwohner ziehen sich in ihre Strandhäuser zurück und viele Cafés und Restaurants machen Ferien.

PASTICCERIA IRRERA ist beinahe 100 Jahre alt. Hier bekommt man alle erdenklichen süßen Herrlichkeiten. Mit seinem *caffé* und einem *bocconcino* (Leckerbissen) stellt man sich an die Bar oder setzt sich an einen Tisch am Fenster und genießt den Blick auf den Platz. Wer eingeladen ist, kann Kuchen kaufen und als Geschenk einpacken lassen.
PIAZZA CAIROLI 12, WWW.IRRERA.IT, T 090 673823, GEÖFFNET: DI-SO 8.00-13.00 & 16.00-20.00, PREIS: CANNOLO 3 €

RISTORANTE PIERO ist ein schickes Restaurant, das eigentlich nur Fisch auf der Speisekarte führt. Der ideale Ort, um stilvoll zu speisen.
VIA GHIBELLINA 119, WWW.RISTORANTEPIERO.COM, T 090 6409354, GEÖFFNET: MI-MO 12.30-15.00 & 20.00-23.00, PREIS: MENÜ 40 €

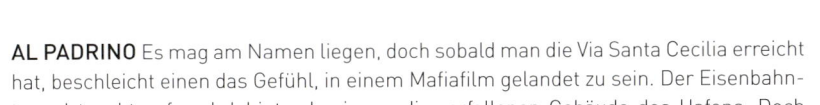

FONTANA DI ORIONE (L)   PASTICCERIA IRRERA (R)

AL PADRINO Es mag am Namen liegen, doch sobald man die Via Santa Cecilia erreicht hat, beschleicht einen das Gefühl, in einem Mafiafilm gelandet zu sein. Der Eisenbahntunnel taucht auf und dahinter beginnen die verfallenen Gebäude des Hafens. Doch keine Sorge, zu Al Padrino kommen ganz normale Leute, die einfach gern gut essen.
VIA SANTA CECILIA 54-56, T 090 2921000, GEÖFFNET: MO-FR 12.30-15.00 & 20.00-0.00, PREIS: MENÜ 25 €

LE DUE SORELLE hat seinen Namen – "die zwei Schwestern" – von den beiden Gebäuden, aus denen die Lokalität, eine Enoteca und eine Osteria, besteht. Hier kann man sowohl gut essen als auch etwas trinken. Vor Kurzem wurde das Haus komplett renoviert.
PIAZZA MUNICIPIO 4, WWW.OSTERIALEDUESORELLE.COM, T 090 44720, GEÖFFNET: MO-FR 12.30-15.00 & TÄGLICH 19.30-23.00, PREIS: 15 €

FAMULARI Wer einen echt sizilianischen Snack braucht, der sollte die *arancini* und *focaccia* von Mister Famulari probieren – 33 Varianten hat dieser mittlerweile in petto, wie man auf den T-Shirts der Mitarbeiter lesen kann. Der Laden ist hell erleuchtet und ziemlich unordentlich, trotzdem ist hier meist viel los und ein Besuch lohnt sich.
VIA C. BATTISTI 143, WWW.ROSTICCERIAFAMULARI.IT, T 090 771447, GEÖFFNET: TÄGLICH 8.00-23.00, PREIS: ARANCINO 1,50 €

CHIOSCO OTTOCENTESCO In ganz Italien gibt es nur noch drei Kioske mit einer alten Presse, mit der früher das Sodawasser für Seltz hergestellt wurde, der älteste befindet sich in Messina. Die Presse funktioniert nicht mehr, doch der Kiosk sieht noch fast genauso aus wie vor 200 Jahren. Trinken Sie hier einen *caffé* oder bestellen Sie eine *granita* mit Brioche zum Frühstück.
ECKE PIAZZA CAIROLI & VIA 27 LUGLIO

Ein guter Ausgangspunkt zum Shoppen ist die Piazza Cairoli am Anfang der Via San Martino. Von dort aus sind die wichtigsten Einkaufsstraßen zu Fuß gut erreichbar. Es macht Spaß, durch die Straßen zu spazieren, die Atmosphäre zu genießen und sich zwischendurch in einem Café zu stärken, aber man sollte kein Shoppingparadies erwarten. Dafür steht die Stadt in wirtschaftlicher Hinsicht leider zu schlecht da.

100% THERE

PROZESSIONEN Die Passeggiata dei Giganti findet jedes Jahr am 13. und 14. August statt. Dann werden zwei riesige Statuen von Mata und Grifone, die laut einer der vielen Legenden die Gründer von Messina waren, auf Pferden durch die Stadt getragen, gefolgt von barfüßigen Büßern. Am 15. August wird während der farbenfrohen Processione della Vara di Messina die Statue der Heiligen Jungfrau Maria auf einem acht Tonnen schweren Wagen durch die Stadt gefahren.

FIERA CAMPIONARIA INTERNAZIONALE DI MESSINA ist ein zwei Wochen dauernder Markt Anfang August, auf dem man wirklich alles findet. Von Gemüse und Obst über Pistazien-Pesto und eingelegte Sardinen bis hin zu Kleidung, Antiquitäten, alten Nägeln und gebrauchten Möbeln. Der Markt findet in modernen Pavillons und Gebäuden aus dem 19. Jahrhundert etwas außerhalb der Stadt am Meer statt.
VIALE DELLA LIBERTÀ, WWW.FIERAMESSINA.IT

AUSGEHEN

Die Piazza dei Catalani zwischen der Chiesa della Santissima Annunziata dei Catalani und der Rückseite des Doms verwandelt sich abends in eine große Terrasse. Das schönste Café hier ist Volo (Via Lepanto 14). Im Sommer wird in Messina, oder besser gesagt nördlich der Stadt, in Strandbars und Diskotheken viel getanzt. Im Winter besucht man am besten die Kneipen in der Gegend um den Dom und die Piazza dei Catalani.

PASTICCERIA IRRERA

STRANDCLUBS findet man zwischen Mai und September nördlich von Messina entlang des Strandes. Abends verwandeln sie sich in eine Diskothek. Blu Sky ist im Sommer bei der Jugend am beliebtesten. M'ama Disco hat jeden Tag ein anderes Thema: Donnerstags gibt es Sushi und am Samstag ist Seventies Party. Ins La Spiaggetta kommt ein sehr gemischtes Publikum.

BLU SKY: VIA CASE BASSE 52, T 393 0070000, M'AMA DISCO: VIA CONSOLARE POMPEA 371, T 090 311532, LA SPIAGGETTA: VIA CONSOLARE POMPEA 441, T 328 6887554

DISKOTHEKEN sind in der Stadt außerhalb der Ferienzeit – von September bis Mai – geöffnet. Welche gerade am beliebtesten ist, das ändert sich sehr schnell und ist nicht zuletzt auch abhängig von den DJs, die auflegen. Flexus Discoteca ist bei der einheimischen Jugend auf jeden Fall sehr beliebt und zieht ein Publikum zwischen 18 und 30 Jahren an. Hier ist immer etwas los.

FLEXUS DISCOTECA: VIA DON BLASCO 77, T 090 911233, GEÖFFNET: DO-SO 22.00-4.00

ÜBERNACHTEN

In Messina gibt es relativ wenig Hotels und andere Unterkünfte. Sie können natürlich von Taormina oder Giardini Naxos aus mit dem Zug für einen Tag nach Messina fahren. Oder man nimmt den Zug von Catania, schaut sich Messina an und fährt spätabends mit dem Nachtzug wieder aufs Festland.

HOTEL SANT'ELIA ist ein modernes Hotel in einem alten Gebäude, das in unverfälschtem sizilianischem Stil renoviert wurde. Die Zimmer sind mit allem Komfort, Klimaanlage und Doppelverglasung ausgestattet, was angesichts der Durchgangsstraße zum Bahnhof kein überflüssiger Luxus ist. Parken ist hier schwierig.
VIA I SETTEMBRE 67, WWW.HOTELSANTELIA.COM, T 090 6010082, PREIS: 98 €

B&B LEPANTO liegt günstig im alten Zentrum, in der Nähe aller Sehenswürdigkeiten. Abends gibt es hier viele Bars und Cafés. Die Zimmer sind ordentlich und die Einrichtung ist relativ neu.
VIA LEPANTO 7, WWW.BEDANDBREAKFASTLEPANTOMESSINA.COM, T 090 669528, PREIS: 67-75 €

MESSENION ist das einzig wirklich moderne Hotel der Stadt und mit allem Komfort ausgestattet. Das merkt man auch am Preis. Alle Zimmer sind farblich unterschiedlich gestaltet, mit Designermöbeln eingerichtet und verfügen über ein Badezimmer.
VIA FARANDA 7, WWW.HOTELMESSENION.IT, T 090 712674, PREIS: 150 €

NORDOSTKÜSTE REGION

DÖRFER, STRÄNDE & SEEN

Die Provinz Messina erstreckt sich über den nordöstlichen Teil Siziliens. Man begegnet dort einer Vielzahl an Sehenswürdigkeiten. Sobald man die SS113 DIR Messina Richtung Norden weiterfährt, verändert sich die Küstenlinie. Seen und Strände, Antike und moderne Kunst, gutes Essen und herrliche Unterkünfte.

GANZIRRI

An den beiden Seen bei Ganzirri lässt es sich im Sommer gut aushalten. Hier gibt es Strände mit Blick auf die Straße von Messina, einen guten Campingplatz, ein Wellnesscenter und vor allem: Fische und Schalentiere.

RISTORANTE LA NAPOLETANA befindet sich in einem wunderschönen alten Gebäude. Der Inhaber Salvatore kommt an den Tisch und verrät einem, was man seiner Meinung nach essen sollte. Vertrauen Sie ihm ruhig, denn das Essen ist köstlich – von Makrele mit in Essig gedämpften Zwiebeln bis zur Pasta mit *muscoli* und *seppia*. An den Wänden hängen alte Fotos von Ganzirri, und Salvatore und sein Enkel erzählen gern mehr dazu.
VIA LAGO GRANDE 18, T 090 391032, GEÖFFNET: TÄGLICH 12.00-15.00 & 19.00-23.00, PREIS: 12 €

LA CAMBUSA DEL VICOLO Weil das Restaurant von Peppe Florio in einer ruhigen Gasse am Meer liegt, hat er Platz für eine kleine Terrasse, auf der man auf Plastikstühlen an einem schön gedeckten Tisch sitzen kann. Ein Sizilianer käme nie auf die Idee, draußen zu essen, aber Touristen genießen zum gegrillten Tinten- oder Schwertfisch gern die schöne Aussicht. Mückenspray nicht vergessen!
VIA II GORIZIA 7, WWW.TRATTORIALACAMBUSADELVICOLO.IT, T 090 393958, GEÖFFNET: TÄGLICH 13.00-15.00 & 20.00-23.00, PREIS: 25 €

HOTEL VILLA MORGANA / WELLNESSCENTER KI KLUB Das Hotel wurde 2009 renoviert und dabei hat man alle Zimmer thematisch eingerichtet: rot-weiß-blau wie eine Bootskajüte oder in Gelb oder Rosa mit Himmelbett. Die Damen an der Rezeption organisieren für Sie gern eine Exkursion mit einem Fischerboot oder eine Rundfahrt durch Messina in einem Kleintransporter. Am Außenschwimmbad des dazugehörigen Wellnesscenters Ki Klub hat man Blick auf das Meer. Wenn es einem in der Sonne zu warm wird, kann man sich in einem der kleinen Zelte auf Sitzsäcken niederlassen und der Musik im Hintergrund lauschen. Im Inneren gibt es eine Sauna, ein türkisches Bad und es werden Massagen angeboten. Behandlungen ab 80 Euro.
VIA CONSOLARE POMPEA 1965, WWW.VILLAMORGANA.IT, T 090 325575, PREIS: 80-110 €

NUOVO CAMPING DELLO STRETTO hat ein großes Schwimmbad mit Kinderbecken und einen Privatstrand an der gegenüberliegenden Straßenseite. Es gibt auch eine

Pizzeria, doch was ist schöner, als vor dem eigenen Zelt frischen Fisch oder Krebs zuzubereiten? Man kann auch kleine Bungalows mieten.
VIA CIRCUITO, TORRE FARO, WWW.CAMPINGDELLOSTRETTO.IT, T 090 3223051, PREIS: 30 €

Zwischen Ganzirri und Villafranca di Tirrena liegen herrliche Strände, zum Beispiel Mortelle, San Saba und Rodia. Der Bereich von Villafranca bis Milazzo ist weniger interessant, weil es hier fast nur Privatstrände gibt. Wer es eilig hat, kann die Autobahn nehmen.

MILAZZO

In dieser Hafenstadt kann man eine Fähre zu den Äolischen Inseln besteigen, außerdem gibt es einige gute Fischrestaurants, eine bizarre Küste mit schönen Stränden und eine malerische Zitadelle. Wenn die Sonne untergeht und es weniger warm ist, kann man sich gemütlich auf eine der Terrassen an die Uferpromenade setzen. Oder noch besser: auf die Treppenstufen zur Burg.

SEHENSWÜRDIGKEITEN

ZITADELLE Die Burg wurde im 10. Jahrhundert während der arabischen Besatzung gebaut und im Laufe der Zeit regelmäßig vergrößert und umgebaut. Während der spanischen Besatzung entstand im 15. Jahrhundert die Aragonesische Mauer mit fünf Türmen. Vor der Burg liegt der Dom aus dem Jahr 1608. Die Außenseite ist ein interessantes Beispiel für den sizilianischen Manierismus.
T 090 9221291, GEÖFFNET: DI-SO 8.30-13.30 & 15.30-18.30, GRATIS

SANTUARIO SAN ANTONIO Am Capo di Milazzo, an der Spitze der Landzunge, gelangt man über eine Treppe hinunter in ein kleines Kloster. 1221 soll der heilige Antonius von Padua sich hier in einer Höhle vor einem Sturm in Sicherheit gebracht haben. Der Adelige Andrea Guerrera ließ dort ein Kloster errichten, das im Laufe der Jahrhunderte mit Altären, Marmor und Reliefs verschönert wurde.
PIAZZA SANT'ANTONIO 1, GEÖFFNET: TÄGLICH 9.00-17.00, GRATIS

ESSEN & TRINKEN

Auf einer Landzunge, die so weit ins Meer ragt, stellt sich nicht wirklich die Frage, ob der Fisch auch frisch ist. Restaurants müssen sich daher anders voneinander unterscheiden, was dem Gast herrliche Köstlichkeiten beschert.

HAFEN VON MILAZZO ⓛ   RISTORANTE LA NAPOLETANA, GANZIRRI ⓡ

Einen Parkschein bekommen Sie in der Bar Luna Rossa (Via L. Rizzo 14) unweit des Fähranlegers.

BAR CD Auf der überdachten Terrasse kann man mittags in aller Ruhe ein Eis essen, wenn es zum Spazierengehen einfach zu warm ist. Abends bekommt man bis 3 Uhr nachts noch einen Drink.
PIAZZA C. DUILIO 16, T 090 9287691, GEÖFFNET: TÄGLICH 9.00-3.00, PREIS: EIS 2,50 €

DOPPIO GUSTO ist nicht billig, doch das Gebotene ist den Preis absolut wert. Die Gerichte schmecken nicht nur ausgezeichnet, sondern überzeugen auch durch die Präsentation und die eigenwilligen Kombinationen. Wie wäre es mit gebratenem Thunfisch mit Gemüsetarte und Balsamico-Sirup?
VIA A. L. RIZZO 44, WWW.RISTORANTEDOPPIOGUSTO.IT, T 090 9240045, GEÖFFNET: MO-SA 13.00-15.00 & 20.30-23.00, PREIS: 40 €

CAFFÈ ANTICO DON PIRICUDDO Dieses hübsche Restaurant liegt keine 100 Meter von der Burg entfernt im Schatten der Kirche Madonna della Catena aus dem 15. Jahr-

ZITADELLE

hundert. Serviert werden klassische sizilianische Fischgerichte. Beginnen Sie mit den *antipasti di* mare und schauen Sie, ob Sie danach noch etwas schaffen.
VIA SAN GAETANO 8, T 090 9287986, GEÖFFNET: TÄGLICH 20.00-0.00, PREIS: 12 €

LOCANDA DEL BAGATTO Dieses moderne Hotel-Restaurant liegt in der Nähe des Hafens. Die Einrichtung offenbart viel Liebe zum Detail: alte Backsteinwände neben farbenfrohen Keramikfliesen, große Schwarzweißfotos auf der Tür oder hinter dem Bett und ein nüchternes Mobiliar. Die Gerichte, beispielsweise die Auberginentorte, sind köstlich, genauso wie das Frühstück.
VIA M. REGIS 7, WWW.LOCANDADELBAGATTO.COM, T 090 9224212, GEÖFFNET: MO-SA (SOMMER TÄGLICH) 13.00-15.00 & 20.00-23.00, PREIS: 15 €, ZIMMER 80-120 €

100% THERE

Die Küste mit den zahlreichen Höhlen lädt zu sonnigen Bootsfahrten und zum Schwimmen ein.

BAIA DEL TONO Vom Hafen aus kann man eine Bootsfahrt zu dieser Bucht und der nahe gelegenen Grotta di Polifemo unternehmen, der Höhle des Polyphem, des Zyklopen, den Odysseus laut der griechischen Mythologie blendete. Am besten fragt man im B&B nach, denn die Touren werden häufig von Privatpersonen oder von Fischern angeboten.

MERCATINO DELLE PULCI Dieser Flohmarkt findet jeden ersten Sonntag des Monats in der Altstadt statt. Dort bekommt man einen guten Eindruck davon, was bei den Einheimischen alles auf dem Dachboden oder im Keller liegt.
PIAZZA PERDICHIZZI

....

Rund um die Treppe, die zur alten Burg führt, öffnen nach 22 Uhr zahlreiche Terrassen. Manchmal ist die eine, manchmal die andere Bar beliebter, je nach Tag und den angebotenen Imbissen und Getränken. Schauen Sie sich einfach um und entscheiden Sie spontan, wo Sie sitzen oder stehen möchten.

....

ÜBERNACHTEN

B&B L'ANTICO BORGO liegt in einem wunderschön renovierten alten Gebäude an der Treppe zur Burg. Im besten und günstigsten B&B in Milazzo werden – vom Willkommensaperitif mit Häppchen bis zum Babystuhl – weder Kosten noch Mühen gescheut, um den Gästen ihren Aufenthalt angenehm zu gestalten. Das Frühstück wird im Innenhof mit Blumen, Kapernpflanzen und Feigenbäumen serviert.
VIA SALITA CASTELLO 14, WWW.BEBLANTICOBORGO.COM, T 338 8113243, PREIS: 40-90 €

HOTEL CASSISI Das moderne und stilvoll eingerichtete Hotel liegt in der Unterstadt, nur fünf Gehminuten von der Burg entfernt. Es bietet seinen internationalen Gästen auf Wunsch ein gutes englisches Frühstück. Bei Appetit auf etwas Herzhaftes tut man sich an Speck und Eiern gütlich.
VIA CASSISI 5, WWW.HOTELCASSISI.COM, T 090 9229099, PREIS: 100 €

CIRUCCO VILLAGE Im äußersten Norden des Capo di Milazzo liegt dieser Ferienpark mit Campingplatz, einfachen Bungalows und B&B. Er verfügt über einen eigenen Strand und eine Pizzeria und eignet sich bestens zum Faulenzen und Zelten. Vom Ferienpark fährt ein Bus zum Hafen von Milazzo.
STRADA PANORAMICA, WWW.CIRUCCO.IT, T 090 9284746, PREIS: CAMPING 30 €, BUNGALOW 100 €, ZIMMER (B&B) 80 €

TINDARI

Der Wallfahrtsort Tindari liegt auf einem Felsen hoch über dem Tyrrhenischen Meer. Er wurde Ende des 4. Jahrhunderts v. Chr. von dem griechischen Tyrannen Dionysios gegründet.

MADONNA NERA In der Wallfahrtskirche Maria Santissima del Tindari steht eine Schwarze Madonna mit Jesus. Wahrscheinlich entstand die byzantinische Skulptur im 5. oder 6. Jahrhundert. Jedes Jahr am 8. September findet eine Pilgerfahrt zur Kirche statt. Unten am Berg kann man für einen Euro pro Stunde parken und dann mit einem Pendelbus nach oben fahren.

VIA MONS. PULLANO 12, T 0941 369003, GEÖFFNET: TÄGLICH 6.45-12.30 & 14.30-19.00 (JULI-AUG. BIS 20.00), PREIS: PENDELBUS 1 €, KIRCHE GRATIS

TYNDARIS ist einer der am besten erhaltenen archäologischen Fundorte Siziliens. Der Ort wurde 395 v. Chr. von dem griechischen Tyrannen von Syrakus, Dionysios, gegründet. In der Ausgrabungsstätte kann man Teile der griechischen Stadtmauern, Handels- und Wohngebäude, Reste einer römischen Villa mit Mosaiken und Thermen und ein kleines griechisches Theater besichtigen. Manchmal werden hier klassische Stücke aufgeführt (siehe *www.teatrodeiduemari.it*). Im Museum sind die Keramikwaren, Statuen und Gebrauchsgegenstände ausgestellt, die bei den Ausgrabungen gefunden wurden. Das archäologische Gebiet liegt hinter der Wallfahrtskirche von Tindari.

GEÖFFNET: TÄGLICH 9.00-19.00, EINTRITT: 4,50 €

SANTO STEFANO DI CAMASTRA & CASTEL DI TUSA

Die letzten Orte in der Provinz Messina auf dem Weg nach Palermo sind Santo Stefano di Camastra und Castel di Tusa. In Santo Stefano wird seit jeher bunte Majolikakeramik hergestellt. Castel di Tusa wurde nach der Burg benannt, die sich über den Häusern erhebt. Zwischen den Orten liegen die Kunstwerke der Fiumara d'Arte.

FIUMARA D'ARTE 1982 begann Antonio Presti mit dem ersten Kunstwerk der Fiumara d'Arte (Kunstfluss) in einem ausgetrockneten Flussbett. Mittlerweile sind verschiedene Rad-, Motorrad- und Autorouten angelegt, die einen zu den Kunstwerken bringen.
KUNSTWERKE UND TOUREN FINDEN SIE UNTER WWW.ATELIERSULMARE.COM

ATELIER SUL MARE Antonio Presti gehört dieses besondere Museumshotel in Castel di Tusa. Die Zimmer wurden von Künstlern mit teils außergewöhnlichen Materialien gestaltet, zum Beispiel Terrakotta, Kupfer oder Aluminium. Von seinem runden Bett im Turm aus oder bei einem leckeren Frühstück kann man den fantastischen Meeresblick genießen. Mittags wird jeden Tag eine Gratisführung durch das "Museum" angeboten.

VIA C. BATTISTI 4, CASTEL DI TUSA, WWW.ATELIERSULMARE.COM, T 0921 334295, PREIS: 70-160 €

ÄOLISCHE INSELN REGION

VULKANE & SCHWARZE STRÄNDE

Vor der Nordostküste Siziliens liegen im Tyrrhenischen Meer die Äolischen Inseln (oder die Liparischen Inseln), die vulkanischen Ursprungs sind. Auf den Inseln gibt es zwei mehr oder weniger aktive Vulkane, doch richtige Ausbrüche sind seit dem 19. Jahrhundert nicht mehr vorgekommen. Um der großen Armut zu entkommen, emigrierten viele Inselbewohner nach Australien. Die Daheimgebliebenen führten ein hartes und karges Leben auf dem Land. Heute sind die Inseln ein attraktives Urlaubsziel.

Die Diversität der Inselgruppe vor der Küste von Milazzo ist verblüffend. Lipari, mit der gleichnamigen schönen Stadt am Meer mit reicher Geschichte, gilt als wichtigste Insel. Vulcano weist berühmte Schlammbäder auf und ist von einem unverkennbaren Schwefelgeruch geprägt. Auf der grünen Insel Salina dreht sich alles um Weinreben und Kapernsträucher. Stromboli ist für seine schwarzen Strände bekannt und für die Lava, die man im Dunkeln glühen sieht. Es gibt noch drei weitere kleinere Inseln. In den weißen Häusern auf Panarea hat sich der Jetset niedergelassen, daher gibt es hier sogar ein ganz ansehnliches Nachtleben. Filicudi und Alicudi sind die ruhigsten Inseln und sehr dünn besiedelt. Deshalb ist die Natur auch noch am unberührtesten. Im Sommer kommen viele Besucher auf die Inseln, aber außerhalb der Hochsaison geht die Einwohnerzahl drastisch zurück. Viele Cafés und Restaurants schließen dann.

Von Milazzo aus laufen drei verschiedene Bootsgesellschaften die Inseln an: Siremar, SNAV und NGI. Der Fahrplan ändert sich jede Saison, jedes Jahr und jeden Wochentag. Es empfiehlt sich daher, die genaue Planung vor Ort anzugehen. Das erste Boot legt auf jeden Fall immer morgens zwischen 6 Uhr und 6.30 Uhr ab. Wegen des großen Ansturms sollte man im Sommer reservieren. Die Länge der Überfahrt variiert von einer Stunde bis fast zweieinhalb Stunden und die Preise liegen zwischen 10 Euro und 20 Euro. Die schnelleren Tragflächenboote sind teurer als die Fähren.
SIREMAR: VIA DEI MILLE 26, WWW.SIREMAR.IT, T 090 9283242; SNAV: VIA L. RIZZO 17, WWW.SNAV.IT, T 090 9287821; NGI: VIA DEI MILLE 26, WWW.NGI-SPA.IT, T 090 9284091

TAGESTOUR Von Anfang Juli bis Anfang September gibt es täglich organisierte Tagestouren zu den Inseln, in Verbindung mit einem Busservice aus diversen sizilianischen Städten. Von Milazzo aus kann man mit dem Boot nach Lipari und Vulcano fahren (Abfahrt 9 Uhr, Rückkehr 17.50 Uhr). Von Messina aus werden Tagestouren nach Vulcano und Panarea oder nach Panarea und Lipari (beide 7.20 bis 21 Uhr) angeboten, dabei hält die Fähre noch in Villa San Giovanni auf dem Festland. Sie müssen unbedingt telefonisch reservieren. In einem Tag kann man die Inseln gut erkunden.
EUROLINE, ANLEGESTELLE HAFENBÜRO MESSINA, WWW.MINICROCIEREOLIE.COM, T 0965 372499, PREIS: AB MILAZZO 36,50 €, AB MESSINA 45 € (AUG. 56 €)

Die Inseln Lipari und Salina haben ein gutes Straßennetz, doch Nicht-Insulaner müssen ihr Auto auf Sizilien zurücklassen. Die kleineren Inseln sind hauptsächlich über Sandwege erschlossen, auf denen immer noch Esel als Transportmittel eingesetzt werden.

LIPARI

Ein Besuch der Äolischen Inseln beginnt meistens auf Lipari, wo alle Fähren anlegen. Sie kommen in Marina Lunga an der Nordseite der Zitadelle in der Stadt Lipari an. Das schnelle Tragflächenboot legt an dessen Südseite ab.

SEHENSWÜRDIGKEITEN

Liparis Sehenswürdigkeiten sind vom Hafen aus gut zu Fuß zu erreichen und liegen innerhalb der Mauern des Castello. Die Burg aus dem 15. Jahrhundert sollte die Insel vor Piraten schützen.

CATTEDRALE SAN BARTOLOMEO Die Kathedrale stammt ursprünglich aus dem 11. Jahrhundert, wurde aber 1544 von dem Piraten Barbarossa zerstört und 1654 in ihrem heutigen Stil wiederaufgebaut. Barbarossa ermordete den Großteil der Inselbevölkerung und nahm den Rest als Sklaven mit nach Afrika. In der Kirche steht eine Statue des Schutzpatrons San Bartolomeo. Der Legende nach wurde er bei lebendigem Leib gehäutet, daher hängt ein Stück Haut über seinem Arm. Die Fresken und das normannische Kloster sind sehr sehenswert.
VIA CASTELLO, GEÖFFNET: TÄGLICH 9.00-19.00, GRATIS

MUSEO ARCHEOLOGICO EOLIANO ist ein kleines Altertumsmuseum, das interessante Funde von der ganzen Inselgruppe präsentiert. Es gibt auch eine eindrucksvolle Sammlung von Masken aus dem 3. bis 4. Jahrhundert v. Chr. Vom hoch gelegenen Museum aus hat man einen wunderschönen Blick auf das Meer.
VIA DEL CASTELLO, T 090 9880174, GEÖFFNET: TÄGLICH 9.00-13.30 & 16.00-19.00 (WINTER 15.00-18.00), EINTRITT: 6 €

Um die verschiedenen Strände und Dörfer kennenzulernen, macht man sich am besten mit dem Fahrrad oder einem Taxi auf den Weg. Bei der Ankunft im Hafen warten schon Fahrer und Vermittler. Prüfen Sie die Angebote und treffen Sie bezüglich Preis und Leistung genaue Absprachen.

PORTICELLO Ein Besuch dieses Dorfs lohnt sich, weil man einen Blick in die alten Bimsstein- und Obsidiangruben (schwarzes, vulkanisches Gesteinsglas) werfen kann.

KASBAH CAFÉ

ESSEN & TRINKEN

Auf den Inseln isst man natürlich Fisch. Die Küche ist meist eher einfach, doch überall steht gegrillter Fisch auf der Karte. Achten Sie darauf, wo die Einheimischen essen gehen. Das Schild "Tourist menu" sollten Sie als Warnung verstehen.

RISTORANTE LA NASSA Auf einer großen Veranda kann man gut zubereitete typische Fischgerichte essen, und das zu einem angemessenen Preis.
VIA G. FRANZA 36, WWW.LANASSA.IT, T 090 9811319, GEÖFFNET: MAI-OKT. TÄGLICH 12.15-14.15 & 19.30-22.30, PREIS: 14 €

FILIPPINO bewirtete schon berühmte Gäste wie Sofia Loren und Claude Monet, der mit einer Zeichnung auf der Tischdecke bezahlte. Obwohl das Restaurant, in dem oft Hochzeiten gefeiert werden, auf Touristen eingerichtet ist, ist das Essen gut. Ein köstliches Mittagessen ist das Fisch-Carpaccio.
PIAZZA MAZZINI, WWW.FILIPPINO.IT, T 090 9811002, GEÖFFNET: TÄGLICH 12.00-15.00 & 19.30-23.00, PREIS: 20 €

LE MACINE liegt ziemlich einsam und versteckt im Grünen. Doch da in dem Restaurant sehr gut gekocht wird und abends ausgezeichnete Pizza serviert wird, lohnt es sich, kurz anzurufen, um den Shuttlebus zu nehmen. Das junge Paar, das den Betrieb leitet, macht seine Sache hervorragend.
VIA STRADALE PIANOCONTE, WWW.LEMACINE.ORG, T 090 9822387, GEÖFFNET: MAI-SEPT. TÄGLICH 12.00-14.30 & 19.30-23.00, PREIS: 15 €

KASBAH CAFÉ *Fusion cooking* auf Sizilien: äolische Küche mit einem asiatischen oder arabischen Touch. Das Thunfisch-Tatar und den gefüllten Tintenfisch sollten Sie unbedingt probieren, auch die Pizzen und Pastagerichte schmecken toll.
VICO SELINUNTE 45, T 090 9811075, GEÖFFNET: TÄGLICH 13.00-15.00 & 19.00-23.00, PREIS: 15 €

....

Entlang der Straße nach Porticello stehen einige Stände, an denen man Bimsstein oder Obsidian von der Insel kaufen kann. In der Hochsaison zeigen in der Marina Corte Kunsthandwerker ihr Können.

....

100% THERE

In aller Ruhe herumzuschlendern und die Atmosphäre aufzusaugen ist eigentlich schon herrlich genug. Mehr Action? Dann mieten Sie eine Vespa oder ein Quadbike und düsen Sie los.

ROBERTO FOTI Roberto fragt man nicht, was er vermietet, Roberto vermietet das, was Sie wünschen. Das etwas chaotische Geschäft verkauft Auto- und Bootszubehör, doch man kann auch ein Fahrrad, Boot oder einen Roller leihen.
VIA F. MANCUSO, MARINA LUNGA, WWW.ROBERTOFOTI.IT, T 090 9811370

AQUACALDA liegt ganz im Norden auf den Hängen des Monte Chirica, der mit seinen 602 Metern der höchste Berg der Insel ist. Vom Gipfel aus hat man eine schöne Aussicht über Stromboli und Alicudi.

ÜBERNACHTEN

AAST EOLIE Wer in einer der angenehmen Unterkünfte auf der Insel übernachten möchte, erkundigt sich am besten beim Fremdenverkehrsamt AAST Eolie nach freien Zimmern.
CORSO VITTORIO EMANUELE 202, T 090 9880095, GEÖFFNET: MO-FR 8.00-14.00 & 16.30-19.00

B&B ENZA MARTURANO hat drei Zimmer mit eigener Kitchenette und Terrasse. Die Einrichtung des keine zehn Minuten vom Hafen entfernten, gut gepflegten B&Bs ist schlicht und funktional. Die Eigentümerin Enza strotzt vor Energie und ist sehr hilfsbereit.
VIA MAUROLICO 35, WWW.ENZAMARTURANO.IT, T 368 3224997, PREIS: 80-240 €

CASAJANCA Das Hotel liegt ruhig, nur wenige Schritte vom Strand und zehn Minuten zu Fuß vom Zentrum von Canneto entfernt – ein schöner Ort zum Übernachten. Die Betreiber Silvia und Massimo sind sehr entgegenkommend. Im Innenhof kann man zwischen Palmen in warmem vulkanischem Wasser baden.
VIA MARINA GARIBALDI 115, CANNETO, WWW.CASAJANCA.IT, T 090 9880222, PREIS: 80-200 €

ATOLLO MONTEROSA Interesse an einem eigenen Haus an einem traumhaften Ort auf einem Hügel mit Blick über die Buchten von Lipari und die anderen Inseln? Es gibt fünf Häuser zu mieten, aber Monterosa ist das schönste. Dort finden Sie alles, was Sie zur Entspannung brauchen: eine überdachte Terrasse, Liegestühle, eine Hängematte und eine Außenküche. Diese Oase erreicht man allerdings nur zu Fuß, zum Glück hilft Alfredo beim Gepäck.
VICO ADIGE 2, WWW.ATOLLO.INFO, T 338 6201709, PREIS: 60-140 €

SALINA

Eigentlich besteht Salina aus zwei erloschenen Vulkanen. An der Ostküste liegt der Hafen Santa Maria, dort legt die Fähre an. Die anderen drei Dörfer befinden sich auf der Westseite: Malfa im Norden und Leni und Rinella im Süden.

Der Name Salina stammt aus der Zeit, als hier Salz gewonnen wurde. Die verbliebenen Salzpfannen bei dem Weiler Lingua zeugen noch davon. Für die 2300 Einwohner von Salina ist die Landwirtschaft die wichtigste Einkommensquelle. Die Kapern und der Malvasia-Wein sind berühmt. Der Tourismus kommt erst sehr zögerlich in Gang.

An Sehenswürdigkeiten existieren hauptsächlich Naturschönheiten, beispielsweise die Weinberge auf den Hügeln oder der natürliche Bogen in der wunderschönen Bucht von Pollara. Am Strand wurde der Film *Il Postino* (*Der Postmann*) gedreht. Sie können die Insel mit dem Bus erkunden, doch Salina eignet sich auch wunderbar für Touren mit dem Motorroller.

ANTONIO BONGIORNO Hier kann man einen Roller für die Inseltour mieten. Der Verkehr ist überschaubar, die Entfernungen absehbar und die Ausblicke während der Fahrt sind atemberaubend.
VIA RISORGIMENTO 240, SANTA MARINA, T 090 9843409, PREIS: PRO TAG 30 €

POLLARA

BAR ALFREDO (L) HOTEL SIGNUM (R)

RISTORANTE 'NNI LAUSTA ist mit viel Weiß und Hellblau angenehm frisch gestaltet, an den Wänden hängen große Fotos von Fischern. Auf der überdachten Terrasse dieses gemütlichen Fischrestaurants kann man gut essen.
VIA RISORGIMENTO 188, SANTA MARINA, WWW.ISOLASALINA.COM, T 090 9843486, GEÖFFNET: TÄGLICH 13.00-15.00 & 20.00-23.00, PREIS: 15 €

BAR ALFREDO liegt an der Straße beim Kieselstrand von Lingua. Alfredo macht hier schon seit 1968 seine berühmte *granita*. Anfangs gab es nur die Sorten Zitrone und Kaffee, mittlerweile auch Pistazie, Mandel und Feige. Wer eine probiert, muss bestimmt auch die anderen kosten. Es gibt auch köstliches *pane cunzato*, belegt beispielsweise mit Mozzarella, Aubergine, Oregano und Kapernäpfeln (*cucunci*).
VIA MARINA GARIBALDI, LINGUA, WWW.ALFREDOINCUCINA.COM, T 090 9843307, GEÖFFNET: APR.-NOV. TÄGLICH 8.00-2.00, PREIS: GRANITA 2,60 €, SANDWICH 13 €

MAMMA SANTINA liegt auf einem Hügel und ist mit Rattan und farbigen Kacheln gemütlich eingerichtet. Von der Terrasse mit Kakteen aus hat man – natürlich – Blick aufs Meer. Dass die Einheimischen gern zum Essen hierherkommen, ist eine Empfehlung.
VIA SANITÀ 40, SANTA MARINA, WWW.MAMMASANTINA.IT, T 090 9843054, PREIS: 17 €

AZIENDA AGRICOLA VIRGONA Salina ist die Insel des Malvasia-Weins. Bei Interesse kann man verschiedene *aziendas* besuchen, zum Beispiel Virgona. Im August werden Kapern verarbeitet, im Herbst die Trauben. Melden Sie sich für eine Führung durch den Weinberg mit Weinprobe zwischen riesigen Fässern am besten vorher an. Dabei werden alle Phasen der Weinproduktion erklärt, vom optimalen Wuchs der Reben bis zur Abfüllung des Endprodukts.
VIA BANDIERA 2, MALFA, WWW.MALVASIADELLELIPARI.IT, T 090 9844570, GEÖFFNET: TÄGLICH 8.00-13.00 & 15.00-20.00, PREIS: 3 € ODER MIT MITTAGESSEN 20 € (MIND. 8 PERS.)

HOTEL SIGNUM Dieser Familienbetrieb ist ein gemütliches Boutiquehotel, in dem man wunderbar übernachten kann. Weitere Pluspunkte sind ein tolles Spa aus Naturstein und ein Restaurant der Extraklasse, das im Jahr 2013 die Auszeichnung "Best in Sicily" erhielt.
VIA SCALO 15, MALFA, WWW.HOTELSIGNUM.IT, T 090 9844222, PREIS: AB 150 €, SPA AB 45 €

ALBERGO SANTA ISABEL ist luxuriös und schön eingerichtet. Die Zimmer haben einen separaten Wohn- und Schlafbereich, die niedrigen weißen Möbel vermitteln Lounge-Ambiente, und an der Wand hängen großformatige Fotos. Von der Terrasse blicken Sie auf das Meer.
VIA SCALO 12, MALFA, WWW.SANTAISABEL.IT, T 090 9844018, PREIS: 120-240 €

HOTEL L'ARIANA Am kleinen Hafen von Rinella steht eine schöne alte Villa, in der 15 Zimmer vermietet werden. Wenn man die Wahl hat, sollte man nach einem Zimmer mit Balkon fragen und mit einem Glas Wein die Aussicht genießen.
VIA ROTABILE 11, LENI, WWW.HOTELARIANA.IT, T 090 9809075, PREIS: 80-210 €

VULCANO

Vulcano ist die drittgrößte Insel des Archipels und verdankt ihren Namen dem Feuergott Vulcanus. Die vier Vulkane der Insel sind schon seit gut 100 Jahren nicht mehr aktiv, die letzte Eruption fand 1890 statt. Noch bevor die Fähre in Porto di Levante anlegt, dringt einem Schwefelgeruch in die Nase und erinnert daran, warum die Insel so beliebt ist – wegen der heilsamen Schlammbäder.

ESSEN & TRINKEN

Da Vulcano eine Art "Kurort" ist, muss man für Mahlzeiten oft etwas mehr bezahlen als anderswo.

RISTORANTE PIZZERIA IL PALMENTO Hier kann man auf der Terrasse unter Weinranken zu Mittag essen, wenn Sie wollen, sogar Pizza. Schon allein die Freundlichkeit der halbfranzösischen Eigentümerin ist ein guter Grund hierherzukommen.
PIAZZETTA DEL FARAGLIONE, T 090 9852552, GEÖFFNET: TÄGLICH 12.30-15.00 & 20.00-0.00, PREIS: 15 €

RISTORANTE LA FORGIA DI MAURIZIO Nichts erinnert mehr an die Schmiede, die hier einmal am Fuß des Vulkans stand. Maurizio hat dafür gesorgt, dass sich dort jetzt eines der hübschesten Restaurants von Vulcano befindet. Es gibt zwar keine Terrasse, dafür aber ein angenehm orientalisches Ambiente.
STRADA PROVINCIALE 45, T 339 1379107, GEÖFFNET: TÄGLICH 12.30-15.00 & 20.00-23.00, PREIS: 15 €

DA GAETANO im Dorf Gelso serviert herrliche Fischgerichte. Rufen Sie vorher an, weil die Öffnungstage und -zeiten je nach Wetterlage schwanken können. Zu diesem malerischen Ort der Insel kommen nur sehr wenige Touristen.
STRADA PROVINCIALE GELSO, T 347 2329364, GEÖFFNET: TÄGLICH 13.00-15.00 & 20.00-23.00, PREIS: 20 €

MARIA TINDARA zaubert frische Pasta mit guten Fisch- und Fleischsoßen, und das für einen sehr erschwinglichen Preis.
VIA PROVINCIALE 178, NR 38, VULCANO PIANO, T 090 9853004, GEÖFFNET: TÄGLICH 13.00-15.00 & 20.00-23.00, PREIS: 10 €

100% THERE

Die meisten Besucher kommen nach Vulcano, um ein Schlammbad zu nehmen oder den Vulkan zu besteigen. Es gibt nur einen Weg nach oben, und das letzte Stück kann man nur zu Fuß zurücklegen. In einer guten Stunde hat man den Kraterrand erreicht. Tipp: feste Schuhe anziehen und Wasser mitnehmen.

DA PAOLO Bei Paolo kann man alles mieten, was fährt: Fahrrad, Tandem, Roller, Quad, Kart oder offener Geländewagen. Angenehm, wenn Sie über Porto di Levante hinaus noch mehr erkunden wollen. Es macht auch einfach Spaß, mit einem Geländewagen in Bikini oder Badehose vom Strand zur Bar und in das B&B zu fahren.
KREUZUNG STRADA PROVINCIALE / VIA PORTO DI LEVANTE, T 090 9852112, PREIS: PRO TAG GELÄNDEWAGEN 90 €, ROLLER 35 €, QUAD 55 €

SCHLAMMBAD Es sieht lustig aus, wenn nur die Köpfe der Badenden aus dem stinkenden Schlamm herausragen. Doch das Baden scheint eine heilsame Wirkung bei Rheuma und Hautkrankheiten zu haben. Wer es ausprobieren möchte, sollte früh kommen und sich danach im warmen Meerwasser von Porto di Levante sauber waschen. Achten Sie darauf, dass Sie keinen Schlamm ins Auge bekommen. Nicht geeignet für Schwangere und Herzpatienten.
PIAZZA DEGLI ANGELI 9, IN DER NÄHE VON PORTO DI LEVANTE, PREIS: 6 €

SCHLAMMBAD Ⓛ   PENSIONE LA GIARA Ⓡ

BOOTSFAHRT Die Fischer von Vulcano haben längst begriffen, dass sie mit Bootstouren für Touristen mehr Geld verdienen können als mit der Fischerei. Im Hafen hat man daher eine große Auswahl an Angeboten, um vom Meer aus die Schönheit der Insel zu entdecken. An der Westküste bei Grotta del Cavallo kann man schwimmen.
IM HAFEN, PREIS: 10 €

SCHWARZE SANDSTRÄNDE Die schwarzen Strände von Porto di Ponente und Porto di Levante sind ungewöhnlich und faszinierend. Im Sommer kann es hier voll werden, in Richtung Capo Secco ist es vielleicht etwas ruhiger.

SARACEN DIVING CENTER An der Ostküste der Insel findet man Höhlen, Flora und Fauna im Überfluss. Dank des wärmeren Wassers ist der Bereich ein wahres Paradies für Taucher. Vor allem bei Scoglio Quaglietto, einem Felsen, der zahllosen bunten Fischen und Korallen Schutz bietet, ist es unter Wasser traumhaft. Man kann mit einem Boot dorthin fahren und unterwegs an Bord etwas essen.
VIA PORTO DI PONENTE, WWW.DIVINGCENTERSARACEN.COM, T 347 7283341, PREIS: TAUCHEN 50 €, SCHNORCHELN 35 €

ÜBERNACHTEN

Die Preise für Übernachtungen schwanken stark je nach Saison. Im Sommer ist es teuer, ansonsten sind die Preise moderat. Doch wer auf Vulcano den Sonnenuntergang miterleben möchte, hat keine andere Wahl. Viele wohlhabende Bürger und Pensionäre aus Sizilien vermieten hier ihr Zweit- oder Dritthaus.

RESIDENCE LE PALME liegt eine Viertelstunde zu Fuß von der Hauptstraße entfernt. Alle Zimmer verfügen über eine Küche und einige liegen direkt am Schwimmbad.
VIA LENTIA 58, PORTO DI LEVANTE, WWW.VULCANORESIDENCELEPALME.IT, T 090 9852178, PREIS: 75 €

PENSIONE LA GIARA ist eine hübsche Villa mit blauen Fensterläden. Die Zimmer sind zwar klein, aber man verbringt sowieso die meiste Zeit draußen. Das Frühstück auf der Terrasse mit dem fantastischen Blick kompensiert dieses kleine Manko absolut.
VIA PROVINCIALE 18, PORTO DI LEVANTE, WWW.PENSIONELAGIARA.IT, T 090 9852229, PREIS: 62-130 €

STROMBOLI

Stromboli, terra di Dio hieß der Film von Regisseur Roberto Rossellini aus dem Jahr 1950 im Original: Stromboli, Land Gottes. Ein passender Name für die herrliche Insel mit ihrer schönen Vegetation und den schwarzen Stränden. Wenn es dunkel ist, sieht man die rot glühende Lava des Vulkans, der schon 40.000 Jahre aktiv ist.

Nach Stromboli kommt man vor allem wegen des Vulkans. Eine Wanderung zum Krater dauert hin und zurück ungefähr fünf Stunden. Man sollte sie nachmittags und mit einem Führer machen. Gutes Schuhwerk ist Pflicht, außerdem sollte man bedenken, dass die Temperatur auf dem Rückweg stark sinkt. Es ist ein spektakuläres Erlebnis, wenn man die Lava ganz aus der Nähe betrachten kann – zur Sicherheit geschützt hinter einem Mäuerchen ...

MAGMATREK bietet mehrsprachige Touren an. Die Führer verstehen ihr Fach und haben auf alle Fragen eine Antwort.
VIA VITTORIO EMANUELE, WWW.MAGMATREK.IT, T 090 9865768, PREIS: 30 €

TOTEM TREKKING vermietet alles, was man für eine Vulkanwanderung braucht, zum Beispiel Wanderschuhe oder -stöcke.
PIAZZA SAN VINCENZO 4, WWW.TOTEMTREKKINGSTROMBOLI.COM, T 090 9865752

RISTORANTE DA ZURRO sieht von außen nicht besonders einladend aus, doch das Restaurant braucht auch keine hübsche Fassade, um Kunden anzulocken: Mundpropaganda reicht da völlig. Und die schöne Aussicht ist natürlich auch ein Argument.
VIA CRIVELLI 5, HAFEN VON SCARI, T 340 7720689, GEÖFFNET: TÄGLICH 13.00-15.00 & 20.00-23.00, PREIS: 30 €

RISTORANTE IL CANNETO Eine Aussicht wie beim Nachbarn gegenüber hat man hier zwar nicht, aber das, was auf den Tisch kommt, schlägt alles. Das beste Restaurant auf Stromboli.
VIA ROMA 64, HAFEN VON SCARI, T 090 986014, GEÖFFNET: TÄGLICH 13.00-15.00 & 20.00-23.00, PREIS: 14 €

RITROVO INGRID Das Dorf San Vincenzo ist ziemlich klein, dennoch sollte man wegen der arabisch anmutenden Atmosphäre für eine Erfrischung anhalten. Bei Ritrovo Ingrid an der Piazza San Vincenzo kann man beispielsweise einen herrlichen Blick auf Meer und Insel, guten Kaffee mit einem *dolce* oder eine leckere Pizza genießen.
PIAZZA SAN VINCENZO, T 090 986385, GEÖFFNET: TÄGLICH 8.00-0.00, PREIS: HÖRNCHEN 1,50 €

RISTORANTE OSSERVATORIO Über die Hänge des Vulkans kann man zum Observatorium Punta La Bronzo wandern und dort eine leckere Pizza essen. Los geht's bei der Kirche von San Vincenzo, dann am Weiler San Bartolo vorbei und weiter auf dem Pfad in Richtung Observatorium. Dieser Spaziergang dauert etwa eine Dreiviertelstunde und ist am schönsten in der Dämmerung, wenn man die Lava und die Lichter der Häuser leuchten sieht. Achtung: Auf dem Rückweg ist es ziemlich dunkel, denn es gibt kaum Straßenlaternen.
VIA PUNTA LA BRONZO, WWW.RISTORANTEOSSERVATORIO.IT, T 090 986360, GEÖFFNET: TÄGLICH 11.00-22.30, PREIS: PIZZA 10 €

BOOTSFAHRT Im Hafen von Scari kann man bei den Fischern ein Boot chartern, um nach Sonnenuntergang den Vulkan und die Lava vom Meer aus zu betrachten. Am besten fragen Sie im Hafen nach, um Genaueres zu erfahren.
HAVEN VAN SCARI, PREIS: 15 €

SCHWARZE STRÄNDE Auf Stromboli finden Sie faszinierende schwarze Strände, zum Beispiel bei Scari, wo die Boote ablegen, oder bei Ficogrande und Piscità. Letzterer Strand liegt fast 20 Minuten zu Fuß vom Hafen entfernt. Am besten gehen Sie quer durch das Dorf San Vincenzo nach Norden.

AZIENDA AGRITURISTICA SOLEMARE Hier können Sie auf einem richtigen Bauernhof als Gast einer Familie übernachten. Gegen ein kleines Entgelt dürfen Sie auch mitessen.
VIA BELFIORE 5, PISCITÀ, T 090 986191, PREIS: 80 €

HOTEL VILLA PETRUSA ist ein kleines Hotel mit 30 Zimmern, die auf ein altes und ein neues Gebäude verteilt sind. Die Räume im alten Teil sind etwas geräumiger und preisgünstiger, die im neuen Teil sind gepflegter.
VIA SOLDATO PANETTIERI 4, WWW.VILLAPETRUSA.IT, T 090 986045, PREIS: 80-160 €

 SYRAKUS, ENNA, PIAZZA ARMERINA, CALTAGIRONE, RAGUSA, MODICA, NOTO, SÜDOSTKÜSTE

SÜDOST-SIZILIEN

AUTOTOUR SÜDOST-SIZILIEN

So können Sie Südost-Sizilien in fünf Tagen erkunden. Diese Route bringt Sie zu allen Orten, die Sie gesehen haben müssen, und hält auch einige Überraschungen bereit. Sie essen zwischen Einheimischen und wohnen ganz besonders.

TAG 1 **ENNA & PIAZZA ARMERINA >** Der Tag beginnt mit Shopping in Enna bei Di Bella Box (S. 231) und anderen hübschen Geschäften an der Piazza Vittorio Emanuele und der Via Roma **>** das Castello di Lombardia besuchen (S. 227) **>** Mittagessen bei Divini Sapori (S. 228) **>** nach Piazza Armerina fahren **>** den Dom besichtigen (S. 228) und bei Diana (S. 237) Eis essen **>** Abendessen im Al Fogher (S. 236) **>** in Suite d'Autore übernachten (S. 237) **>**

TAG 2 **VILLA DEL CASALE & CALTAGIRONE >** Die Mosaiken der Villa Romana del Casale bewundern (S. 235) **>** nach Caltagirone weiterfahren **>** Hunderte von Majolika-Kacheln auf der Scala di Santa Maria del Monte betrachten (S. 239) und Keramikgeschäfte und -ateliers besuchen **>** weiter nach Ragusa **>** bei Quattro Gatti etwas essen (S. 249) **>** im B&B Giardino Sul Duomo (S. 250) nächtigen **>**

TAG 3 **RAGUSA >** Einen Spaziergang über die barocke Piazza Duomo und durch die Via Bocchieri in Ragusa Ibla unternehmen **>** bei Gelati Divini (S. 249) eine außergewöhnliche Eissorte probieren **>** ein leckeres Picknick zusammenstellen **>** das Castello di Donnafugata besichtigen (Achtung: nicht jeden Nachmittag geöffnet; S. 249) **>** abends in der Trattoria L'Oste del Borgo in Modica speisen (S. 256) **>** in der Casa Talia (S. 258) übernachten **>**

TAG 4 **MODICA >** Der Tag beginnt mit einem Frühstück im Garten **>** die besondere Schokolade von Bonajuto probieren (S. 256) **>** einen Spaziergang durch das Zentrum machen **>** über die Treppen des Duomo di San Giorgio (S. 253) nach Modica Alta hinaufsteigen, auf der Terrasse des Palazzo Failla (S. 258) ausruhen **>** nach Vendicari fahren und im *agriturismo* Torre Vendicari (S. 270) übernachten **>**

TAG 5 **VENDICARI & NOTO >** Nach Calamosche zum Strand fahren (S. 269) **>** wenn es zu heiß wird, weiterfahren nach Marzamemi (S. 270) und auf dem Platz zu Mittag essen **>** über den Eingang Eloro oder Calamosche zurück an den Strand **>** am Spätnachmittag nach Noto (S. 262) fahren und Barockatmosphäre bei Abendsonne genießen **>** im Caffè Sicilia eine *granita* bestellen (S. 264) **>** bei Dammuso zu Abend essen (S. 264) **>** im B&B Teatro übernachten (S. 267) und am nächsten Tag früh nach Syrakus aufbrechen **>**

SYRAKUS STADT

KULTUR, SHOPPING UND TOLLES ESSEN

Die Stadt Syrakus zählt derzeit etwa 118.000 Einwohner und existiert schon seit gut 2700 Jahren. Kulturell und wirtschaftlich spielte sie stets eine bedeutende Rolle. Dass die großen Touristenströme dennoch an Syrakus vorbeiziehen, liegt wohl daran, dass sich die wichtigste Sehenswürdigkeit, der archäologische Park, etwas außerhalb befindet. Für Besucher der Stadt ist das ganz angenehm, denn so kann man in aller Ruhe die Atmosphäre genießen. In Syrakus kann man gut shoppen, wunderbar essen und Barock-Interessierte kommen – wie überall auf Sizilien – auch nicht zu kurz.

Syrakus wurde 734 v. Chr. von griechischen Siedlern aus Korinth gegründet. Unter ihrer Herrschaft blühte die Stadt schnell auf, Ende des 5. Jahrhunderts v. Chr. galt sie mit fast 300.000 Einwohnern als wichtigste griechische Stadt des Westens (Magna Graecia) und machte sogar Athen Konkurrenz. Der römische Staatsmann Cicero sagte, Syrakus sei "die größte und die schönste aller griechischen Städte".

Überreste der gut 2700-jährigen Geschichte von Syrakus kann man auf der Halbinsel Ortigia und im archäologischen Park auf dem Festland besichtigen. Auf Ortigia, das kaum einen Quadratkilometer groß ist, befand sich die erste griechische Ansiedlung und noch immer schlägt hier das Herz der Stadt. Wegen der schönen historischen Gassen mit Bauten in wechselnden Stilen, den hübschen Restaurants und Bars und nicht zuletzt dem herrlichen Meer, zu dem Besucher immer wieder gelangen, ist Ortigia ein überaus beliebtes Ziel. Wer einfach ein bisschen herumspaziert, wird allerlei Sehenswertes entdecken.

Einen Spaziergang durch die Stadt finden Sie auf der herausnehmbaren Karte in der hinteren Buchklappe.

SEHENSWÜRDIGKEITEN

Bei einem entspannten Spaziergang durch Ortigia, das historische Zentrum von Syrakus, offenbart sich, wie gut hier Alt und Neu, Klassisch und Modern harmonieren. Am äußersten Punkt liegt, von drei Seiten vom Meer umgeben, das Castello Maniace aus dem Jahr 1240. Auch auf dem Festland gibt es viele beeindruckende Überreste aus griechisch-römischer Zeit zu besichtigen. Auf der Website *www.siracusaturismo.net* finden Sie jede Menge nützliche Informationen zu Syrakus.

PARCO ARCHEOLOGICO DELLA NEAPOLI Jahrhundertelang wurde das Baumaterial für die Stadt hier aus den Steinbrüchen geschlagen, wodurch zahlreiche Grotten ent-

SYRAKUS STADT

🔴 **SEHENSWÜRDIGKEITEN**
> S. 215-218
1. PARCO ARCHEOLOGICO DELLA NEAPOLI
2. LATOMIA DEI CAPPUCCINI
3. MUSEO ARCHEOLOGICO PAOLO ORSI
4. TEMPIO DI APOLLO
5. DUOMO
6. FONTE ARETUSA

🟢 **ESSEN & TRINKEN**
> S. 218-221
7. PERBACCO
8. TRATTORIA LA FOGLIA
9. LE COMARI
10. ENOTECA A PUTIA DELLE COSE BUONE
11. DARSENA DA IANUZZO
12. LA SPIGOLA

🔵 **SHOPPEN > S. 221-222**
13. SCENAPPARENTE
14. CIRCO FORTUNA
15. ARTESANIA
16. ENOTECA SOLARIA

🟢 **100% THERE**
> S. 222-223
17. TECNOPARCO ARCHIMEDE
18. OPERA DEI PUPI (MUSEO)
19. OPERA DEI PUPI (TEATRO)
20. MEER UND STRAND / PLEMMIRIO

🟡 **AUSGEHEN**
> S. 223-224
21. TINKETÈ
22. IL SALE PUB
23. IL BARCOLLO
24. IL PEPE

🔴 **ÜBERNACHTEN**
> S. 224-225
25. L'APPRODO DELLE SIRENE
26. GRAND HOTEL ORTIGIA
27. LA VIA DELLA GIUDECCA
28. HOTEL AURORA
29. HOTEL GUTKOWSKI
30. AZIENDA AGRITURISTICA CASE DAMMA

standen. Leider kann man viele Höhlen wegen Einsturzgefahr nicht mehr betreten. Angeblich soll der altgriechische Wissenschaftler Archimedes hier begraben liegen. Die Grotte mit dem Namen "Das Ohr des Dionysos" ist eine künstliche, in den Fels gehauene Höhle, die im Altertum jahrelang als Gefängnis diente. Da man vom Eingang aus die Gespräche in der Höhle gut hören konnte, war Dionysos über die Pläne und Gedanken seiner Gefangenen stets im Bilde. Eine weitere Attraktion sind die Fundamente des Opferaltars Hierons II. Der Altar, der 198 x 23 Meter misst, stammt aus dem 3. Jahrhundert v. Chr. und war Zeus geweiht. Zu besichtigen gibt es auch ein römisches Amphitheater und ein großes griechisches Theater, das einst etwa 18.000 Menschen fasste. Im Laufe der Zeit wurde es von den Römern und dann von den Spaniern umgebaut, die ursprüngliche Form und seine Abmessungen sind jedoch noch gut sichtbar. Eintrittskarten bekommt man auf der gegenüberliegenden Straßenseite beim Busparkplatz.
VIALE PARADISO 14, T 0931 66206, GEÖFFNET: TÄGLICH 9.00-18.00, EINTRITT: 10 € (KOMBITICKET INKL. ARCHÄOLOGISCHES MUSEUM 13,50 €)

LATOMIA DEI CAPPUCCINI Beim Kapuzinerkloster am Nordostrand der Stadt stößt man auf ein verstecktes Paradies. Im Altertum wurden hier griechische Soldaten zum Sterben zurückgelassen, später begrub man dort die ersten Christen. Als das Kloster um 1600 gebaut wurde, legten die Mönche einen wunderschönen Gemüsegarten an. Auf einem Spaziergang durch den ehemaligen Steinbruch mit seiner Pflanzenvielfalt kann man merkwürdige Felsformationen bestaunen. Wer von oben einen Blick auf die herrliche Landschaft werfen will, bleibt auf der Via Acradina.
PIAZZA CAPPUCCINI, T 0931 411394, GEÖFFNET: MO-FR 9.30-13.30, SA-SO NACH VEREINBARUNG, EINTRITT: 3 €

MUSEO ARCHEOLOGICO PAOLO ORSI Dieses archäologische Museum ist eines der umfangreichsten in Europa und wurde nach einer umfassenden Renovierung 2014 wiedereröffnet. Die Sammlung belegt, wie wichtig die griechische Kolonie Syrakus in der Antike war. Gezeigt werden Töpferwaren, Tempeldekorationen und Standbilder wie der Kouros di Lentini aus dem 5. Jahrhundert v. Chr. Gegenüber des Museums liegt die auffallend hohe, spitz zulaufende Kirche Madonna delle Lacrime aus dem Jahr 1994.
VIALE TEOCRITO 66, WWW.REGIONE.SICILIA.IT/BENICULTURALI/MUSEOPAOLOORSI, T 0931 489511, GEÖFFNET: DI-SA 9.00-18.00, SO 9.00-13.00, EINTRITT: 8 € (KOMBITICKET INKL. NEAPOLIS 13,50 €)

TEMPIO DI APOLLO Der dorische Tempel am Eingang zur Altstadt Ortigia stammt aus dem 6. Jahrhundert v. Chr. und wurde 1860 entdeckt. Er ist von einem Zaun umgeben, an dem man entlanggehen kann. Auf der obersten Stufe des Fundaments blieb eine Inschrift erhalten, die besagt, dass der Tempel dem Gott Apollo geweiht war. Zur Zeit der Byzantiner wurde der Tempel eine Kirche, danach eine Moschee, dann wieder eine Kirche und später Teil einer spanischen Kaserne.
PIAZZA PANCALI

DUOMO Der Dom, der auf den Fundamenten eines griechischen Tempels zu Ehren der Göttin Athene erbaut wurde, ist der Mittelpunkt von Ortigia. Die alten dorischen Säulen blieben beim Bau erhalten, wurden aber im Barockstil erweitert.
PIAZZA DUOMO, GEÖFFNET: TÄGLICH 9.00-21.00, EINTRITT: 2 €

FONTE ARETUSA In Zeiten von Belagerungen konnten sich die Einwohner von Ortigia aus diesen Quellen mit Süßwasser versorgen, das hier direkt ins Meer fließt. Im Teich oberhalb der Quelle stehen riesige Papyruspflanzen und schwimmen Karpfen.
ANFANG LUNGOMARE ALFEO

ESSEN & TRINKEN

In Syrakus gibt es endlos viele Möglichkeiten, essen zu gehen. Der Blick an der Uferpromenade ist natürlich herrlich, aber die Atmosphäre in den kleinen, einfachen Restaurants ist auch wunderbar.

PERBACCO Das beste Restaurant von Syrakus. Probieren Sie unbedingt, einen Platz auf der Terrasse in der Gasse an der Seite zu ergattern. Wer Lust auf Fisch hat, der kann ihn roh zur Vorspeise – *carpaccio di tonno*, *merluzzo* (Kabeljau) oder Austern – oder auch als Hauptgang genießen. Der grillte Thunfisch in Kräuterkruste ist herrlich!
VIA ROMA 120, T 0931 449046, GEÖFFNET: TÄGLICH 12.30-15.00 & 18.30-23.00, PREIS: DEGUSTATIONSMENÜ 35 €

TRATTORIA LA FOGLIA Das wunderschön und mit viel Liebe eingerichtete La Foglia liegt fast am Ende von Ortigia. Die Kunstwerke stammen von Vater Beppe, einem ehemaligen Lehrer, der heute Ausstellungen vorbereitet und sich um das Restaurant küm-

DUOMO

mert. Während er jederzeit gerne die Speisekarte erklärt, schwingen Mutter Nicoletta und Tochter Luciana in der Küche den Kochlöffel. Ihre Muscheln im Zitronenblatt sollten Sie probieren. Es gibt übrigens auch eine vegetarische Karte.
VIA CAPODIECI 29, WWW.LAFOGLIA.IT, T 0931 66233, GEÖFFNET: TÄGLICH 12.00-15.00 & 18.30-23.00, PREIS: 25 €

LE COMARI Die Terrasse dieses vegetarischen Restaurants liegt an einem ruhigen Platz bei einem Kloster. Mit seinen bunten Tischen, den klassischen Möbeln und der sizilianischen Keramik verströmt es eine gemütliche Atmosphäre. Sonntags kommen die Einheimischen gern zum Mittagessen. Die täglich wechselnde Karte weist einfache, international angehauchte Gerichte mit saisonalen Zutaten auf. Zu viel Auswahl? Es gibt auch ein Probiermenü. Fleischesser müssen übrigens auch nicht hungern.
PIAZZA SAN GIUSEPPE 8, T 0931 24833, GEÖFFNET: MO-SA 19.30-23.00 & SA-SO 12.30-15.00, PREIS: 12 €

ENOTECA A PUTIA DELLE COSE BUONE Erst kosten, dann entscheiden, lautet die Devise dieser kleinen Enoteca. Wie der Name schon sagt, werden hier nur "gute Dinge" angeboten. Wie wäre es mit einem erfrischenden Orangensalat als Mittagessen? Oder einem *aperitivo*, nach dem Sie garantiert kein Restaurant mehr aufsuchen müssen?
VIA ROMA 8, FB ENOTECA-A-PUTIA-DELLE-COSE-BUONE, T 339 8888078, GEÖFFNET: TÄGLICH 12.00-22.00, PREIS: APERITIVO 5 €, HÄPPCHEN 7 €

ENOTECA A PUTIA DELLE COSE BUONE

DARSENA DA IANUZZO In diesem traditionellen Fischrestaurant treffen sich die Einwohner gern, um den tagesfrischen Fang, der in einem riesigen Trog auf Eis liegt, zu begutachten und zu kosten. Sagen Sie dem Ober, welchen Fisch Sie gerne möchten und wie er zubereitet werden soll. Vorab bietet Ihnen ein Antipasti-Buffet eine große Auswahl.
RIVA GARIBALDI 6, WWW.RISTORANTEDARSENA.IT, T 0931 61522, GEÖFFNET: DI-SO 12.30-15.00 & 19.00-23.00, PREIS: 15 €

LA SPIGOLA liegt etwas außerhalb von Ortigia. Dass der Inhaber Motorräder liebt, erkennt man an den vielen Bildern an der Wand. Der Koch ist bekannt für seine köstlichen Fischgerichte. Die Speiseauswahl wird am Tisch besprochen, Sie können sich aber gefahrlos überraschen lassen, wenn Sie nicht alles verstanden haben.
VIA SENATORE G. MOSCUZZA 3, T 0931 62464, GEÖFFNET: TÄGLICH 13.00-15.00 & 20.00-22.00, PREIS: 12 €

SHOPPEN

In der Via Matteotti und der Via Roma gibt es die meisten Geschäfte. Ketten wie Zara oder Benetton sind hier ebenso vertreten wie italienische Taschendesigner oder Juweliere. Etwas ausgefallenere Läden finden Sie in den Seitengassen. Im Folgenden sind einige Beispiele genannt.

SCENAPPARENTE bietet alle möglichen Dinge, die in einem Film vorkamen oder damit zu tun haben. Gibt es das nicht, was Sie im Kino gesehen haben, dann fragen Sie Lucia, die an ihrer Nähmaschine bereitsitzt und für Sie gerne etwas herstellt oder aufspürt. Natürlich hilft sie Ihnen auch beim Stöbern zwischen all den Requisiten und Möbeln. Wetten, dass Sie etwas finden, das zu Hause noch Platz hat?
VIA VITTORIO VENETO 81, WWW.SCENAPPARENTE.IT, T 0931 24377, GEÖFFNET: MO-SA 10.00-13.00 & 16.30-20.30

CIRCO FORTUNA In ihrem Atelier in Ortigia stellt die niederländische Designerin Caroline van Riet Keramik, T-Shirts und Bilder in ihrem ganz eigenen fröhlich-verspielten Stil her. In der Via Veneto vermietet sie außerdem ein sonniges Gästezimmer. Wer das Atelier oder das B&B betritt, muss einfach gute Laune bekommen. Die Öffnungszeiten sind flexibel und vom Betrieb abhängig. Wenn die Tür geschlossen ist, einfach klingeln.
VIA DEI TOLOMEI 20, WWW.CIRCOFORTUNA.IT, T 0931 1855086 / 347 2163374, GEÖFFNET: TÄGLICH AUG. 10.00-22.00, SEPT.-JULI 10.00-14.00

ARTESANIA Alessia Genovese nennt sich "natural designer". Sie bearbeitet per Hand Materialien wie Holz, Schmiedeeisen und Wolle und lässt sich für ihre Möbel, Stoffe, Schmuckstücke und (Fahrrad-)Taschen vom traditionellen sizilianischen Kunsthandwerk inspirieren. Natürliche Formen und Farben, die den Sinnen schmeicheln.
VIA VINCENZO MIRABELLA 23, WWW.ALESSIAGENOVESE.IT, T 0931 21778

ENOTECA SOLARIA Enzo erzählt gern von den Weinen, die er verkauft – in fantasievollem Englisch oder Französisch, aber noch besser auf Italienisch. Sein Motto lautet: "Eine Mahlzeit ohne Wein ist wie ein Tag ohne Sonne." Wer eine Pause vom Shoppen braucht, kann sich auf die Terrasse setzen und mit Enzo über Wein plaudern.
VIA ROMA 86, WWW.ENOTECASOLARIA.COM, T 0931 463007, GEÖFFNET: MO-SA 11.00-14.30 & 18.00-0.00

100% THERE

TECNOPARCO ARCHIMEDE Gegenüber dem archäologischen Park liegt dieses Museum, in dem man zahlreiche Pläne und Erfindungen von Archimedes bestaunen kann, die zum Teil in Originalgröße nachgebaut wurden. Manches, was wir heutzutage aus unserem Alltag kennen, wurde erstaunlicherweise bereits vor gut 2000 Jahren erfunden.
VIA G. AGNELLO 26, WWW.TECNOPARCO-ARCHIMEDE.COM, T 0931 758807, GEÖFFNET: DI-SO 10.00-19.00, EINTRITT: 6 €

....

Syrakus ist die Geburtsstadt des Wissenschaftlers Archimedes, der während der Belagerung der damals noch griechischen Stadt durch die Römer eine wichtige Rolle spielte. Er erfand verschiedene Hilfsmittel zur Verteidigung wie etwa große Wurfmaschinen und Brennspiegel. Nachdem Syrakus 212 v. Chr. nach zweijähriger Belagerung in römische Hand gefallen war, bekamen Soldaten den Auftrag, den Philosophen gefangen zu nehmen. Doch als einer der Soldaten über in den Sand gezeichnete Kreise und Berechnungen lief, beleidigte Archimedes ihn und wurde daraufhin von ihm umgebracht.

....

OPERA DEI PUPI Wer nach Sizilien kommt, sollte unbedingt eine Vorstellung des Puppentheaters besuchen. Eine gute Gelegenheit dazu bieten die Gebrüder Vaccaro in Syrakus. Im August wird täglich gespielt, in der Zeit von Mai bis Oktober meist dreimal die Woche und am Wochenende. Einen festen Spielplan gibt es allerdings nicht. Auf der Piazza San Giuseppe befindet sich das dazugehörige Museum, ebenfalls mit wechselnden Öffnungszeiten. Informationen gibt es unter *www.pupari.com*.
THEATER: VIA DELLA GIUDECCA 17-19, T 0931 465540, EINTRITT: 4-10 €
MUSEUM: PIAZZA SAN GIUSEPPE 33, T 0931 1995531, GEÖFFNET: TÄGLICH 11.00-13.00 & 16.00-18.00, GRATIS

MEER UND STRAND Auf der Landzunge südlich des Golfs von Syrakus liegt das schöne Naturschutzgebiet Plemmirio. Unter Wasser gibt es viel zu entdecken, denn da das Fischen verboten ist, tummeln sich hier alle möglichen Wassertiere. Auch Schnorcheln lohnt sich. Auf manche Felsen wurden leider – nach sizilianischer Art – illegale Häuser gebaut, die den Zugang zum Meer verhindern. Etwas südlicher liegt der Steinstrand Terrauzza. Dann folgt Arenella mit Stein- und Sandstränden und einem Lido.

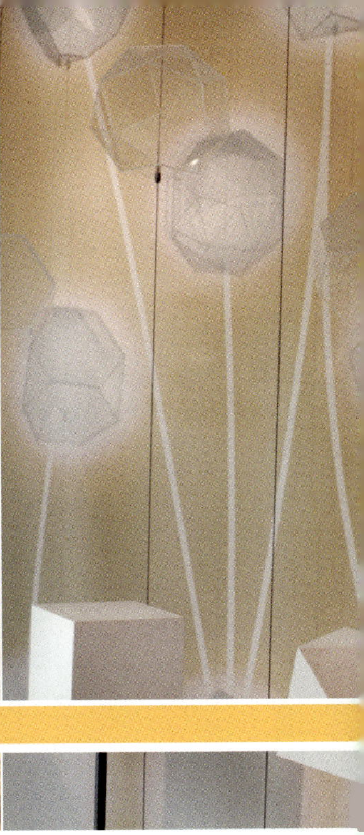

SCENAPPARENTE ⓛ   TECNOPARCO ARCHIMEDE ⓡ

SS115 AB SYRAKUS, DANACH LINKS AUF DIE SP58 OP

Die in Europa seltenen Papyruspflanzen gedeihen am Fluss Ciane, etwas südlich von Syrakus, prächtig. Spazieren Sie durch die schöne Landschaft oder fahren Sie mit dem Boot. Startpunkt: Ponte Grande, Leitpfosten 407 an der SS115. Informationen bietet das Fremdenverkehrsamt unter der Telefonnummer 0931 65201. Insektenspray nicht vergessen!

AUSGEHEN

TINKITÈ ist eine Kombination aus dem sizilianischen Wort für "tanto" (so viel) und "tè" (Tee). Wen wundert es da, dass es im Teehaus, Laden und Café der kreativen Paola so viel Leckeres gibt? Mittags können Sie eine Tasse Tee mit selbst gebackenem Kuchen genießen und am späten Nachmittag zwischen Einheimischen aus der Nachbarschaft einen Aperitif trinken. Gerade am Wochenende kommen viele auch auf einen Drink *dopo cena*, also nach dem Essen so ab 22.30 Uhr. Manchmal spielt draußen sogar eine Band.

VIA M. MINNITI 3, T 0931 1855936, GEÖFFNET: TÄGLICH 8.30-22.30

IL SALE PUB bietet sich für einen Drink am späteren Abend an. Donnerstags wird in der Bar Livemusik gespielt, freitags legt ein DJ auf, der Samstag steht unter dem Motto "funky", und sonntags trifft man sich ab 19.15 Uhr zum "AperiCena", einem Drink mit Buffet. Im Innenhof befindet sich auch das Giufà Cafè, ein angesagter Ort mit guter Musik.

VIA AMALFITANIA 56, FB IL-SALE-PUB-ORTIGIA, T 0931 483666, GEÖFFNET: TÄGLICH 19.00-3.00

IL BARCOLLO In diesen stimmungsvollen alten Gewölben kommen Jazz-Liebhaber auf ihre Kosten. Regelmäßig finden Liveauftritte statt. Im begrünten Innenhof kann man einen lauschigen Sommerabend wunderbar genießen.

VIA P. PICHERALI 10, FB BARCOLLOSIRACUSA, T 0931 24580, GEÖFFNET: TÄGLICH 20.00-3.00

IL PEPE am Porto Grande, südlich von Syrakus, ist im Sommer ein beliebtes Café. Tagsüber gibt es herrliche *granitas* und abends Cocktails. Der Golf von Syrakus bildet die perfekte Kulisse dafür.

VIA LIDO SACRAMENTO 97, T 0931 721533, GEÖFFNET: TÄGLICH 10.00-2.00

ÜBERNACHTEN

L'APPRODO DELLE SIRENE ist ein heimeliges B&B mit schön eingerichteten Zimmern, die mediterranes Flair verströmen. Auf der Dachterrasse kann man mit Blick über den Jachthafen und das Meer wunderbar frühstücken. Den Gästen stehen ein Boot und Kanus zur Verfügung. Fiora organisiert auch Kochworkshops (www.siciliandemocooking.com).

RIVA GARIBALDI 15, WWW.APPRODODELLESIRENE.COM, T 0931 24857, PREIS: 95-130 €

GRAND HOTEL ORTIGIA Dem Architekten ist es perfekt gelungen, das Hotel nach modernem Standard zu renovieren und dabei die klassischen Elemente zu erhalten. Das Resultat ist großartig.

VIALE G. MAZZINI 12, WWW.GRANDHOTELORTIGIA.IT, T 0931 464600, PREIS: 240 €

LA VIA DELLA GIUDECCA ist ein gepflegtes B&B mitten in Ortigia. Der Eingangsbereich dieser sehr angenehmen Unterkunft wirkt ein bisschen wie ein Wohnzimmer und die Zimmer sind freundlich und klassisch eingerichtet.

PIAZZA SAN FILIPPO, WWW.LAVIADELLAGIUDECCA.IT, T 0931 68446, PREIS: 70-100 €

HOTEL AURORA Im zweiten Stock eines alten Palazzos liegt dieses stilvoll gestaltete Hotel mit Zimmern, die einen Blick auf die Bucht gewähren. Genießen kann man die Aussicht auch von der Terrasse aus. Wer eine klassisch-elegante Atmosphäre schätzt und sich nicht ärgert, wenn der Rezeptionist beim Einchecken noch kurz mit seiner Mutter telefoniert, wird sich hier sehr wohlfühlen.

L'APPRODO DELLE SIRENE

VIA DELLA MAESTRANZA 111, WWW.SIRACUSAHOTEL.COM, T 0931 69475, PREIS: 70-120 €

HOTEL GUTKOWSKI Die Eigentümerin stammt von dem alten Marquis von Syrakus ab und legt demgemäß noch immer Wert auf einen gewissen Standard. Die Zimmer sind stilvoll und klar eingerichtet und verfügen jeweils über ein besonderes "Extra": eine Terrasse, Meerblick oder ein Badezimmer mit Wanne.
LUNGOMARE VITTORINI 26, WWW.GUTHOTEL.IT, T 0931 465861, PREIS: 100 €

AZIENDA AGRITURISTICA CASE DAMMA liegt neun Kilometer von Syrakus entfernt und ist über die SP14 zu erreichen, die durch Papyrusfelder führt. Der Bauernhof aus dem 14. Jahrhundert verdankt seinen Namen den Ziegen, die früher hier gehalten wurden. Manche Zimmer haben Klimaanlage und renovierte Badezimmer. Es gibt auch ein Schwimmbad. Die Nachkommen der Bauernfamilie betreiben diesen *agriturismo* mit ganzer Leidenschaft und auch das gebotene Essen ist ein wahrer Genuss – sehr zu empfehlen: die *pasta al pesto trapanese*.
VIA-PER CANICATTINI 28, WWW.CASEDAMMA.IT, T 0931 717405, PREIS: 72-90 €

ENNA STADT

FRISCHE UND LEBENDIGE BERGSTADT

Enna liegt umgeben von Eukalyptuswäldern und Gärten mit Obstbäumen und Haselnusssträuchern auf einem Bergrücken (931 Meter). Das Städtchen erhebt sich majestätisch über einer abfallenden Landschaft mit Getreidefeldern. Im Winter ist Enna häufig in Nebel gehüllt, doch im Sommer ist die kühle Luft sehr angenehm. Von der *autostrada* kann man die Stadt nicht verfehlen, nach der Abzweigung geht es noch fast 20 Minuten den Berg hinauf bis ins Zentrum.

Der Ort ist der Mittelpunkt der Insel, der "Nabel Siziliens". Bei der Chiesa di Montesalvo steht ein Obelisk, der seit der Erfindung des GPS den genauen Mittelpunkt markiert. Einige Meter weiter befindet sich ein Pfahl, der bis dahin als Orientierungspunkt galt.

Als höchstgelegene Provinzhauptstadt bietet Enna einen herrlichen Panoramablick über die Insel. Im 7. Jahrhundert v. Chr. gründete Syrakus hier die Siedlung Henna. Nachdem die Normannen die von den Mauren beherrschte Stadt um 1100 herum erobert hatten, wurde Enna wiederaufgebaut und befestigt. Das mittelalterliche Zentrum weist, im Gegensatz zu den meisten Städten der Region, nur wenig barocke Einflüsse auf, was Enna seinen einzigartigen Charakter verleiht, auf den die Einwohner sehr stolz sind.

SEHENSWÜRDIGKEITEN

Die meisten Sehenswürdigkeiten von Enna liegen in der Via Roma, der Hauptstraße.

CASTELLO DI LOMBARDIA Von den ursprünglich 20 Türmen ist nur noch der Torre Pisana intakt, von dem aus man bei klarer Sicht eine fantastische Aussicht bis zum Ätna hat. Da das Geld knapp ist, sind der Turm und der Rest des Kastells nicht in bestem Zustand, doch der Innenhof eignet sich gut für ein Picknick. Mit etwas Glück trifft man dort Filippo oder einen anderen Stadtführer, die von der Gemeinde angestellt sind und Besuchern gerne Bereiche der Burg zeigen, die normalerweise verschlossen bleiben. Also einfach nachfragen, ob noch mehr zu sehen ist. Im Sommer finden im Innenhof Theatervorstellungen und Konzerte statt. Informationen bei Aapit, Via Roma 413.
AM ENDE DER VIA ROMA, AUF DEM PLATEAU, GEÖFFNET: TÄGLICH SOMMER 9.00-20.00, WINTER 9.00-16.00, GRATIS

Parken kann man beim Kastell, vor dem Gerichtsgebäude oder an und um die Piazza Vittorio Emanuele II. Aber aufgepasst: Hier werden Strafzettel verteilt.

TORRE DI FEDERICO II Dieser Turm steht in Enna Bassa, dem tiefer gelegenen Teil der Stadt, inmitten eines schattigen Parks mit Nadelbäumen. An klaren Tagen sieht man von dort auf der einen Seite den Ätna und auf der anderen Seite bis zum Lago di

Pergusa – der Aufstieg lohnt sich. Eine Überraschung kann man hinter den Häuserfassaden an der Viale IV Novembre entdecken, denn dort befindet sich ein großes Stadion.
VIALE IV NOVEMBRE, GEÖFFNET: TÄGLICH SOMMER 9.00-13.00 & 14.00-20.00, WINTER 9.00-16.00, GRATIS

DUOMO Eleonore von Aragon ließ diese Kathedrale erbauen, deren Innenausstattung 1446 bei einem Brand fast vollständig zerstört wurde. Die mit Cherubinen geschmückte Kanzel steht auf einem griechisch-römischen Sockel, und das Weihwasserbecken stammt aus dem Tempel der Demeter. Die schmiedeeisernen Tore wurden eigentlich für den Harem erschaffen, der einst im Castello di Lombardia untergebracht war.
PIAZZA DUOMO, GEÖFFNET: TÄGLICH 9.00-19.00, GRATIS

MUSEO CIVICO ALESSI Alle erhalten gebliebenen Originalschätze aus dem Dom sind hier ausgestellt. Die umfassende Münzsammlung im ersten Stock erzählt viel über die Geschichte Siziliens.
VIA ROMA, NEBEN DEM DOM, T 0935 503165, GEÖFFNET: TÄGLICH 8.00-20.00, EINTRITT: 3 €

ESSEN & TRINKEN

DIVINI SAPORI ist ein modernes Restaurant in der Nähe des Kastells mit einer hübschen Terrasse. Hier trifft sich das schicke Enna mittags oder abends zu Krebs und Tournedos in Käsekruste. Wenn Sie hier essen, dürfen Sie auf keinen Fall die wirklich außergewöhnlichen Desserts versäumen. Lassen Sie sich überraschen!
VIA LOMBARDIA 6, WWW.RISTORANTEDIVINISAPORI.IT, T 0935 1980533, GEÖFFNET: TÄGLICH 12.30-15.00 & 19.00-23.00, PREIS: 10 €

CAFFÈ ITALIA Machen Sie es wie die Geschäftsleute, die ihren Alfa Romeo kurz in zweiter Reihe parken, und trinken Sie auf der Terrasse einen Kaffee oder gönnen Sie sich ein ausgedehntes Frühstück mit Cappuccino und Brioche. Abends verwandelt sich das Café in eine Pianobar, in der man bei Livemusik an seinem Aperitif nippt.
VIA M. CHIAROMONTE 12, T 0935 1868301, GEÖFFNET: TÄGLICH 8.00-23.00, PREIS: FRÜHSTÜCK 5 €

AL KENISA ist Literaturcafé, Kulturzentrum und Buchhandlung in einem und befindet sich in einer einst zur Kirche umgebauten Moschee. Auf Sitzsäcken und Kissen kann man unter einem Sonnenschirm bei einer Tasse Bio-Kaffee im Innenhof in einem Buch schmökern. Wem es zu heiß ist, der kann innen die Kühle der Gewölbe genießen.
VIA ROMA 481, WWW.ALKENISA.BLOGSPOT.COM, FB ALKENISAENNA, T 0935 500972, GEÖFFNET: DI-SO 15.00-1.00

BOTTIGLIERIA BELVEDERE In dieser hübschen Enoteca kann man zwischen Hunderten von Wein- und Schnapsflaschen ein Glas Wein trinken und dazu etwas *formaggi* (Käse) oder *salumi* (Fleischwaren) bestellen. Wenn der Hunger größer ist, kann man aus der überschaubaren Karte ein Gericht wählen.
VIA VULTUTO 26, T 0935 23396, GEÖFFNET: MO 17.30-1.00, DI-SA 10.30-1.00, PREIS: 10 €

DIVINI SAPORI Ⓛ   RINASCIMENTO Ⓡ

SHOPPEN

In Enna kann man gut shoppen, die größeren Filialen der bekannten Marken befinden sich an der Piazza Vittorio Emanuele II und in der Via Roma. In den umliegenden Gassen gibt es viele kleine und ausgefallene Läden. Wer die Via Roma von der Piazza Vittorio Emanuele II aus abwärts in Richtung Enna Bassa geht, kann ein paar schöne Designgeschäfte entdecken.

RINASCIMENTO ist ein Begriff in Italien. Hier gibt es schöne Textilien und vor allem viele schimmernde Stoffe und Accessoires für Damen.
VIA ROMA 338-340, WWW.RINASCIMENTO.COM, T 0935 503686, GEÖFFNET: MO-SA 9.00-13.00 & 16.30-20.00

....

Bei der Stadt Agira, 20 Autominuten von Enna entfernt, befindet sich ein Outlet Village, das Shopping-Paradies Siziliens (www.siciliaoutletvillage.it). In über 100 Geschäften bekommt man hauptsächlich italienische Marken. Fahren Sie auf der A19 nach Catania und nehmen Sie den Abzweig Dittaino Outlet.
....

DI BELLA

DI BELLA bietet eine umfangreiche Kollektion Damenmode, vor allem italienische Marken wie Marella und Pinko. Der Inhaber ist einer von Ennas größeren Unternehmern. Im nahe gelegenen Di Bella Accessori gibt es alle erdenklichen Accessoires, darunter eine beeindruckende Auswahl an Taschen.
VIA ROMA 359-361, T 0935 500575, GEÖFFNET: MO-SA 9.00-13.00 & 16.30-20.00

DI BELLA BOX Wer ein hübsches Geschenk sucht, wird hier bestimmt fündig. Von Aufblasmöbeln und ungewöhnlichen Kerzenleuchtern über Garderobenhaken bis hin zu aus Glas und Porzellan gefertigten Wegwerfartikeln gibt es hier alles. Das Designgeschäft liegt in der Nähe der Via Roma.
VIA VARISANO 23, WWW.DIBELLABOX.COM, T 0935 500575, GEÖFFNET: MO-SA 9.00-13.00 & 16.30-20.00

100% THERE

Im Sommer ist es tagsüber in Enna warm und trocken, doch abends kühlt es angenehm ab. Wer sich dem Rhythmus der Einheimischen anpassen will, steht früh auf, um etwas zu unternehmen, danach folgen ein ausgedehntes Mittagessen und eine Siesta im Park oder im Hotel. Ab 17 Uhr starten dann weitere Unternehmungen.

....

Am Karfreitag findet in Enna im Rahmen der Osterfeierlichkeiten eine Prozession statt. Die Straßenbeleuchtung entlang der Strecke wird gedämpft und alle Häuserfassaden sind mit Fackeln bestückt. Begleitet von trauriger Blasmusik verlässt ein langer Zug von Männern mit spitzen weißen Kapuzen den Dom, einige von ihnen tragen den Sarg Jesu auf den Schultern. Die Prozession zieht schweigend durch die Straßen zum alten Friedhof und kehrt dann zum Dom zurück. Der Anblick des Zuges ist, gerade in der Dämmerung und wenn Nebel über der Stadt liegt, sehr eindrucksvoll. Meist startet die Prozession gegen 19 Uhr und kehrt erst weit nach Mitternacht zum Dom zurück.

....

HAARSCHNITT & RASUR Wer den Dreitagebart satthat, kann sich bei Friseur Antonio rasieren lassen. Man kommt sich vor wie in den Kulissen zum Film *Der Pate*.
VIA ROMA 376, PREIS: RASUR 3 €

SPAZIERGANG BEI SONNENUNTERGANG Der perfekte Ort für einen Abendspaziergang nach dem Aperitif oder vor dem Essen ist der Bereich zwischen der Piazza Crispi und der Via Marconi. Hier kann man das Panorama mit dem hübschen Dorf Calascibetta bewundern (das übrigens auch einen Besuch wert ist). Oder man geht zur Rocca di Cerere hinter dem Kastell und blickt über die Ebene um Enna, den Kornspeicher Italiens.
ZWISCHEN PIAZZA CRISPI UND VIA MARCONI / ROCCA DI CERERE

CASTELLO DI SPERLINGA Etwa 40 Kilometer nördlich von Enna liegt das Kastell von Sperlinga, ein lohnendes Ausflugsziel. 1282 konnten sich die Franzosen hier ein Jahr lang den sizilianischen Freiheitsbestrebungen widersetzen. Auch heute ist das Kastell nur über eine steile, in den Felsen gehauene Treppe zu erreichen. Unterhalb liegt ein Labyrinth von Gängen einer unterirdischen Stadt.
LARGO CASTELLO, WWW.CASTELLODISPERLINGA.IT, T 348 8724073, GEÖFFNET: TÄGLICH 9.30-13.00 & 14.30-18.30, APR.-OKT. 15.30-18.30, EINTRITT: 3 €

Ausgehen bedeutet in Enna vor allem etwas trinken gehen – zum Beispiel in der Bar Marro an der zentralen Piazza Vittorio Emanuele Nummer 22. Auf der überdachten Terrasse sitzen abends (18.30 bis 0.30 Uhr) die jungen Einheimischen.

ÜBERNACHTEN

B&B MEDIOEVAL Der Eingangsbereich dieses hübschen B&B wirkt mit seinen Kacheln und dem 60er-Jahre-Teppich unabsichtlich "retro". Das Frühstück mit frischem Obst und Kuchen nimmt man an einem großen Tisch in einem gemütlichen Gewölbe ein. Zwei Zimmer teilen sich jeweils ein Bad.
VIA LONGO 1, T 0935 504100, PREIS: 55 €

B&B PROSERPINA bietet gemütliche Zimmer und freundlichen Service. Alles ist sauber und für den Preis empfehlenswert. Frühstück und Internet sind inklusive.
VIA SANT'AGATA 108 (PIAZZA SCELFO), WWW.BBENNA.IT, T 331 2060341, PREIS: 55 €

LA CASA DEL POETA In der Nähe des Lago di Pergusa liegt zwischen Zypressen die einstige Sommervilla der Familie Grimaldi. Heute ist der Komplex ein kleines *agriturismo*, das man am liebsten gar nicht mehr verlassen möchte. In der "Unterkunft für Dichter, Künstler und feinsinnige Reisende" gibt es Räume zum Lesen, Schreiben und Musikhören. Gäste können die Natur und Ruhe genießen und sich im Schwimmbad erfrischen.
C. DA PARASPORINO, PERGUSA, WWW.LACASADELPOETA.IT, T 329 6274918, PREIS: 70-90 €

Am Südufer des Lago di Pergusa liegt die Grotte des Hades, des Gottes der Unterwelt. Der griechischen Mythologie zufolge entführte er hier Persephone, die Tochter der Demeter. Da Demeter aus Kummer darüber ihrer Aufgabe als Fruchtbarkeitsgöttin nicht mehr nachkam, senkte sich der Winter über das Land. Zur Lösung des Problems wurde ein Kompromiss geschlossen: Sechs Monate im Jahr sollte Persephone bei ihrer Mutter verbringen und die anderen sechs bei Hades. So entstanden die Jahreszeiten.

LA CASA DEL POETA

PIAZZA ARMERINA STADT

WELTBERÜHMTE MOSAIKE

Die meisten Besucher kommen wegen der Mosaike in der Villa Romana del Casale nach Piazza Armerina. Etwas außerhalb der Stadt führt eine Sackgasse durch das tiefer gelegene Flusstal zur Villa. Auf der anderen Seite des Tals gibt es noch ein interessantes Museum, die Villa delle Meraviglie. Piazza Armerina hat jedoch noch mehr zu bieten. Das Zentrum ist für ein kleines Provinzstädtchen überraschend lebendig. Es gibt hier viel zu beobachten, und auf einem der Plätze kann man es wunderbar bis spätabends aushalten. Für das leibliche Wohl sorgt Al Fogher.

Am 14. und 15. August gedenkt Piazza Armerina des Sieges der Normannen über die Araber mit einem großen mittelalterlichen Fest: dem Palio dei Normanni. Ein eindrucksvolles Spektakel, das jede Menge Zuschauer anzieht, das Städtchen mit seinen 20.000 Einwohnern beherbergt an diesen beiden Tagen mehr als zehnmal so viele Menschen. Den Abschluss der Feierlichkeiten bildet ein Ritterturnier.

SEHENSWÜRDIGKEITEN

Im Zentrum des alten Piazza Armerina steht der eindrucksvolle Dom, aber bei einem Gang durch die verschlungenen Gassen entdeckt man noch zahllose andere schöne Kirchen, Klöster und Palazzi.

VILLA ROMANA DEL CASALE Fünf Kilometer außerhalb der Stadt liegt die große spätrömische Villa mit den wunderschönen Mosaiken, die wahrscheinlich von nordafrikanischen Künstlern gefertigt wurden. An den Ausgrabungen wird zum Teil noch immer gearbeitet. 1997 wurde die "Villa", wie die Einheimischen sagen, von der UNESCO zum Weltkulturerbe erklärt. Auf Sizilien bedeutet das leider häufig, dass die Eintrittspreise steigen und die Mittel für den Unterhalt minimal bleiben. Von Juli bis August können Interessierte am Freitag und am Wochenende die Ausgrabung bis 23 Uhr besuchen.
AB PIAZZA ARMERINA SP15, LINKS AB AUF SP90, WWW.VILLAROMANADELCASALE.IT, T 0935 680036, GEÖFFNET: TÄGLICH APR.-OKT. 9.00-18.00, NOV.-MÄRZ 9.00-16.00, EINTRITT: 14 €

Bei Aidone liegt die Ausgrabungsstätte Morgantina. Informationen dazu finden Sie auf www.aidone-morgantina.it. Im Museum von Aidone können Sie eine über zwei Meter große, prachtvolle Venus-Statue bewundern.

VILLA DELLE MERAVIGLIE Wenn Sie das Tal, in dem die Villa mit den Mosaiken liegt, auf der anderen Seite verlassen, können Sie Enzo Cammaratas interessante

Sammlung von Kunst- und Gebrauchsgegenständen besichtigen. Mit etwas Glück werden Sie vom leicht exzentrischen Anwalt persönlich begleitet.
SP15, CONTRADA CASALE, WWW.VILLADELLEMERAVIGLIE.IT, T 0935 689055, GEÖFFNET: TÄGLICH SOMMER 9.00-19.00, WINTER 9.00-17.00, EINTRITT: 4 €

DUOMO Mit seinen fast 70 Metern Höhe erhebt sich der Dom über alle anderen Gebäude von Piazza Armerina. Im 17. Jahrhundert wurde er im Auftrag der Barone von Trigona erbaut. Ihr Familienwappen, ein Adler mit ausgebreiteten Schwingen, prangt daher auf der Fassade. In der Kirche sind die Bilder von Guiseppe Salerno und das große Kruzifix, das auf einer Seite den toten und auf der anderen den wiederauferstandenen Christus zeigt, besonders sehenswert.
PIAZZA DUOMO, GEÖFFNET: TÄGLICH 9.00-19.00, GRATIS

TEATRO GARIBALDI kann man eigentlich nur im Rahmen von Film- oder Theatervorstellungen besuchen. Die Einrichtung stammt – abgesehen von der großen weißen Leinwand – noch komplett aus dem 18. Jahrhundert. Wer kein italienisches Drama mag, kann nach einer Vorstellung schnell hineinschlüpfen und die Fresken an der Decke und den Wänden bewundern.
VIA SANTO STEFANO, T 0935 684136, PREIS: FILM 5 €

ESSEN & TRINKEN

TOP 10

AL FOGHER ist eines der berühmtesten Restaurants der Insel. Küchenchef Angelo Treno überrascht jedes Mal aufs Neue, zum Beispiel mit seinen "Omega-3-Leckereien": einem Tatar von rotem Thunfisch mit Kapern und Limonenschale, Lachs mit Räucherspeck, Koriander und kandierter Paprika, Jakobsmuscheln mit einer Lauch-Ingwer-Creme und einer *granita* aus Champagner.
CONTRADA BELLIA, SS117 BIS, WWW.ALFOGHER.NET, T 0935 684123, GEÖFFNET: DI-SA 13.00-15.30 & 19.30-22.30, SO 13.00-15.30, PREIS: MENÜ NACH VEREINBARUNG

AMICI MIEI "Meine Freunde, lasst uns essen und genießen", lautet das Motto dieses freundlichen Familienrestaurants. Mitten unter Einheimischen kann man in dieser kleinen Trattoria-Pizzeria Holzofenpizza und typisch sizilianische Gerichte kosten, zum Beispiel *macca*, eine Suppe aus dicken Bohnen.
LARGO CAPODARSO 5, T 0935 683541, GEÖFFNET: TÄGLICH 12.30-15.00 & 19.30-0.00, PREIS: 10 €

LA TAVERNETTA Obwohl Piazza Armerina 50 Kilometer von der Küste entfernt liegt, wird gerne Fisch serviert, zum Beispiel im La Tavernetta. Wem nicht so nach Meeresgetier ist, der kann eines der anderen typisch sizilianischen Gerichte probieren, die zu einem vernünftigen Preis angeboten werden. Obligatorisches Innendekor: der Fernseher in der Ecke.
VIA CAVOUR 40, T 0935 685883, GEÖFFNET: TÄGLICH 12.30-15.00 & 19.00-0.00, PREIS: MENÜ 18 €

PASTICCERIA DIANA Zu dieser Konditorei kommen die Menschen von weit her und stehen dann vor der Wahl aus zahlreichen Köstlichkeiten wie himmlischen Torten oder Gebäck mit Mandeln, Ricotta, Früchten oder Sahne. Vielleicht auch nur ein Eis aus Pinienkernen oder Wassermelone? Ebenfalls im Programm: Dessertcatering.
PIAZZA GENERALE CASCINO 34, WWW.PASTICCERIADIANA.COM, T 0935 682224, GEÖFFNET: TÄGLICH 9.00-0.00, PREIS: EIS 2,50 €

AUSGEHEN

Piazza Armerina hat ein überraschend lebendiges Nachtleben, das sich im Sommer hauptsächlich draußen abspielt, zum Beispiel auf der Piazza G. Boris Giuliano.

HIGHLANDER PUB ist ein Irish Pub und als solcher sehr beliebt im italienischen Partyleben. Die quirlige Kneipe bietet ein großes Sortiment an Bieren und Cocktails. Freitags treten abends häufig Bands auf.
PIAZZA G. B. GIULIANO 52, FB HIGHLANDERPUBARMERINA, T 0935 6885423, GEÖFFNET: DI-SO 9.00-13.00 & 17.00-3.00, PREIS: COCKTAIL 5 €

ÜBERNACHTEN

Touristen übernachten meist nur während der Feierlichkeiten am 14. und 15. August in Piazza Armerina. Das liegt gewiss nicht an der Qualität der Unterkünfte.

SUITE D'AUTORE Ettore Messina hat für sein Designhotel weder Kosten noch Mühen gescheut. Jedes Zimmer ist gemäß einem kunstgeschichtlichen Stil wie zum Beispiel Bauhaus oder Pop-Art oder komplett geometrisch eingerichtet und verfügt über ein Hydromassagebad. Als Ausblick stehen die Piazza Duomo oder die Hügel rings um die Stadt zur Auswahl.
VIA MONTE 1, WWW.SUITEDAUTORE.IT, T 0935 688553, PREIS: 100-140 €

BB LA VOLPE E L'UVA Dieses B&B ist nach Aesops Fabel vom Fuchs und den Trauben benannt. Zu jedem Zimmer gehört dementsprechend auch eine eigene Geschichte. Die sympathischen Eigentümer sind sehr hilfsbereit. Alessandra sorgt für einen reich gedeckten Frühstückstisch und Mirko kredenzt einen speziellen Cappuccino.
VIA SANTA VENERANDA 35, WWW.VOLPEUVA.IT, T 0935 680752, PREIS: 50-60 €

AGRITURISMO BANNATA Kurz vor Piazza Armerina, in den Wäldern entlang der SS117 bis, liegt dieser alte Bauernhof, der zum *agriturismo* umgewandelt wurde. Der Betrieb ist klein, es gibt nur drei Zimmer, dazu ein Schwimmbecken und einen wunderschönen Garten. Manchmal finden Events wie Jazzauftritte oder klassische Konzerte statt.
CONTRADA BANNATA, SS117 BIS BIS KM 41, WWW.AGRITURISMOBANNATA.IT, T 0935 681355, PREIS: 125 €

CALTAGIRONE STADT

KERAMIK & 'SCALAZZA'

Der Name Caltagirone leitet sich vom arabischen "Kalat-al-Giarun" ab, was "Himmel der Vasen" bedeutet und darauf verweist, dass der Ort schon früh für seine Töpferwaren bekannt war. Bis heute wird in zahllosen Werkstätten farbenfrohe Keramik hergestellt. Durch den Zusammenschluss dreier Hügeldörfer hat sich die Stadt zu einem Wirrwarr an aufsteigenden und abfallenden Gassen entwickelt, in dem man sich schnell verirrt. Daher kommt man ständig an einem anderen Ort heraus, als man erwartet, auf die bunten Majolika-Kacheln trifft man zum Glück überall.

SEHENSWÜRDIGKEITEN

Die Scala di Santa Maria del Monte mit ihrer endlosen Menge an Majolika-Kacheln ist die größte Sehenswürdigkeit der Stadt. Caltagirone ist eine der acht spätbarocken Städte der Region, die die UNESCO zum Weltkulturerbe erklärt hat.

SCALA DI SANTA MARIA DEL MONTE Diese Treppe – Scalazza, wie sie die Sizilianer nennen – ist weltberühmt. 142 Stufen verbinden seit 1606 den höher und den niedriger gelegenen Teil der Stadt. Anfang des 17. Jahrhunderts zog das Verwaltungszentrum auf die tiefer gelegene Piazza Municipio. Da eine direkte Verbindung mit den umliegenden alten Stadtteilen auf den Hügeln notwendig war, wurden 1606 die ersten Treppen gebaut. In ihrer heutigen Form gibt es die Treppe seit 1884, 1956 wurden Hunderte von Majolika-Kacheln auf den Stufen angebracht.

MUSEO REGIONALE DELLA CERAMICA Im Keramikmuseum bekommt man einen guten Eindruck davon, was im Laufe der Zeit in Caltagirone an Keramik produziert wurde. Von der kleinsten Kachel bis zur größten Vase ist alles Handarbeit und einzigartig.
VIA ROMA GIARDINO PUBBLICO, T 0933 58418, GEÖFFNET: TÄGLICH 9.00-18.30, EINTRITT: 4 €

MUSEO DELLE ESPRESSIONI CERAMICHE CONTEMPORANEE (MECC) UND MUSEO DELLA CERAMICA CONTEMPORANEA (MCC) präsentieren moderne Keramikkunstwerke aus Caltagirone. Die Meinungen darüber, welcher Platz der Keramik in der zeitgenössischen Kunst zukommt, gehen auseinander. Viele ältere Keramiker rümpfen angesichts der, wie sie meinen, nutzlosen Kunstgegenstände, die hier präsentiert werden, die Nase.
MECC: VIA EX MATRICE 153, T 0933 25330, GEÖFFNET: MO-SA 9.00-13.00, GRATIS
MCC: VIA ABATE MELI 3, T 0933 57963, GEÖFFNET: FR-MI 11.00-13.00 & 15.00-17.00, SOMMER 11.00-17.00, GRATIS

GIARDINO PUBBLICO VITTORIO EMANUELE wurde im 19. Jahrhundert nach dem Vorbild englischer Gärten entworfen. In dem großen schattigen Park mit Terrassen, Standbildern und einem Musikzelt kann man gemütlich herumschlendern.
VIA ROMA

SCALA DI SANTA MARIA DEL MONTE

CASA VENTIMIGLIA hat einen fantastischen, mit Majolika-Kacheln geschmückten Balkon. Das Haus liegt gegenüber dem Keramikmuseum an der Via Roma, etwas weiter Richtung Zentrum. Da der bauliche Zustand nicht sehr gut ist, steht hoffentlich bald eine Restaurierung an.
VIA ROMA, NICHT FÜR BESUCHER GEÖFFNET

ESSEN & TRINKEN

RISTORANTE CORIA Nachdem sie viele Jahre im Restaurant Il Duomo in Ragusa zusammengearbeitet hatten, beschlossen Francesco Patti und Domenico Colonetta, ihr eigenes Restaurant zu eröffnen. Sie nannten es Coria nach dem Autor des ultimativen sizilianischen Kochbuchs, Giuseppe Coria. 2012 wurden sie mit einem Michelin-Stern ausgezeichnet. Unverfälscht sizilianisch sind die Zutaten, überraschend unsizilianisch die Zubereitung. Hier genießt man Gambas in Orangenschaum, mit Gemüse gefüllten Tintenfisch oder gegrilltes Milchlamm auf einer Piacentinischen Käsetorte.
VIA INFERMERIA 24, WWW.RISTORANTECORIA.IT, T 0933 26596, GEÖFFNET: SOMMER MO 19.30-22.30, DI-SA 12.30-14.30 & 19.30-22.30, WINTER DI-SA 12.30-14.30 & 19.30-22.30, SO 12.30-14.30, PREIS: MENÜ 65-80 €

IL LOCANDIERE ist ein geräumiges, helles Restaurant mit zartgelben Wänden und gemauerten Bögen, in dem man vorzüglichen Fisch bekommt. Die Spezialität des Hauses ist eine Platte mit typischen Fischvorspeisen. Zur angenehmen Atmosphäre kommt als weiteres Plus der sympathische Service dazu.
VIA DON LUIGI STURZO 55, T 0933 58292, GEÖFFNET: MO 19.30-22.00, DI-SA 12.30-14.00 & 19.30-22.00, PREIS: MENÜ 30 €

LA PIAZZETTA Frische Pasta und Pizza bekommt man in diesem einfachen Restaurant mit derben Holzstühlen und dem obligatorischen Fernseher. Wer nicht innerhalb von 20 Minuten fertig sein und zwischen den einzelnen Gängen etwas Pause haben möchte, sollte dem Ober Bescheid geben, denn normalerweise wird das leckere und preisgünstige Essen immer sehr schnell serviert. Die Eigentümer vermieten auch ordentliche, einfache Zimmer in der Via Don Luigi Sturzo 147.
VIA VESPRI 20, WWW.RISTORANTELAPIAZZETTA.EU, T 0933 24178, GEÖFFNET: FR-MI 12.30-15.00 & 20.00-22.30, PREIS: 14 €

SHOPPEN

Wer Keramik kaufen möchte, ist in Caltagirone mit seinen vielen Werkstätten und Geschäften goldrichtig. Manches ist eher klassisch, anderes etwas moderner, doch farbenfroh ist alles. Je weiter oberhalb der Treppe das Geschäft liegt, desto günstiger ist der Preis. Auch ein Besuch in einem Atelier außerhalb der Stadt lohnt sich, denn das Angebot ist vergleichbar, doch der Preis bedeutend niedriger.

TRE METRI SOPRA IL CIELO

100% THERE

LUMINARIA Am 24. und 25. Juli werden die Stufen der Scala di Santa Maria del Monte zu Ehren des heiligen Giacomo mit Hunderten von bunten Öllämpchen geschmückt. Jedes Jahr ist die große Überraschung, welche Figur nach Sonnenuntergang auf der Treppe erscheint. Bekannte Künstler arbeiten das ganze Jahr an dem Muster, das die Treppe für zwei Abende erleuchtet.
SCALA DI SANTA MARIA DEL MONTE

INFIORATA Am 31. Mai werden die Stufen der Scalazza zu Ehren der Madonna di Conadomini mit Tausenden von Blumen bedeckt.
SCALA DI SANTA MARIA DEL MONTE

CHIOSCO GIARDINO SPADARO Am linken oberen Ende der berühmten Treppe findet man in einem Park diesen Kiosk mit einigen gusseisernen Stühlen und steinernen Bänken. Ein schöner Ort für eine Erfrischung am Nachmittag. Ab 22 Uhr treffen sich hier die Jugendlichen vor dem Ausgehen.
VIA SAN GIUSEPPE 5, T 0933 21331

Ausgehen bedeutet in Caltagirone, Eis essen oder auf einer Terrasse etwas trinken. Außerhalb der Stadt gibt es im Agriresort San Bartolomeo manchmal eine Freiluftdisco (SS124 Richtung Grammichele).

ÜBERNACHTEN

Große, schicke Hotels gibt es in Caltagirone kaum, dafür aber charmante, kleine Unterkünfte.

CARRUGGIU CASA VACANZE Wer im Urlaub gerne selbst kocht, kann sich eines der kleinen gemütlichen Appartements in der Nähe der Scalazza mit Küche, Schlafzimmer und Badezimmer mieten. Einige Wohnungen haben Balkon, andere Terrasse.
VIA BONGIOVANNI 48, WWW.CARRUGGIU-CASAVACANZE.COM, T 368 3534660, PREIS: 60 €

TRE METRI SOPRA IL CIELO In diesem gemütlichen B&B hat man vom kleinen Balkon seines Zimmers einen Blick auf die sehenswerte Treppe. Frühstücken kann man auf der Dachterrasse voller Blumentöpfe und mit Aussicht auf die Stadt. Das Angebot ist reichhaltig: *granita*, frische *cannoli*, Kuchen, Brot, Käse, frisches Obst ... Ein B&B, wie man es sich wünscht. Tipp: Man kann auch Elektroräder mieten.
VIA BONGIOVANNI 72 (SS MARIA DEL MONTE), WWW.BBTREMETRISOPRAILCIELO.IT, T 0933 1935106, PREIS: 60-80 €

RAGUSA STADT

RAGUSA IBLA & RAGUSA SUPERIORE

Eigentlich besteht die Stadt Ragusa aus zwei Teilen. Die Altstadt, **Ragusa Ibla**, liegt auf einem 380 Meter hohen Hügel und ist ein wahres Labyrinth aus mittelalterlichen Gassen und Treppen. Nach dem verheerenden Erdbeben von 1693 musste Ibla wiederaufgebaut werden. Ein Teil der Bewohner entschied sich dafür, westlich von der alten Stadt eine neue zu errichten. Im "neuen" Ragusa Superiore sind wie in allen Städten der Region zahlreiche Spuren des Barock zu finden.

Zu Ehren des Schutzheiligen San Giorgio errichtete Ibla einen neuen barocken Dom. Superiore ließ sich da nicht lumpen und baute seine eigene Kirche zu Ehren des Heiligen San Giovanni. Aufgrund der Konkurrenz der beiden Stadtteile entstanden so zahlreiche fantastische barocke Bauten. Ibla und Superiore sind heute eng miteinander verbunden und arbeiten seit 1926 vollständig zusammen.

Commisario Montalbano, der bekannte sizilianische Ermittler, kümmert sich in seinen Fällen um die Verbrechen in Ragusa. Die staubigen Straßen zwischen den alten Palazzi bilden einen passenden Hintergrund für die spannenden Geschichten von Autor Andrea Camilleri.

SEHENSWÜRDIGKEITEN

Ragusa Superiore, der neue Stadtteil, wurde nach dem Erdbeben von 1693 entsprechend den Vorgaben des damals angesagten Barockstils erbaut und nach einem streng geometrischen Straßenplan errichtet.

DUOMO DI SAN GIOVANNI Da beim Bau dieser barocken Kathedrale, die 1706 fertiggestellt wurde, die finanziellen Mittel etwas begrenzt waren, fehlt der rechte Glockenturm. Im Inneren sind eindrucksvolle Stuckarbeiten und schöne Fresken zu bewundern. Am auffälligsten ist der schwarze Fußboden mit den weißen Rosetten aus Kalksandstein.
PIAZZA SAN GIOVANNI, GEÖFFNET: TÄGLICH 9.00-19.00, GRATIS

PALAZZO BERTINI Über den Fenstern dieses alten Herrenhauses hängen drei Köpfe, die jeweils eine soziale Klasse repräsentieren: ein zahnloser Bettler mit herausgestreckter Zunge, ein Händler mit Turban und ein vornehmer, selbstsicherer Edelmann. Heute stecken sie leider in einer Art Holzkiste, weil sie vor Taubenkot geschützt werden müssen.
CORSO ITALIA 77, NICHT FÜR BESUCHER GEÖFFNET

RAGUSA STADT

🔴 **SEHENSWÜRDIGKEITEN**
> S. 245–247
1. DUOMO DI SAN GIOVANNI
2. PALAZZO BERTINI
3. CHIESA DI SANTA MARIA DELLE SCALE
4. CHIESA DI SAN GIORGIO VECCHIO
5. DUOMO DI SAN GIORGIO
6. CIRCOLO DI CONVERSAZIONE

🟢 **ESSEN & TRINKEN**
> S. 248–249
7. LOCANDA DON SERAFINO
8. LOCANDINA
9. TRATTORIA LA BETTOLA
10. QUATTRO GATTI
11. GELATI DIVINI

🟢 **100% THERE > S. 249**
12. GIARDINO IBLEO

13. CASTELLO DI DONNAFUGATA

🔴 **ÜBERNACHTEN**
> S. 250
14. HOTEL IL BAROCCO
15. VILLA DEL LAURO
16. GIARDINO SUL DUOMO
17. L'ORTO SUL TETTO

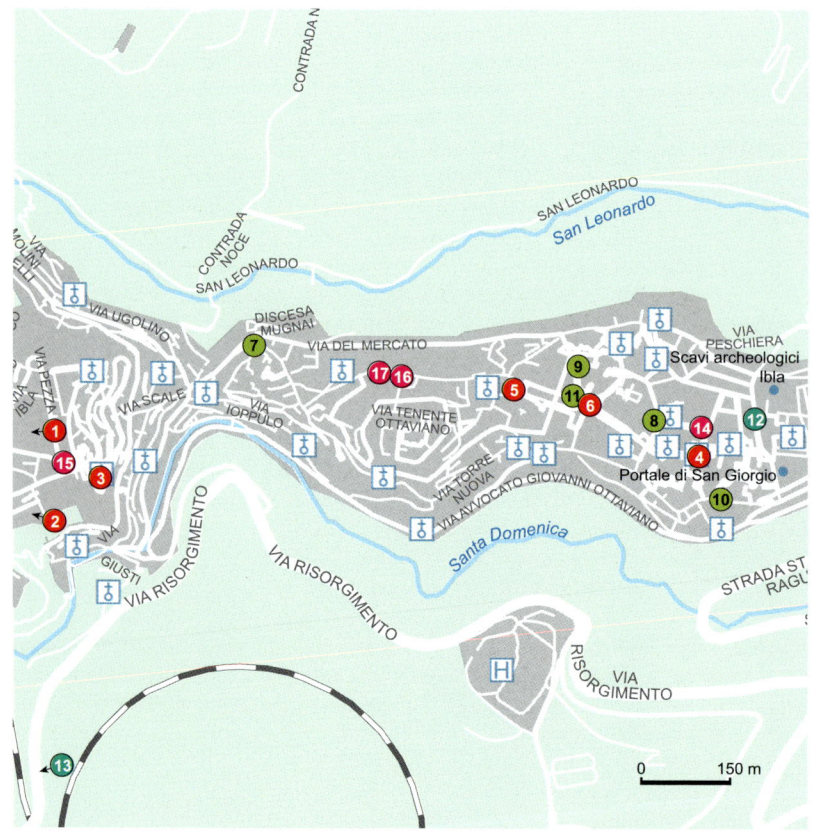

CHIESA DI SANTA MARIA DELLE SCALE Ein Teil der Kirche, die ziemlich versteckt zwischen Wohnhäusern liegt, stammt noch aus dem Jahr 1080 und wurde nicht vom Erdbeben zerstört. Auf der rechten Seite erkennt man einige gotische Bögen und eine Galerie aus jener Zeit. Besonders sehenswert ist ein Relief aus Terrakotta, das die Himmelfahrt Mariens darstellt. Ein kleiner Teufel versucht, die Himmelfahrt zu verhindern, und zieht an Marias Kleidern.
AN DER TREPPE ZWISCHEN IBLA UND SUPERIORE, GEÖFFNET: TÄGLICH 9.00-19.00, GRATIS

In Ragusa Ibla, dem Teil Ragusas, der auf den Fundamenten der ursprünglichen Stadt erbaut wurde, fühlt man sich in die Vergangenheit zurückversetzt. In den gewundenen Straßen verläuft man sich gern, viele Treppen und Gassen verbinden die zahlreichen Plätze miteinander. Auch hier stößt man immer wieder auf Barockbauten und einige überraschende Dekorelemente.

CHIESA DI SAN GIORGIO VECCHIO Die Kirche hat als eines der wenigen Bauwerke das Erdbeben überstanden. Am Portal sieht man das beschädigte Relief des Heiligen Georg, der mit dem Drachen kämpft.
VIA XXV APRILE, GEÖFFNET: TÄGLICH 9.00-19.00, GRATIS

DUOMO DI SAN GIORGIO Aus der Entfernung betrachtet springt einem die riesige Kuppel mit den blauen Fenstern ins Auge, steht man allerdings auf dem Platz vor dem Dom, verdeckt der Vorgiebel den Blick darauf. Der Barockbaumeister Rosario Gagliardi baute den Dom als Ersatz für die schwer beschädigte Kirche, die etwa 100 Meter weiter steht. Das große Portal des Doms wird nur zu festlichen Anlässen geöffnet, ansonsten erfolgt der Eintritt über eine Seitentür. Das Piepsen und Klicken, das man im Bereich der Kirche hört, soll Tauben fernhalten.
PIAZZA DUOMO, GEÖFFNET: TÄGLICH 9.00-19.00, GRATIS

CIRCOLO DI CONVERSAZIONE Dieser "Konversationskreis" aus dem Jahr 1850 steht nur dem begüterten Bürgertum offen. Dennoch sollte man kurz auf den Treppenabsatz steigen und einen Blick in das Gebäude werfen, um die neoklassizistische Einrichtung zu bewundern. Die Herren sind zu sehr mit ihren Zeitungen oder wichtigen Diskussionen beschäftigt, um Anstoß daran zu nehmen.
VIA ALLORO 5, UNWEIT DER PIAZZA DUOMO

In der Via Capitano Bocchieri stehen einige Palazzi mit außergewöhnlichen Skulpturen unter den Balkonen: von Cherubinen, die devot um sich blicken, bis zu bizarren Figuren in pikanten Stellungen. Sie finden sie an den Fassaden rechts vom Dom bis zum Restaurant Duomo.

DUOMO DI SAN GIORGIO Ⓛ   GELATI DIVINI Ⓡ

ESSEN & TRINKEN

Was das Essen angeht, hat Ragusa Großartiges zu bieten. Gleich zwei Restaurants wurden mit zwei Michelin-Sternen ausgezeichnet. Am berühmtesten ist das Ristorante Duomo mit Küchenchef Sultano (*www.cicciosultano.it*).

LOCANDA DON SERAFINO, das zweite Zwei-Sterne-Restaurant, wurde teilweise aus dem Felsen gehauen. Auf der hoch gelegenen Terrasse mit Blick auf Stadt und Umgebung fühlt man sich wie ein VIP. Hier isst man glasiertes Kalbsbries mit Salbei und Petersilienmayonnaise oder Zitronenlasagne mit Sardinen auf einem Spiegel von einer Creme aus weißen Bohnen mit Olivenöl. Das dazugehörige Hotel wird ebenfalls höchsten Ansprüchen gerecht. Wer im Sommer baden möchte, kann dies am Strand von Marina di Ragusa tun, dem Lido Azzurro.
VIA AVV. G. OTTAVIANO 13, IBLA, WWW.LOCANDADONSERAFINO.IT, T 0932 248778, GEÖFFNET: MI-MO 12.45-14.30 & 19.45-22.30, PREIS: MENÜ 78 €

LOCANDINA In weiß gestrichenen Gewölben kitzeln Gerichte wie die Tintenfischterrine oder ein Thunfischtatar den Gaumen. Wer es einfacher mag, bekommt auch

ausgezeichnete Pasta oder Pizza. Das Menü aus sechs verschiedenen Gerichten bietet die beste Gelegenheit, die Vielfalt der Küche kennenzulernen. Beim Wein können Sie unbesorgt den Hauswein Nero d'Avola bestellen, er passt zu allen Gerichten.
VIA ORFANOTROFIO 39, IBLA, WWW.INLOCANDINA.IT, T 0932 220231, GEÖFFNET: FR-MI 13.00-15.00 & 20.00-23.00, PREIS: 15 €

TRATTORIA LA BETTOLA Man muss in Ragusa natürlich nicht edel tafeln, sondern kann auch ganz gemütlich leckere Hausmannskost genießen. In dieser Taverne steht Papa in der Küche und Mama versorgt die Gäste. Der Hauswein ist übrigens hervorragend.
LARGO CAMERINA 7, IBLA, FB TRATTORIALABETTOLA.IBLA, T 0932 653394, GEÖFFNET: DI 19.30-23.30, MI-SO 12.30-14.30 & 19.30-23.30, PREIS: 10 €

QUATTRO GATTI In dieser hübschen Trattoria gibt es zu vernünftigen Preisen gute Pasta und Fleischgerichte (zum Beispiel Esel!), dazu ein traditionell gebrautes Bier. Da das Lokal sehr beliebt ist, sollten Sie auf jeden Fall reservieren.
VIA VALVERDE 95, IBLA, T 0932 245612, GEÖFFNET: JUNI-SEPT. MO-SA 19.30-23.00, OKT.-MAI DI-SO 19.30-23.00 & SO 12.30-15.00, PREIS: 9 €

GELATI DIVINI In diesem Eissalon stehen ausgefallene Geschmackskombinationen zur Auswahl. Das Schokoladen-Orangen-Eis mit rotem Pfeffer ist ebenso empfehlenswert wie das Eis aus Olivenöl, Zwiebeln oder Rotwein. Sie können hier übrigens auch ein Glas Wein trinken und etwas Käse dazu bestellen.
PIAZZA DUOMO 20, IBLA, WWW.GELATIDIVINI.IT, T 0932 228989, GEÖFFNET: TÄGLICH 10.00-0.00, PREIS: 2,50 €

100% THERE

GIARDINO IBLEO ist ein hübscher Park am Rand von Ibla mit einer schönen Palmenallee, einem Spielplatz und einer herrlichen Aussicht auf das Tal – der ideale Ort für ein erholsames Picknick. Belegte Brote oder andere Zutaten dafür wie Wein, Brot und Käse bekommen Sie in der Salumeria Barocco.
EINGANG PARK: VIA GIARDINO, IBLA SALUMERIA: CORSO XXV APRILE 80, T 0932 652419, GEÖFFNET: TÄGLICH 9.00-22.30

CASTELLO DI DONNAFUGATA Brauchen Sie etwas Abwechslung vom Barock? Etwa zwölf Kilometer südwestlich von Ragusa liegt das Kastell, das seine Besucher in die aristokratische Atmosphäre, wie sie der sizilianische Schriftsteller Giuseppe Tomasi di Lampedusa in seinem Buch *Il Gattopardo* beschrieben hat, versetzt. Das beeindruckende Äußere stammt aus dem 19. Jahrhundert, innen wurden verschiedene Stile gemischt – wieso, erfahren Sie im Rahmen einer Führung. Zum Kastell gehören ein großer Park mit einem Labyrinth und künstlichen Grotten.
SP60 RICHTUNG CAMERINA, NACH 4,5 KM RECHTS SP80, DEN SCHILDERN FOLGEN, T 0932 619333, GEÖFFNET: DI-SO 9.00-13.00 & DI, DO, SO 14.45-17.30, EINTRITT: 8 €

ÜBERNACHTEN

HOTEL IL BAROCCO ist ein charmantes Hotel im Herzen von Ibla mit einer angenehmen Terrasse, auf der man im Schatten eine Tasse Kaffee trinken und die Zeitung lesen kann.
VIA SANTA MARIA LA NUOVA 1, IBLA, WWW.ILBAROCCO.IT, T 0932 663105, PREIS: 90-125 €

VILLA DEL LAURO Der gesamte Komplex mit seinen groben Steinmauern, Bogen und Gewölben wirkt wie aus alten Zeiten. Wenn die sommerlichen Temperaturen in Ragusa über 40 °C klettern, ist es hier angenehm kühl. Wegen des schönen Schwimmbads und des Komforts ist schon mancher noch einen Tag länger geblieben.
VIA ECCE HOMO 11, WWW.VILLADELLAURO.IT, T 0932 655177, PREIS: 140-155 €

GIARDINO SUL DUOMO Dieses hübsche B&B verfügt über einen gemütlichen Garten mit Liegestühlen und Aussicht über die Stadt, in dem man wunderbar den Sonnenuntergang verfolgen kann. In einigen Zimmern schläft man unter alten Gewölbedecken. Vermietet wird auch ein kleines Appartement.
VIA CAPITANO BOCCHIERI 24, IBLA, WWW.GIARDINOSULDUOMO.IT, T 0932 682157, PREIS: 80 €

L'ORTO SUL TETTO liegt ruhig und zentral in Ibla. Die Zimmer und die ganze Einrichtung sind gut, doch die Aussicht von der Terrasse und der Dachgarten machen diesen Ort zu etwas ganz Besonderem.
VIA TENENTE DISTEFANO 56, IBLA, WWW.LORTOSULTETTO.IT, T 0932 247785, PREIS: 70-110 €

GIARDINO SUL DUOMO

MODICA STADT

SCHOKOLADE & VIELE STUFEN

Wie Ragusa besteht auch Modica aus einem tiefer und einem höher gelegenen Teil (Modica Bassa und Modica Alta). Ursprung der Stadt war die wohlhabende arabische Zitadelle Mudiqah. Die heutige Stadt klebt sozusagen an dem Berg, auf dem die Zitadelle stand. Als dort kein Platz mehr war, wurde einfach unterhalb weitergebaut.

Für einen Spaziergang durch die Stadt können Sie die herausnehmbare Karte hinten im Buch nutzen.

SEHENSWÜRDIGKEITEN

Die steilen Straßen und endlosen Treppen erfordern schon etwas Kondition – wer den Dom besuchen will, muss immerhin 150 Stufen nach oben steigen. Doch zu Fuß kann man die Sehenswürdigkeiten einfach am besten entdecken.

DUOMO DI SAN GIORGIO Die Kathedrale im sizilianischen Barockstil stammt von dem berühmten Architekten Rosario Gagliardi. Besucher treffen hier sehr oft auf Hochzeitsgesellschaften, sollten sich dadurch aber nicht von der – rücksichtsvollen – Besichtigung abhalten lassen. Im Juli und August ist die Blumenpracht auf den Stufen in Richtung Dom überwältigend.
CORSO SAN GIORGIO, GEÖFFNET: TÄGLICH 9.00-20.00, GRATIS

CHIESA DI SAN PIETRO Der große Konkurrent von San Giorgio ist die Kirche San Pietro, die aus dem 14. Jahrhundert stammt und nach dem Erdbeben 1693 neu aufgebaut wurde. Vor allem die große Aufgangstreppe mit den zwölf Barockstatuen der Apostel ist beeindruckend. Vermutlich hat Gagliardi auch mitgewirkt.
CORSO UMBERTO I 120, GEÖFFNET: TÄGLICH 9.00-13.00 & 15.30-20.00, GRATIS

CASA QUASIMODO ist das Geburtshaus des italienischen Dichters Salvatore Quasimodo. Er wurde 1901 in Modica geboren und erhielt 1959 den Nobelpreis für Literatur. Im Museum steht ein Teil seiner Möbel.
VIA POSTERLA 31, T 0932 753864, GEÖFFNET: DI-SO 10.00-13.00 & 16.30-19.30, EINTRITT: 2 €

MUSEO CAMPAILLA Die ehemalige Syphilisklinik aus dem 17. Jahrhundert wurde von Tommaso Campailla gegründet, einem Arzt und Philosophen aus Modica. Bis Anfang des 20. Jahrhunderts wurden noch Patienten behandelt, die in einer Art Sauna die heilkräftigen Dämpfe aus Quecksilberöfen einatmeten.
STRADA CAMPAILLA, T 338 4873360, GEÖFFNET: SOMMER DI-SA 10.00-13.00 & 16.00-19.00, SO 10.00-13.00, WINTER DI-SO 10.00-12.00 & SA 15.00-17.00, EINTRITT: 2 €

MODICA STADT

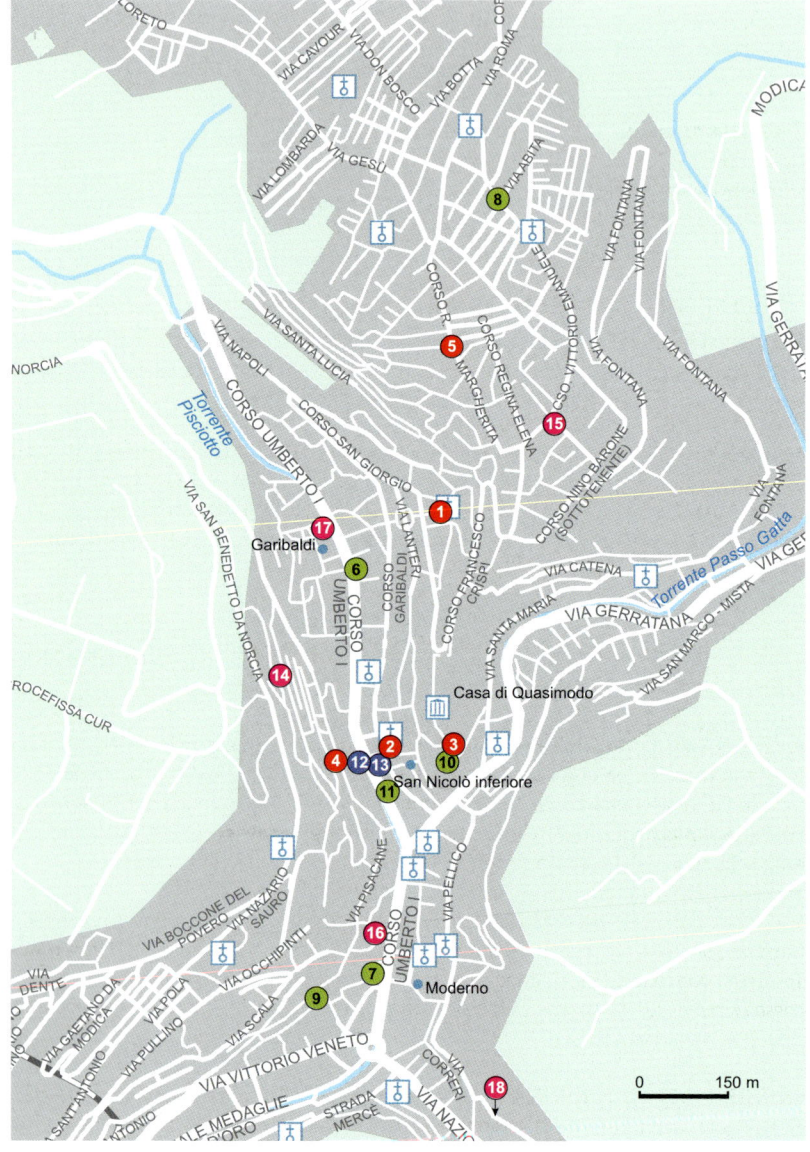

- ● **SEHENSWÜRDIGKEITEN**
- **> S. 253–255**
- 1. DUOMO DI SAN GIORGIO
- 2. CHIESA DI SAN PIETRO
- 3. CASA QUASIMODO
- 4. MUSEO CAMPAILLA
- 5. CORSO REGINA MARGHERITA

- ● **ESSEN & TRINKEN**
- **> S. 255–256**
- 6. OSTERIA DEI SAPORI PERDUTI
- 7. FATTORIA DELLE TORRI
- 8. TAVERNA NICASTRO
- 9. TRATTORIA L'OSTE DEL BORGO
- 10. TORRE D'ORIENTE
- 11. CAFFÉ DELL'ARTE

- ● **SHOPPEN > S. 256–257**
- 12. ANTICA DOLCERIA BONAJUTO
- 13. CIOMOD

- ● **ÜBERNACHTEN**
- **> S. 258**
- 14. CASA TALIA
- 15. PALAZZO FAILLA
- 16. L'ORANGERIE
- 17. PALAZZO IL CAVALIERE
- 18. MASSERIA QUARTARELLA

CORSO REGINA MARGHERITA In dieser steilen Straße findet man typische Beispiele des sizilianischen Barock, darunter einige schöne Herrenhäuser mit malerischen Balkonen.

Modica Bassa, der tiefer gelegene Teil der Stadt, galt in der Vergangenheit als "Venedig des Südens". Um 1900 beschloss man im Zuge einer Stadterweiterung, im Tal mithilfe von Brücken und Bögen über zwei Flüsse hinwegzubauen. Nach einer katastrophalen Überschwemmung 1902 wurde der Plan jedoch fallen gelassen. Später wurden beide Flüsse kanalisiert, heute liegen sie unter zwei großen Verkehrsadern.

ESSEN & TRINKEN

An und um den Corso Umberto I befinden sich hübsche Terrassen und Restaurants, in denen man Pizzen und Pasta für wenig Geld essen kann. Auf den Terrassen der Lokale La Contea und La Perla sitzt man nach Sonnenuntergang sehr angenehm. Wer allerdings etwas mehr von seinem Abend erwartet als schlichte Sättigung und eine schöne Aussicht, sollte in den Gassen von Modica auf die Suche gehen.

OSTERIA DEI SAPORI PERDUTI Auf der Speisekarte stehen einige traditionelle Gerichte, die man nicht so oft und vor allem nicht immer in dieser Qualität bekommt. Touristen und lokale Feinschmecker kommen gleichermaßen gern hierher.
CORSO UMBERTO I 228-230, WWW.OSTERIADEISAPORIPERDUTI.IT, T 0932 944247, GEÖFFNET: MÄRZ-DEZ. MI-MO 12.30-15.30 & 19.00-23.00, PREIS: 8 €

FATTORIA DELLE TORRI Bis vor Kurzem stand Beppe Barone noch selbst in der Küche, jetzt behält er im schicken Speisebereich alles im Auge. Das Essen ist aber nach wie vor ausgezeichnet: Timbale mit Sardinen, Kartoffeln, Salat und Pecorino oder Lamm mit einem Mandel-Flan, Rotbarsch und Zucchiniblättern. Eine Überraschung ist auch das Lokal selbst: Am Ende einer Gasse steigt man eine Wendeltreppe hinauf und landet in einem Innenhof mit Zitronenbäumen.

VIA NAPOLITANO 14, T 0932 751286, GEÖFFNET: SEPT.-JUNI DI-SO, JULI-AUG. TÄGLICH 12.00-15.00 & 19.30-22.30, PREIS: 18 €

TAVERNA NICASTRO liegt etwas versteckt in einer Gasse in Modica Alta neben der Chiesa Sant'Antonio, auf der Treppe vor dem Restaurant ist die Terrasse. 1948 eröffneten Salvatores Eltern das Restaurant, jetzt hält er die Tradition in Ehren. Immer noch wird alles, selbst die Pasta, das Hackfleisch und die Würstchen, selbst hergestellt und dennoch zu einem fairen Preis angeboten. Probieren sollten Sie das Kaninchen.

VIA SANT'ANTONINO 30, WWW.TAVERNANICASTRO.IT, T 0932 945884, GEÖFFNET: DI-SA 20.00-23.00, PREIS: 12 €

TRATTORIA L'OSTE DEL BORGO Abhängig vom täglichen Angebot auf dem Fischmarkt wird das Menü zusammengestellt. Aber Fleisch gibt es natürlich auch. Da das Lokal sehr beliebt ist, ist es meist ziemlich voll. Besser vorher reservieren.

VIA POZZO BARONE 30, T 0932 942423, GEÖFFNET: DI-SO 12.30-14.30 & 19.00-23.00, AUG. 19.00-23.00, PREIS: 12 €

TORRE D'ORIENTE Küchenchef Maurizio Urso bereitet Tortellini mit einer Füllung aus Ziegenkäse zu, garniert mit einem Scampi-Carpaccio. Es gibt auch in Salz marinierten Schwertfisch mit Gartenkräutern. Alle Speisen können Sie auf der Terrasse am Fuße des Kastells mit einer fantastischen Aussicht genießen.

VIA POSTERLA 29, WWW.TORREDORIENTEMODICA.COM, T 0932 948160, GEÖFFNET: NOV.-APR. MI-SA 12.30-15.00 & 19.30-23.00, SO 12.30-15.00, MAI-OKT. TÄGLICH, PREIS: 16 €

CAFFÉ DELL'ARTE wurde 2013 zur besten Bar Siziliens ernannt. Hier gibt es herrlichen Kaffee mit traditionellen *dolci* wie Mandelkeksen, hartem Nugat und kandierter Zitronatzitrone (*cedro candito*). Ein Treffpunkt des ganzen Viertels.

CORSO UMBERTO I 114, WWW.CAFFEDELLARTE.IT, T 0932 943257, GEÖFFNET: MI-MO 7.30-13.30 & 15.00-22.00, PREIS: KAFFEE MIT KUCHEN 5 €

SHOPPEN

In Modica bietet sich hauptsächlich der Corso Umberto I zum Shoppen an. Das wichtigste Produkt der Stadt ist leckere Schokolade.

ANTICA DOLCERIA BONAJUTO Schokolade steht hier absolut im Mittelpunkt der Aufmerksamkeit. Seit 1800, als Francesco Bonajuto das erste kleine Geschäft in Modica eröffnete, wird Schokolade nach aztekischer Tradition hergestellt. Man scheut weder Zeit noch Mühe, Kunden alles genau zu erklären, und selbstverständlich dürfen die Produkte auch verkostet werden. Wie wäre es mit Schokolade aus 100 % Kakao oder mit

CIOMOD

Peperoncino? Es gibt auch Schokoladenlikör oder *mpana tigghi*, eine Fleischpastete mit Mandeln und ... Schokolade. Wer eine Ausrede braucht: Die Schokolade scheint bei Bronchitis zu helfen. Werfen Sie einen Blick in das "Labor" im hinteren Bereich.

CORSO UMBERTO I 159, WWW.BONAJUTO.IT, T 0932 941225, GEÖFFNET: TÄGLICH JUNI-OKT. 9.00-20.30, NOV.-MAI 9.00-13.30 & 16.00-20.30

....

Die Chocolatiers von Modica arbeiten nach der originalen aztekischen Rezeptur, die die spanischen Besatzer nach Sizilien mitbrachten. Cioccolato modicano *ist weltweit ein Begriff. Butter, andere Fette oder Bindemittel werden nicht verwendet, und der Kakao wird kalt mit reinen Aromen und Zucker verarbeitet. Dadurch ist die Schokolade etwas körniger und trockener, aber angeblich auch gesünder.*

....

CIOMOD Die Qualität der Schokolade kann sich mit Bonajuto messen, aber CioMod legt zudem großen Wert auf eine besonders schöne Präsentation der Produkte und darauf, neue Schokoladenkreationen zu erfinden.

CORSO UMBERTO I 159, WWW.CIOMOD.COM, T 0932 754763, GEÖFFNET: TÄGLICH 10.00-13.00 & 15.30-20.30

ÜBERNACHTEN

Modica bietet viele schöne Übernachtungsmöglichkeiten. Durch ihre zentrale Lage ist die Stadt ein idealer Ausgangspunkt für Ausflüge in die Umgebung.

CASA TALIA Mit seinen sechs Zimmern, die alle aus einem Märchen stammen könnten, ist dieses B&B wirklich etwas Besonderes. Ein Mailänder Architektenpaar hat das Haus in einem Stil gestaltet, den es selbst als "slowliving" bezeichnet und bei dem die Liebe zum Detail und der Respekt für alte Strukturen klar hervortreten. Alle Zimmer gehen auf den Garten hinaus und bieten Aussicht auf die Stadt. Es ist hier so schön, dass man eigentlich gar nicht mehr rausgehen möchte.
VIA EXAUDINOS 1/9, WWW.CASATALIA.IT, T 0932 752075, PREIS: 140 €

PALAZZO FAILLA In Modica Alta liegt dieses kleine hübsche Hotel. Mit seinen antiken Möbeln, die der Großmutter der heutigen Besitzerin gehörten, den alten Fliesenböden in den Zimmern, der Relieftapete und den Kronleuchtern verströmt das Haus hochherrschaftliche Atmosphäre. Wäre nicht jedes Badezimmer mit Sauna oder Jacuzzi ausgestattet, würde man sich in die Vergangenheit zurückversetzt fühlen. Zum Hotel gehört das Sternerestaurant La Gazza Ladra. Im prachtvollen Innenhof kann man sich von Küchenchef Tamburini überraschen lassen.
VIA BLANDINI 5, WWW.PALAZZOFAILLA.IT, T 0932 941059, PREIS: 110 €
RESTAURANT: WWW.RISTORANTELAGAZZALADRA.IT, T 0932 755555, GEÖFFNET: DI-SO 20.00-23.00, SA-SO AUCH 13.00-15.00, PREIS: MENÜ 90 €

L'ORANGERIE Dieses schöne und günstige B&B mit Dachterrasse liegt über dem Restaurant Delle Torri, doch der Eingang befindet sich etwas versteckt in einer der Seitenstraßen am Anfang des Corso Umberto I. Wenn Sie am Corso Umberto I bei Hausnummer 51 stehen, sollten Sie anrufen, um eine längere Suche zu vermeiden.
VICO DE NARO 5, WWW.LORANGERIE.IT, T 347 0674698, PREIS: 96 €

PALAZZO IL CAVALIERE Der schöne Palazzo steht auf der Liste des Welterbes der UNESCO und liegt mitten im Zentrum. Das "B&B di Charme" kombiniert alte Fliesenböden, freskenbestückte Decken und Kalksteinwände mit modernstem Komfort.
CORSO UMBERTO I 259, WWW.PALAZZOILCAVALIERE.IT, T 0932 947219, PREIS: 59-99 €

MASSERIA QUARTARELLA Nur ein paar Kilometer südlich von Modica liegt dieser schöne, ruhige *agriturismo*. Die bequemen Zimmer sind um den malerischen Innenhof gruppiert. Francesco und seine Familie strahlen eine große Freundlichkeit aus und verwöhnen ihre Gäste beim Frühstück mit lokalen Spezialitäten wie Mandelpudding, *cioccolato modicano* und frischem Obst.
C.DA QUARTARELLA PASSO CANE 1, WWW.QUARTARELLA.COM, T 360 654829, PREIS: 80 €

CASA TALIA

RUND UM MODICA

SCICLI

Diese liebliche Stadt ist eine der weniger bekannten Barockstädte des Val di Noto, die die UNESCO ausgezeichnet hat. Daher ist sie auch nicht so herausgeputzt wie Noto oder Ragusa Ibla. Auf Spaziergängen durch die Straßen entdeckt man jedoch prachtvolle Kirchen und Palazzi mit außergewöhnlichen Balkonen. Vor den Gebäuden stehen manchmal junge Stadtführer, die für ein paar Euro leidenschaftlich von ihrer Heimat erzählen.

Scicli liegt am Fuße eines Felsens nahe der Küste. Vor einem atemberaubenden Panorama steigt man über eine Felsentreppe an Grotten und Kapernpflanzen vorbei zur verlassenen Kirche von San Matteo hinauf. Auf der Piazza del Municipio und in der Barockstraße Via Francesco Mormina Penna gibt es hübsche Terrassen, auf denen man eine *granita* oder einen Aperitif trinken kann. Empfehlenswert ist das Buki Buki.

SATRA Dieses schöne Restaurant wurde in den Überresten eines vom Erdbeben zerstörten Klosters eingerichtet. Mit seiner Gewölbedecke, den weißen Möbeln und der offenen Küche lädt es zum Verweilen ein, die köstlichen Speisen des Küchenchefs tragen das ihrige dazu bei.
VIA DUCA DEGLI ABRUZZI 1, WWW.RISTORANTESATRA.IT, T 0932 842148, GEÖFFNET: MI-MO 12.30-14.30 & 19.00-22.30, PREIS: 15 €

AMICI MIEI ist eine nette, bei den Einwohnern wegen der leckeren Pizzen sehr beliebte Trattoria-Pizzeria in einer Gasse mit einfacher Terrasse. Die Speisen werden alle mit Produkten von den umliegenden Feldern zubereitet.
VIA CATENA 5, T 0932 841513, GEÖFFNET: TÄGLICH 13.00-15.00 & 19.00-23.00, PREIS: 13 €

HOTEL NOVECENTO Dieses gepflegte Hotel liegt in einem alten Palazzo an einem kleinen Platz. In manchen Zimmern kann man Fresken an der Decke bewundern. Zur guten Einstimmung in den Tag wird ein leckeres, ausgiebiges Frühstück serviert. Das Hotel vermittelt auch Ferienhäuser auf dem Land.
VIA DUPRÈ 11, WWW.HOTEL900.IT, T 0932 843817, PREIS: 100 €

ALBERGO DIFFUSO präsentiert ein ganz eigenes Konzept der Unterbringung. Zur Verfügung stehen zwölf Zimmer in verschiedenen, zentral gelegenen Häusern. Informieren Sie sich vorab gut über die Angebote, denn die Zimmer in den älteren Gebäuden sind schöner als in den neuen. Alles Wissenswerte erfahren Sie in der Bar Milennium, die als Rezeption und "Salon" fungiert.
VIA F. MORMINA PENNA 15, WWW.SCICLIALBERGODIFFUSO.IT, T 0932 1855555, PREIS: 60-75 €

NOTO STADT

GARTEN AUS STEIN

Wie viele Städte auf Sizilien wurde auch Noto von dem Erdbeben 1693 fast vollständig zerstört. Unter der Leitung dreier Architekten, Vincenzo Sinatra, Paolo Labisi und Rosario Gagliardi, hat man die Stadt ein paar Kilometer südlicher neu aufgebaut. Das Resultat ist ein stimmiges Barockstädtchen mit schönen Gebäuden aus orangegelbem Kalksandstein. Gerade wenn die Sonne untergeht und sich das Licht rötlich färbt, wirkt Noto in seiner monochromen Erscheinung fast unwirklich.

SEHENSWÜRDIGKEITEN

Noto – und speziell die Hauptstraße Corso Vittorio Emanuele – ähnelt einem Freilichtmuseum, daher erscheint es logisch, die Häuseransammlung vom Eingang des "Museums" her zu beschreiben. Da man normalerweise von der Seite des Stadtparks in die Stadt kommt, beginnt der Rundgang an der Porta Reale.

PORTA REALE Das Stadttor wurde 1838 zu Ehren von Ferdinand II. als Zeichen der Loyalität gegenüber dem König während des Aufstands von Syrakus errichtet. Auf dem Tor stehen ein steinerner Pelikan (Symbol der Opferbereitschaft), ein Hund (Symbol der Loyalität) und ein Turm (Symbol der Stärke).
OSTSEITE CORSO VITTORIO EMANUELE, IN DER NÄHE VON GIARDINI PUBBLICI

SAN FRANCESCO ALL'IMMACOLATA Die Kirche und das dazugehörige Kloster dominieren den Platz am Stadteingang. Reliquien und Standbilder aus anderen, älteren Kirchen von Noto, die das Erdbeben nicht überstanden, sind hier versammelt. So ist zum Beispiel eine hölzerne Marienfigur mit Kind aus dem Jahr 1564 zu besichtigen.
CORSO VITTORIO EMANUELE 142, GEÖFFNET: TÄGLICH 9.30-19.00, GRATIS

DUOMO SAN NICOLÒ Oberhalb einer riesigen Treppe erhebt sich der Dom hoch über den Platz und das Rathaus von Noto, um die Überlegenheit der kirchlichen gegenüber der weltlichen Macht zu demonstrieren.
PIAZZA MUNICIPIO, GEÖFFNET: TÄGLICH 9.00-13.00 & 15.00-20.00, GRATIS

PALAZZO NICOLACI DI VILLADORATA Dieser Palazzo ist ein Paradebeispiel für den sizilianischen Barock mit üppig verzierten Balkonen und einer prachtvollen Fassade aus Kalksandstein.
VIA NICOLACI, T 338 7427022, GEÖFFNET: TÄGLICH 10.00-13.00 & 15.00-17.30, PREIS: 4 €

PALAZZO LANDOLINA ist einer der wenigen weltlichen Paläste in Noto und gehörte einer der führenden aristokratischen Familien der Stadt, der Familie Landolina. Gerade seine Schlichtheit sollte ihre Macht unterstreichen.
PIAZZA MUNICIPIO, LINKS NEBEN DEM DOM, NICHT FÜR BESUCHER GEÖFFNET

CHIESA DI SAN CARLO BORROMEO Ein Aufstieg zum Glockenturm dieser Kirche lohnt sich, denn vor allem in der Dämmerung ist der Blick über die Stadt ein Foto wirklich wert.
CORSO VITTORIO EMANUELE 119, GEÖFFNET: TÄGLICH 10.00-13.00 & 16.00-20.00, EINTRITT: 2 €

TEATRO COMUNALE VITTORIO EMANUELE ist ein wunderschönes kleines Theater, das die Eleganz vergangener Tage ausstrahlt. Damen in Abendkleidern und mit kostbarem Schmuck flanieren mit eleganten Herren durch das Foyer, tuscheln auf den Balkonen und warten gespannt, bis das Licht ausgeht und die Oper beginnt.
PIAZZA XVI MAGGIO 1, WWW.FONDAZIONETEATRODINOTO.IT, T 0931 835073, GEÖFFNET: TÄGLICH 9.30-13.00 & 15.00-16.30, EINTRITT: 2 €

ESSEN & TRINKEN

In Noto bekommt man den ganzen Tag über an jeder Straßenecke Pizzastücke und Sandwiches. Das Schild "tourist menu" vor einem Restaurant sollte eher als Warnung gelten.

RISTORANTE IL CANTUCCIO In dem Backsteingewölbe kann man ausgezeichnete sizilianische Küche kosten, zum Beispiel das Wachtelragout mit in Mandelmilch gekochtem Reis. Am Wochenende empfiehlt es sich zu reservieren oder früh da zu sein.
VIA C. BENSO CONTE DI CAVOUR 12, WWW.RISTORANTEILCANTUCCIO.IT, T 0931 837464, GEÖFFNET: MITTE MÄRZ-MITTE JAN. DI-SA 20.00-22.30, SO 12.30-14.30 & 20.00-22.30, PREIS: 17 €

I SAPORI DEL VAL DI NOTO In einer Seitenstraße der Via Nicolai gibt es die beste Pizza der Stadt, besonders empfehlenswert ist die Pizza mit Spinat, Ricotta und sonnengetrockneten Tomaten. Wohlfühlen kann sich der Gast hier auch, denn die Terrassentische sind mit Tischdecken, Weingläsern und einer Kerze schön gedeckt.
RONCO BERNARDO LEANTI 9, WWW.ISAPORIDELVALDINOTO.IT, T 0931 839322, GEÖFFNET: DI-SO 13.00-15.00 & 20.00-23.00, PREIS: PIZZA 8 €

DAMMUSO Nachdem er ein erfolgreiches Restaurant in Lido de Noto betrieben hatte, zog der Eigentümer Baglieri in die Stadt. Gutes Essen liegt der Familie am Herzen und alle sind mit Begeisterung bei der Sache: Giorgio ist ein typischer italienischer Macho, seine Frau und seine Mutter geben aber in Wahrheit den Ton an. Die ausgefallene Speisekarte bietet beispielsweise Lasagne mit Artischocken oder Wurst oder Riesengarnelen mit Orangen.
VIA ROCCO PIRRI 10-12, WWW.RISTORANTEDAMMUSO.IT, T 0931 835786, GEÖFFNET: MÄRZ-NOV. MI-MO 12.30-16.00 & 19.30-23.00 (JULI-SEPT. TÄGLICH), DEZ.-FEBR. FR-SO 19.30-23.00, PREIS: 14 €

CAFFÈ SICILIA Schon seit über 100 Jahren ist das Café in Noto für seine leckeren Kuchen und Torten berühmt. Corrado Assenza bereitet in seinem *laboratorio* jeden

CAFFÈ SICILIA

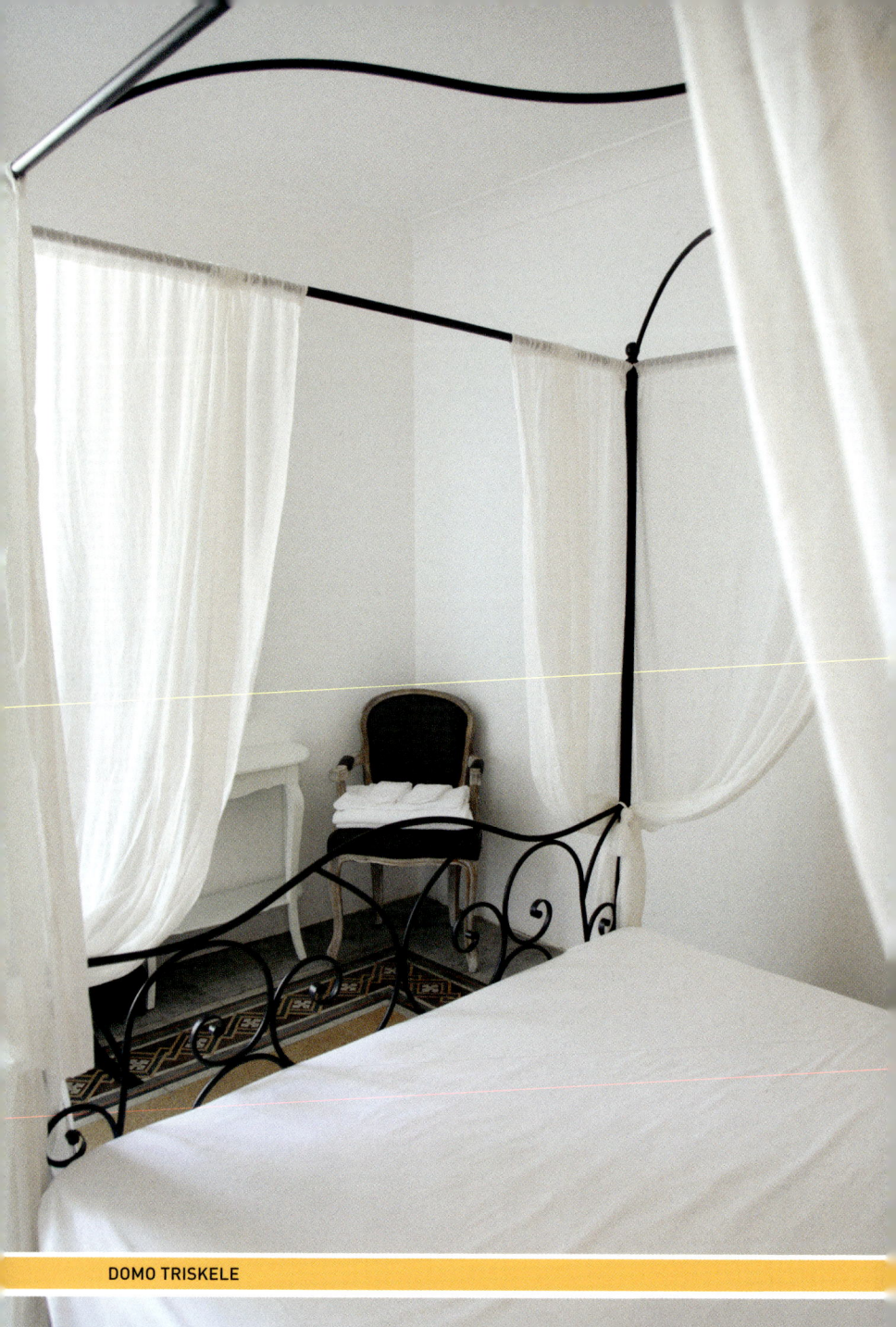

DOMO TRISKELE

Tag seine fantastischen *granitas* zu. Einfach auf die Terrasse setzen und drei verschiedene Sorten zum Probieren bestellen, zum Beispiel Tomate mit Walderdbeere. Der Service ist super und der Ort wunderschön.
CORSO VITTORIO EMANUELE 125, T 0931 835013, GEÖFFNET: TÄGLICH 8.00-0.00, PREIS: GRANITA-DEGUSTAZIONE DREI SORTEN 5 €

ÜBERNACHTEN

Noto bietet nur wenig Übernachtungsmöglichkeiten zu einem vernünftigen Preis. In manchen B&Bs kann man über den Preis verhandeln, vor allem wenn man mehr als eine Nacht bleibt.

B&B TEATRO liegt zentral und ist sehr gepflegt. Die Zimmer verfügen über hübsche Balkone und Terrassen. Wer die Nacht nicht mit einer Taube verbringen will, sollte vor dem Weggehen die Fenster schließen.
PIAZZA XVI MAGGIO 10, WWW.BEBTEATRO.IT, T 0931 1851230, PREIS: 60-90 €

DOMO TRISKELE In diesem nagelneuen B&B wurden beim Bau ursprüngliche Architekturelemente so weit wie möglich erhalten, beispielsweise die gekachelten Fußböden und die Sandsteinblöcke in den Mauern. Manche der kleinen Zimmer haben eine Terrasse mit Aussicht auf den Dom bzw. eine Küche oder ein Himmelbett. Frühstücken kann man in einem Café um die Ecke. Tipp: In der Straße kann man umsonst parken.
VIA CAVOUR 67, WWW.DOMOTRISKELE.WORDPRESS.COM, T 389 5653171, PREIS: 70-90 €

LA DÉPENDANCE Der Inhaber eines beliebten B&B eröffnete 2013 dieses kolonial anmutende Hotel, dessen weiß-beige Einrichtung gut mit dem alten Gebäude harmoniert. In jedem Zimmer hängt an einer Wand die Karte Siziliens. Im gleichen Haus befindet sich auch ein Restaurant.
VIA ROCCO PIRRI 57, WWW.LADEPENDANCENOTO.COM, T 0931 838831, PREIS: 120 €

SÜDOSTKÜSTE REGION

NATUR & STRÄNDE

Von Noto aus geht es über den Lido di Noto und die SP19 Richtung Süden. Man fährt an dem Naturschutzgebiet Vendicari vorbei und erreicht schließlich Marzamemi und Portopalo, zwei hübsche Küstenstädtchen mit Karibikatmosphäre. Von dort aus führt der Weg über Pozzallo mit seinem idyllischen Strand nach Punta Seca. In den meisten Küstenorten ist außerhalb der Hochsaison wenig Betrieb.

LIDO DI NOTO

Lido di Noto erinnert mit seinem feinen Sandstrand und den Kleinbussen, an denen Pizza und Getränke verkauft werden, an einen französischen Badeort.

VENDICARI

Zwischen Lido di Noto und Marzamemi liegt das weitläufige Naturschutzgebiet Riserva Naturale Orientata Oasi Faunistica di Vendicari mit einem fantastischen Sandstrand, einigen schönen *agriturismi* und vielem mehr.

RISERVA NATURALE DI VENDICARI ist ein wasserreiches Naturschutzgebiet, in dem Hunderte Vogelarten ihren jährlichen Zwischenstopp auf dem Weg zu ihren Brutstätten einlegen. Der Park hat vier Eingänge: Der nördlichste liegt bei Eloro. Von dort aus kann man einem gut acht Kilometer langen Spazierweg zum südlichsten Eingang Citadella folgen. Torre di Vendicari ist der Haupteingang des Parks, an dem Sie auf eine renovierte Thunfischfabrik und ein kleines Museum mit einigen Informationen über Flora, Fauna und die Geschichte des Schutzgebietes treffen. Von September bis April kann man in den Brackwasserseen oft Flamingos bewundern. Um Vögel und Reptilien zu beobachten, sollte man zeitig in der Früh hierherkommen. Mönchsbart wächst an allen Wegen, und manchmal kriecht auch eine Schlange über den Boden. Der letzte Eingang liegt nahe dem Agriturismo Calamosche. An diesem B&B mit Restaurant befindet sich der Parkplatz für den Sandstrand Calamosche, an dem es keine Geschäfte oder Bars gibt.
HAUPTEINGANG: SP19, AB NOTO SÜDWÄRTS, NACH CA. 8 KM LINKS AB (SCHILDERN FOLGEN), PREIS: PARKEN 3,50 €

....

Einen Spaziergang durch das Gebiet finden Sie auf der herausnehmbaren Karte in der hinteren Buchklappe.
....

LA CORTE DEL SOLE Dieses großzügig gestaltete, komfortable Familienresort liegt in der Nähe des Lido di Noto und bietet sich vor allem für Familien mit Kindern an. Es

gibt ein kleines Schwimmbad, und zum Strand fährt ein spezieller Pendelbus. Das nette Restaurant Le Muse ist auch für Nicht-Gäste zugänglich.
LOCALITA ELORO, CONTRADA BUCACHEMI, LIDO DI NOTO, WWW.LACORTEDELSOLE.IT, T 0931 820210, PREIS: 116-220 €

TORRE VENDICARI Der kleine Bio-*agriturismo* mit sieben Zimmern liegt etwas außerhalb von Calamosche. Die Eigentümer leben nicht nur vom Tourismus, sie bewirtschaften auch einen Weinberg und pflegen Orangenbäume. Gäste können ein kleines Privathaus oder ein Zimmer mieten und mit dem Fahrrad zum Strand fahren. Das Essen ist günstig, allerdings gibt es keine große Auswahl.
C.DA ROVETO, SP19 NOTO-PACHINO, BEI KILOMETERMARKIERUNG 6 ABZWEIG NACH CALAMOSCHE (DEM PFAD ETWA 500 M FOLGEN BIS ZUM SCHILD "BIO-AGRITURISMO"), WWW.TORREVENDICARI.IT, T 335 1570214, PREIS: 60-80 €

AGRITURISMO CALAMOSCHE Dieser *agriturismo* mit fünf einfachen Zimmern, einem kleinen Restaurant und einer Bar liegt in der Nähe des Strandparkplatzes von Calamosche. Eine tolle Alternative für Leute mit einer schmaleren Geldbörse, die dennoch nah am Meer wohnen wollen.
SPIAGGIA CALAMOSCHE, WWW.PARCHEGGIOCALAMOSCHE.COM (AGRITURISMO ANKLICKEN), T 347 8587319, PREIS: 55 €

PACHINO

In Pachino sind arabische Einflüsse deutlich spürbar. Auf dem Wochenmarkt werden viele exotische Gewürze und Zutaten für die nordafrikanische Küche verkauft. In den Gewächshäusern und Gärtnereien wachsen die Pachino-Tomaten: kleine Tomaten, aus denen teure Pastasoße hergestellt wird.

MARZAMEMI

Marzamemi ist ein zauberhaftes Fischerdorf, das Sizilianer in den Sommermonaten gern aufsuchen. Dann werden am Strand Feste gefeiert und auf dem Vorplatz der Kirche Filme gezeigt. Ende Juli findet sogar ein internationales Filmfestival statt, Informationen dazu unter: *www.cinemadifrontiera.it*. Wenn man an einem heißen Nachmittag außerhalb der Saison den leeren, nur mit ein paar Kakteen und einem Sonnenschirm versehenen Dorfplatz betrachtet, kommt man sich vor wie in einem mexikanischen Western. Etwas nördlich des Dorfs liegt ein schöner Strand.

TAVERNA LA CIALOMA Azurblaue Türen und Stühle, rote Geranien und Lina in der Küche: eine Mutter, die mit 50 Jahren beschloss, ihrer Kochkunst professionell zu frönen. Und damit macht sie viele glücklich! Kein Mensch auf der Terrasse mit Meerblick? Den Italienern ist es draußen viel zu heiß, im Inneren werden dafür große Teller mit Garnelen und Fisch serviert. Die offene Küche in der Mitte gibt den Blick frei auf die Küchenchefin bei der Arbeit. Lassen Sie unbedingt noch etwas Platz für die

RISERVA NATURALE DI VENDICARI (L)   TORRE VENDICARI (R)

typischen *dolci*: Zitronen- oder Mandelpudding oder Schokolade-Ingwer-Creme.
PIAZZA REGINA MARGHERITA 23, WWW.LACIALOMA.IT, T 0931 841772, GEÖFFNET: TÄGLICH 13.00-15.00 & 20.00-22.30, PREIS: 20 €

LICCAMUCIULA Wer sich auf die Terrasse dieser Bar setzt, sollte ein kühles Bier, einen Teller Käse und Fleischwaren, etwas Feigenmarmelade und Brot als Begleitung wählen. Der reine Genuss! In dem dazugehörigen Conceptstore, der im November geschlossen hat, fällt einem die Entscheidung schwer: Schmuck, Kleidung, allerlei Krimskrams, aber auch traditionelle sizilianische Produkte und Bücher sind im Sortiment.
PIAZZA REGINA MARGHERITA 2, WWW.LICCAMUCIULA.IT, T 338 4638531, GEÖFFNET: JUNI-OKT. TÄGLICH 10.00-21.00, SA-SO 10.00-2.00, DEZ.-MAI MI-MO 10.00-13.00 & 16.00-20.00, PREIS: 10 €

SALVATORE CAMPISI Schon seit fünf Generationen verkauft die Familie Campisi Produkte aus der Region. Die hauseigene Spezialität ist eingelegter Fisch. Ein verlockendes Geschäft, in dem man vieles auch probieren darf.
VIA MARZAMEMI 12, WWW.SPECIALITADELMEDITERRANEO.IT, T 0931 841166, GEÖFFNET: TÄGLICH 9.00-13.00 & 16.00-20.30

SALVATORE CAMPISI

PORTOPALO

Portopalo di Capo Passero heißt das Dorf, dessen Bewohner früher vom Thunfischfang lebten, mit vollem Namen. Auf der Insel vor der Küste stehen die Überreste der alten *tonnara*, und mit dem Boot kann man die Isola delle Correnti besuchen. Die Gegend mit ihrem weißlich-gelben Lehmboden ist, abgesehen von ein paar verlassenen Häusern, recht karg. Immerhin liegt diese äußerste Spitze von Italien südlicher als Tunesien, und dort ist es daher sehr heiß.

LA ROSA DEI VENTI Das Hotel mit seiner sizilianisch-rustikalen Einrichtung ist in dieser Klasse eigentlich das Einzige in der Küstenregion. Die Zimmer haben hübsche Terrassen, und angeblich soll bald auch ein Schwimmbad entstehen. Der größte Vorteil des Hotels ist sein Privatstrand mit schönem sauberen, weißen Sand.
CONTRADA CORRIDORE CAMPANA, WWW.HOTELLAROSADEIVENTI.IT, T 0931 844343, PREIS: 75-190 €

POZZALLO

Die kleine Hafenstadt verfügt über einen herrlichen Sandstrand, an dem der Turm Torre dei Conti Cabrera steht, der von den ehemaligen Grafen errichtet wurde, um Piraten abzuwehren. Allerdings handelt es sich dabei um einen Nachbau, denn wie so vieles wurde auch der Turm während des Erdbebens zerstört. Wer in aller Ruhe sonnenbaden will, ist hier goldrichtig.

PUNTA SECCA

Diesen Küstenort kennt jeder Italiener, denn hier steht das Wohnhaus des eigensinnigen Kommissars Montalbano aus der gleichnamigen Fernsehserie. Momentan ist es ein B&B, in dem man mindestens zwei Jahre im Voraus Zimmer reservieren muss. Einen Platz zu ergattern ist in dem Restaurant, in dem der Commissario häufig zu Mittag isst, zum Glück einfacher. Der Strand ist schön ruhig und das Meer ist sauber.

SAND DESIGNRESTAURANT Dieses Café-Restaurant ist modern eingerichtet und bietet einen schönen Meerblick. Was das Meer täglich zu bieten hat, kann ausgiebig probiert werden. Im Juli und August hat das Lokal bis spätnachts geöffnet.
LUNGOMARE A. VESPUCCI 29, WWW.SANDDESIGNRESTAURANT.IT, T 0932 915956, GEÖFFNET: DI-SO 10.00-0.00, JULI-AUG. TÄGLICH, PREIS: DEGUSTATIONSMENÜ 45 €

ENZO A MARE Wer noch mehr Lust auf Strand hat, geht in das gegenüberliegende Enzo a Mare, wie es in der Serie *Montalbano* genannt wird, im Volksmund heißt es allerdings "lo Chalet". Auf der Veranda sitzt man herrlich am Meer.
LUNGOMARE A. VESPUCCI, WWW.ENZOAMARE.IT, T 339 3683895, PREIS: 20 €

AGRIGENT, KÜSTE ZWISCHEN AGRIGENT UND SCIACCA, SCIACCA, TERRE SICANE

SÜDWESTSIZILIEN

AUTOTOUR SÜDWESTSIZILIEN

So können Sie Südwest-Sizilien in fünf Tagen erkunden. Diese Route bringt Sie zu allen Orten, die Sie gesehen haben müssen, und hält auch einige Überraschungen bereit. Sie essen zwischen Einheimischen und wohnen ganz besonders.

TAG 1 **AGRIGENT >** im Valle dei Templi (S. 281) in die Vergangenheit reisen **>** im Giardino della Kolymbetra (S. 285) picknicken **>** bei Le Cuspidi (S. 282) ein Eis genießen **>** die Einkaufsstraße Via Atenea durchstöbern **>** oder bei Fabbriche Chiaramontane vorbeischauen (S. 282) **>** einen Aperitif bei Girasole (S. 284) zu sich nehmen **>** oder gleich bei Expanificio (S. 284) echt sizilianisch speisen **>** einen Cocktail im Mojo (S. 286) trinken **>** im B&B Le Casette di Lu' (S. 287) übernachten **>**

TAG 2 **MONTALLEGRO >** Durch die Gassen zum Dom (S. 286) hinaufspazieren **>** Kaffee trinken in der Bar Concordia (S. 284) **>** Richtung Realmonte fahren **>** bei der Scala dei Turchi (S. 289) entspannen **>** in Richtung Siculiana fahren **>** die kreativ restaurierte Chiesa Madre besuchen **>** weiter geht es nach Montallegro **>** im Relais Briuccia (S. 290) zu Abend essen und übernachten **>**

TAG 3 **STRAND & SCIACCA >** ausgiebig frühstücken **>** zum Torre Salsa (S. 290) fahren und Strand und Natur genießen **>** weiterfahren nach Eraclea Minoa **>** und dort in die Antike eintauchen (S. 290) **>** oder gleich in Richtung Sciacca fahren **>** und die Welt von Filippo Bentivegna im Castello Incantato (S. 295) besuchen **>** in Sciacca in der Bar Piper (S. 298) einen leckeren Aperol Spritz trinken **>** bei Al Faro (S. 295) Fisch essen **>** zwischen den Kreationen von Lulo e Gagà (S. 298) schlafen **>**

TAG 4 **TERRE SICANE >** früh aufstehen und den Fischern im Hafen zusehen (S. 297) **>** in der Bar Roma (S. 296) einen Kaffee oder eine *granita* bestellen **>** Richtung Norden nach Sambuca di Sicilia fahren **>** das Weingut Ulmo der Familie Planeta (S. 301) besuchen **>** zu Mittag essen (vorher reservieren) **>** durch die Umgebung wandern **>** oder nach Ruderi di Montevago (S. 302) oder Santa Margherita di Belice weiterfahren **>** weiter geht es Richtung Menfi, in La Foresteria (S. 306) übernachten **>**

TAG 5 **MENFI / SELINUNTE >** mit dem Rad über die alten Gleise (S. 306) fahren **>** den sauberen Strand von Porto Palo genießen (S. 306) **>** unter Olivenbäumen bei Da Vittorio (S. 305) essen **>** oder nach Selinunte weiterfahren **>** in dem ruhigen archäologischen Park entspannen (S. 307) **>** bei La Pineta (S. 308) Krebse essen und sich am Strand ausruhen **>** bei Il Cuore di Dioniso (S. 308) übernachten **>**

AGRIGENT STADT

TEMPEL, SCHIROKKO & FRISCHER WIND

Agrigent gehört zu den ärmsten Provinzen Siziliens, dennoch gibt es viel zu entdecken. Die Stadt Agrigent (60.000 Einwohner) selbst ist zudem wegen der archäologischen Stätten im Valle dei Templi (Tal der Tempel) bekannt, der ältesten Touristenattraktion Siziliens und eines der Ziele der sogenannten Grand Tour. Adlige Intellektuelle begaben sich im 18. Jahrhundert auf diese Bildungsreise, um populäre Werke des Altertums zu bewundern.

Einen Stadtspaziergang finden Sie auf der herausnehmbaren Karte in der hinteren Buchklappe.

Kurz zurück zum Anfang. Auf Sizilien kreuzten sich die Handelsrouten der Phönizier, Karthager und Griechen. Die Phönizier hatten geschäftliche Interessen, die Karthager wollten die Insel erobern, die friedliebenden Griechen dagegen gründeten Städte und brachten ihre Kultur mit. 580 v. Chr. bauten sie eine neue Stadt: Akragas, benannt nach dem nahen Fluss. Hier errichteten sie beeindruckende Tempel, die denen in Griechenland in nichts nachstanden. So wurde die Stadt auch kulturell zu einer der wichtigsten griechischen Städte im Mittelmeerraum.

Wohlstand schafft Rivalitäten, und nach einer turbulenten Periode wurde Akragas schließlich 210 v. Chr. von den Römern erobert, die der Stadt den Namen Agrigentum gaben. Im 7. Jahrhundert hat man möglicherweise wegen Invasionen der Barbaren auf einem Felsplateau landeinwärts – an der heutigen Stelle – ein "neues" Agrigent erbaut. Im Zweiten Weltkrieg wurde die Stadt von den Alliierten bombardiert.

Wer die Betongebäude aus den Zeiten des Wiederaufbaus in den Außenvierteln hinter sich gelassen hat, wird von einer malerischen Innenstadt überrascht, in deren schönen Straßen die Zeit stillzustehen scheint. Zehn Monate des Jahres ist es hier sonnig. Von Juni bis September herrschen die größte Hitze und der meiste Trubel.

Fremdenverkehrsamt: Via Cesare Battisti 15, Tel.: 0922 20454.

AGRIGENT STADT

● **SEHENSWÜRDIGKEITEN**
> S. 279–282
1. VALLE DEI TEMPLI
2. MUSEO ARCHEOLOGICO
3. CHIESA SANTA MARIA DEI GRECI
4. FABBRICHE CHIARAMONTANE

● **ESSEN & TRINKEN**
> S. 282–285
5. LE CUSPIDI
6. LOCANDA DI TERRA
7. QOC
8. GIRASOLE
9. BAR CONCORDIA
10. EXPANIFICIO

● **SHOPPEN** > S. 285
11. FOLLI FOLLIE

● **100% THERE** > S. 285–286
12. GIARDINO DELLA KOLYMBETRA
13. CONVENTO DI SANTO SPIRITO

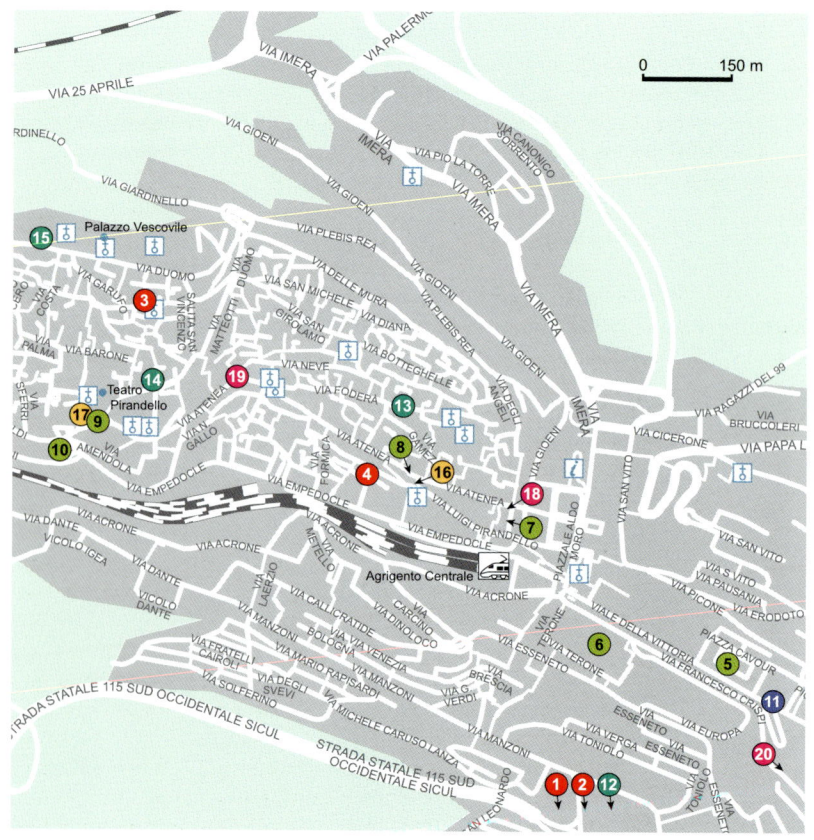

280 - SÜDWESTSIZILIEN > AGRIGENT

14. SALONE JUVE 'DA GENTILE'
15. SPAZIERGANG ZUM DOM

● **ÜBERNACHTEN**
> S. 286-287
18. PORTATENEA

○ **AUSGEHEN > S. 286**
19. B&B LE CASETTE DI LU'
16. MOJO
20. FATTORIA MOSÈ
17. TEATRO LUIGI PIRANDELLO

SEHENSWÜRDIGKEITEN

Touristen kommen vor allem wegen des Valle dei Templi nach Agrigent, doch auch die Sehenswürdigkeiten der "neuen" Stadt lohnen einen Besuch.

VALLE DEI TEMPLI Eigentlich ist es kein Tal, sondern ein Hochplateau südlich von Agrigent, auf dem acht Tempel, Heiligtümer und andere Relikte aus der Periode von 580 bis 430 v. Chr. zu besichtigen sind. Der Haupteingang befindet sich genau in der Mitte. Im Osten stehen die drei am besten erhaltenen Bauwerke in einer Reihe, als bekanntestes der Concordia-Tempel. Im Westen befinden sich die Überreste eines Zeus-Tempels.
SÜDLICH VON AGRIGENT, SP4, WWW.PARCODEITEMPLI.NET, T 0922 497226, GEÖFFNET: MO & SO 9.00-13.00, DI-SA 8.30-19.00, EINTRITT: 10 € (INKL. EINTRITT MUSEO ARCHEOLOGICO)

Gleich hinter dem Haupteingang stoßen Besucher auf den ältesten dorischen Tempel, der dem Herakles geweiht war, der von den Griechen und den Römern gleichermaßen verehrt wurde. Nach diesem wurde der Tempel zu Ehren des obersten olympischen Gottes Zeus errichtet. Im Kampf zwischen Rom und Karthago um die Herrschaft über Akragas erkannte der damalige Machthaber, der griechische Tyrann Phalaris, dass er die Stadt erweitern und verstärken musste, um gegen die karthagische Expansion zu bestehen. 480 v. Chr. wurde Karthago schließlich geschlagen und aus Anlass des Sieges der Zeus-Tempel erbaut. Mit 113 Metern Länge und 56 Metern Breite sowie einer Gesamtoberfläche von insgesamt 6407 m² (etwa so groß wie ein Fußballfeld) ist er der größte dorische Tempel auf Sizilien. Phalaris war zwar alles andere als beliebt, doch die Wirtschaft entwickelte sich gut und die Stadt gedieh unter seiner Herrschaft und der seines Nachfolgers Theron prächtig.

Als dritter Tempel wurde 430 v. Chr. der Concordia-Tempel errichtet. Dieser dorische, wunderbar erhaltene Bau erhielt seinen Namen von einer Inschrift, die von der Eintracht (lat. *concordia*) zwischen den verschiedenen Bevölkerungsschichten sprach. Nach seinem Wiederaufbau im 4. Jahrhundert n. Chr. wandelte man den Tempel in eine christliche Kirche um, doch im 18. Jahrhundert wurde diese in den ursprünglichen Zustand zurückversetzt. Ganz in der Nähe befindet sich der ebenfalls recht gut erhaltene

Hera-Tempel, dessen Entstehungszeitpunkt nicht genau bekannt ist. Weitere Tempel und Heiligtümer sind Hephaistos, Demeter, Äskulap sowie Castor und Pollux gewidmet. Letzterer ist im 19. Jahrhundert restauriert worden und ist das Symbol des Valle dei Templi. Die Stadt Akragas wurde 409 v. Chr. letztendlich doch von den Karthagern besetzt und zerstört, erst nach 340 v. Chr. wurde mit dem Wiederaufbau begonnen.

Inmitten der Mandelbäume, die diese alte Stadt umgeben, und einem Meer von Wildblumen im Frühling hat man einen wunderschönen Blick auf die "neue" Stadt. Umgekehrt funktioniert das natürlich auch: Von der Piazzetta Sinatra aus – die nach dem Kunstsammler Giuseppe und nicht nach dem Sänger Frank benannt wurde – kann man abends die erleuchteten Tempel bewundern.

MUSEO ARCHEOLOGICO Der Höhepunkt des Museums ist zweifellos der Telamon (Stützpfeiler in Männergestalt) von fast acht Meter Höhe. Dieser Steinriese ist eines der ursprünglich 38 Standbilder, die das Dach des Zeus-Tempels stützten. Darüber hinaus gibt es eine große Keramiksammlung und wunderbare Statuen wie den Epheben von Agrigent zu besichtigen.
PIAZZETTA SAN NICOLA, VALLE DEI TEMPLI, T 0922 20524, GEÖFFNET: DI-SA 9.00-19.00, SO-MO 9.00-14.00, EINTRITT: 10 € (INKL. EINTRITT VALLE DEI TEMPLI)

CHIESA SANTA MARIA DEI GRECI ist eine Kirche aus dem 11. Jahrhundert, die auf den Resten eines dorischen Tempels aus dem 5. Jahrhundert v. Chr. errichtet wurde. Innen sind noch Spuren des alten Bauwerks zu erkennen. In den "Katakomben" auf der linken Seite kommt man an einigen dorischen Säulen vorbei.
VIA SANTA MARIA DEI GRECI, GEÖFFNET: MO-SA 9.00-12.30 & 16.00-20.00 (OKT.-MAI BIS 18.30), GRATIS

FABBRICHE CHIARAMONTANE ist eine Kunstgalerie in einem schön renovierten ehemaligen Kloster und einer alten Fabrik, die regelmäßig Wechselausstellungen präsentiert. Der Fokus liegt dabei auf moderner sizilianischer Kunst und Fotografie. Im schön gestalteten Innenhof kann man sich an einem langen Lesetisch niederlassen.
PIAZZA SAN FRANCESCO 1, WWW.FABBRICHECHIARAMONTANE.COM, T 0922 27729, GEÖFFNET: DI-SO 10.00-13.00 & 16.30-20.30, GRATIS

ESSEN & TRINKEN

Neben dem heißen Schirokko weht auch ein frischer Wind durch Agrigent. Junge Leute, die im Ausland gelebt haben, kehren zurück und eröffnen tolle Geschäfte.

LE CUSPIDI ist auf Pistazien spezialisiert und stellt daraus verschiedene Sorten Eis her, angeblich das beste West-Siziliens. Auch für die anderen Eissorten werden nur feinste Zutaten verwendet.
PIAZZA CONTE DI CAVOUR 19 / VIALE DELLA VITTORIA, WWW.LECUSPIDI.IT, T 0922 595914, GEÖFFNET: MI-MO 7.00-0.00

VALLE DEI TEMPLI

LOCANDA DI TERRA am Rand der Altstadt ist nicht einfach zu finden, doch belohnt eine Oase der Ruhe die Suche. Die rosafarbene Villa ist mit natürlichen Materialien schön eingerichtet, hat eine Glasveranda und einen mediterranen Garten. Auf der Speisekarte wird nicht wie üblich zwischen Antipasti, Primi und Secondi unterschieden, dafür nimmt sich das Personal die Zeit, alle Gerichte und Produkte genau zu erklären. Profit steht hier nicht an erster Stelle. Den Betreibern ist es wichtig, mit lokalen Produkten möglichst naturbelassene Geschmackserlebnisse zu zaubern. Bei der Weinauswahl können Sie ruhig der Empfehlung vertrauen.
VIA FRANCESCO CRISPI 34 (DEM WEG NEBEN DER AGIP-TANKSTELLE FOLGEN, NEBEN DER BANCA D´ITALIA HINUNTER), WWW.TERRASAS.IT, T 0922 29742, GEÖFFNET: OKT.-JUNI DI-SO 12.00-15.00 & 19.00-23.00, JULI-SEPT. TÄGLICH 19.00-23.00, PREIS: MENÜ 40 €

Die Outfit Restaurant Bar **QOC** – eine Abkürzung für "quod omnes cupimus" (alles, was wir begehren) – serviert auf der stilvollen Terrasse ab 19 Uhr einen *aperitivo*. Im Restaurant dieses kosmopolitischen Hotspots kann man gut essen.
VIA C. BATTISTI 8, FB QOC-OUTFIT-RESTAURANT-BAR, T 0922 27107, GEÖFFNET: MO-SA 11.30-15.30 & 18.30-1.00, PREIS: APERITIF 5 €, RESTAURANT 15 €

GIRASOLE Ⓛ   GIARDINO DELLA KOLYMBETRA Ⓡ

GIRASOLE war die erste Bar der Stadt, die ihren Gästen einen *aperitivo* anbot. In der freundlichen Atmosphäre ist man ab 19 Uhr bis spät in die Nacht für einen Drink oder einen Snack willkommen. Tagsüber trinkt man Kaffee auf der hübschen Terrasse.
VIA ATENEA 68, T 0922 26500, GEÖFFNET: MO-DO 8.00-0.00, FR-SA 8.00-2.00, PREIS: APERITIF 8 €

BAR CONCORDIA Hier holen die Väter von Agrigent als Liebesbeweis am Sonntagmorgen Köstlichkeiten für ihre Familie. Aus Concordias "Küche", die 100 Meter weiter liegt, kommen unter anderem *cannoli* und Mandelmilch. Und das schon seit über 60 Jahren, wie man an den Fotos sehen kann, die drei Konditor-Generationen vorstellen.
PIAZZA L. PIRANDELLO 36, T 0922 25894, GEÖFFNET: DI-SO 6.00-21.00, PREIS: CANNOLI 1,40 €

EXPANIFICIO war früher eine Bäckerei, was man an der Einrichtung auch noch erkennen kann. Die auf Packpapier geschriebene Speisekarte lässt Gästen die Wahl zwischen frischer Pasta und Fisch. Für ein typisch sizilianisches Abendessen mit Obst, süßen Getränken und Nüssen sind Sie hier genau richtig. Mit etwas Glück bekommen Sie auf der Terrasse einen Tisch mit Blick auf die Tempel.
PIAZZETTA G. SINATRA 16, WWW.OSTERIAEXPANIFICIO.IT, T 0922 595399, GEÖFFNET: TÄGLICH 12.30-14.30 & 19.30-22.30, PREIS: 10 €

SHOPPEN

Die meisten Einkaufsmöglichkeiten gibt es in der Hauptstraße Via Atenea. Auffällig sind die vielen Schuhgeschäfte.

FOLLI FOLLIE Hier bekommen Sie die neueste Mode und Accessoires der exklusiven Marken, die in Italien beliebt sind. An der weißen Bar kann man abends einen Aperitif in trendiger Gesellschaft nehmen.
VIALE DELLA VITTORIA 137, WWW.FOLLIFOLLIELUXURYBRAND.IT, T 0922 556371, GEÖFFNET: TÄGLICH 9.00-21.00

100% THERE

Nach einer faszinierenden Tempel-Tour können Sie sich im Garten Kolymbetra wunderbar erholen. Wer Stadt und Leute näher kennenlernen will, kann seinen Aufenthalt getrost noch etwas verlängern.

GIARDINO DELLA KOLYMBETRA liegt mitten im Valle dei Templi zwischen zwei Tempeln. Dabei handelt es sich um einen alten, fünf Hektar großen Garten mit vielen "vergessenen" Bäumen und Pflanzen. Zur Zeit der Griechen war das Tal ein weites, an ein spezielles Bewässerungssystem angeschlossenes Wasserbecken. Aufgrund des Wassers war der Ort sehr fruchtbar und eignete sich ausgezeichnet für die Landwirtschaft. In diesem herrlichen Naturparadies duftet es nach Zitrusfrüchten sowie Rosmarin, und man stößt auf 600 bis 800 Jahre alte Olivenbäume und Pistazien-, Mandel-, Orangen- und Zitronenbäume, die das ganze Jahr über Frucht tragen. Nach einer morgendlichen Tempelbesichtigung kann man hier wunderbar picknicken. Einfach etwas Brot mitnehmen und mit Olivenöl oder Marmelade (kann man am Eingang kaufen) verzehren. Wer mag, darf für 3 Euro pro Tüte Zitrusfrüchte selbst pflücken.
VALLE DEI TEMPLI (WEST), T 335 1229042, GEÖFFNET: TÄGLICH SOMMER 10.00-19.00, WINTER 10.00-17.00, EINTRITT: 4 €

CONVENTO DI SANTO SPIRITO Hier werden schon seit Jahrhunderten Mandelkekse gebacken, die die Nonnen zum Glück nicht für sich behalten. Wer Kekse kaufen möchte, klingelt am Tor und erklärt in seinem besten Italienisch über die Sprechanlage, was er möchte. Radebrechen mit Händen und Füßen hilft da leider nicht, aber versuchen Sie es mit: "*Ciao, buongiorno. Vorrei assagiare i dolci alla mandorla.*" Hoffentlich öffnet dann eine der zehn Schwestern die Tür. Falls die Italienisch-Kenntnisse damit schon erschöpft sind, sollten Sie nach der einzigen Schwester fragen, die Englisch spricht. Eine Tür weiter befindet sich der Eingang zum Klostergarten und dem Museum auf dem Dachboden, in dem Reliquien und alte Gebrauchsgegenstände ausgestellt sind, zum Beispiel eine Pastamaschine aus der Vorkriegszeit.
VIA SANTO SPIRITO 8, WWW.MONASTEROSANTOSPIRITOAG.IT, T 0922 590371, KEKSVERKAUF TÄGLICH 9.00-19.00, MUSEUM MO-FR 9.00-13.00 & DI-DO 15.30-19.00, PREIS: 500 G KEKSE 11 €, EINTRITT: KLOSTER & MUSEUM 5 €

SALONE JUVE 'DA GENTILE' ist der authentische Barbiersalon eines leidenschaftlichen Juventus-Fans. Dieser klingenbewehrte Fachmann weiß Rat bei jedem Ferienbart. Wer den Wildwuchs im Gesicht bekämpfen will, geht einfach hinein und macht einen Termin aus.
VIA SAPONARA 2, PREIS: RASUR 3 €

SPAZIERGANG ZUM DOM Der prachtvolle Dom von Agrigent wurde im 11. Jahrhundert von den Normannen erbaut und erhebt sich weithin sichtbar über die Stadt. Ein Spaziergang durch die steilen Straßen bis zum Gotteshaus lohnt sich. Während die Touristen durch die Via Atenea schlendern, scheint in diesem Teil der Stadt die Zeit stillzustehen. Alte Männer lehnen an Fensterbänken, Frauen fegen die Stufen vor der Haustür oder schwingen energisch den Teppichklopfer und Kinder spielen auf der Straße. Von der Via Atenea aus können Sie über die Treppe der Via Bac nach oben steigen.
VIA DUOMO, T 0922 27595, GEÖFFNET: TÄGLICH 9.30-12.30 & 16.00-18.00, GRATIS

AUSGEHEN

In der Hochsaison organisieren diverse Bars und Restaurants rund um die Via Atenea Musikabende oder andere Events.

MOJO wurde von drei Schulfreunden gegründet. Das Motto der Bar lautet: "Verzauberung durch die Kombination der richtigen Zutaten". Und dafür sorgen die Betreiber mit einem Mix aus guter Musik, tollen Drinks und super Atmosphäre. Von Mitte Juni bis Mitte September wird freitags Livemusik (ab 23 Uhr) gespielt, samstags legt ein DJ auf.
PIAZZA SAN FRANCESCO 11-15, WWW.MOJO4MUSIC.IT, T 0922 463013, GEÖFFNET: MI-MO 19.00-3.00

TEATRO LUIGI PIRANDELLO In diesem Theater werden hauptsächlich Werke von Agrigents bekanntem Schriftsteller Pirandello aufgeführt – natürlich auf Italienisch. Kommt Ihnen der Stil der Innengestaltung bekannt vor? Giovanni Basile zeichnete dafür verantwortlich, der Architekt des Teatro Massimo in Palermo. Auch außerhalb der Vorstellungen darf man sich im Theater umschauen.
PIAZZA PIRANDELLO 1, WWW.TEATROLUIGIPIRANDELLO.IT, T 0922 590220 (KARTEN), VORSTELLUNGEN NOV.-MÄRZ AN WOCHENENDEN, GEÖFFNET: BESICHTIGUNG MO-FR 9.30-13.30 & DI & DO 15.00-18.00, EINTRITT: BESICHTIGUNG 2,50 €

ÜBERNACHTEN

Das Preis-Leistungs-Verhältnis der Unterkünfte im Bereich des Tals der Tempel ist unausgewogen. Abends ist zudem so wenig los, dass man eigentlich nur im Hotel sitzen kann. Übernachten Sie daher eher in der Stadt oder am Meer.

PORTATENEA ist ein B&B in der Geschäftsstraße von Agrigent. Jedes Zimmer hat seine eigene Farbgebung und Stimmung, doch am schönsten ist die fantastische Dachterrasse. Das ausgiebige Frühstück lässt keine Wünsche offen.
VIA ATENEA 2, WWW.PORTATENEA.COM, T 349 0937492, PREIS: 59-70 €

B&B LE CASETTE DI LU' ist eine hübsche, verspielt eingerichtete Unterkunft mitten im Zentrum. Die meisten Zimmer haben eine Kochgelegenheit, manche einen Balkon. In einigen Zimmern nächtigen Gäste im Etagenbett, in anderen versteckt sich das Bett in einer Nische. Das Frühstück (süß oder herzhaft) wird von der fröhlichen Eigentümerin auf das Zimmer gebracht.
VIA ATENEA, SCALETTA VIA NEVE 12, WWW.LECASETTEDILU.IT, T 0922 629414, PREIS: 55-70 €

FATTORIA MOSÈ Dieser *agriturismo* östlich des Valle dei Templi liegt nur drei Kilometer vom Meer entfernt zwischen Orangen-, Mandel-, Pistazien- und Olivenbäumen. Der Bauernhof ist schon über 200 Jahre im Besitz der Familie Agnello, die ihr eigenes Olivenöl herstellt und biologisches Obst und Gemüse anbaut. Gäste haben die Wahl zwischen Zimmern in der Casa Padronale oder Appartements in den ehemaligen Ställen. Minimum des Aufenthalts sind zwei Übernachtungen. Wer möchte, darf gern mitessen.
VIA MATTIA PASCAL 4A, WWW.FATTORIAMOSE.COM, T 0922 606115, PREIS: 100-116 €

PORTATENEA

KÜSTE ZWISCHEN AGRIGENT UND SCIACCA REGION

TRAUMHAFTE ORTE, NATUR & PURER GENUSS

Der herrliche Küstenbereich zwischen Agrigent und Sciacca ist noch nicht vom Massentourismus verdorben und eignet sich daher bestens für eine Entdeckungstour jenseits ausgetretener Pfade. Die Küstenstraße E931/SS115 führt an prachtvollen Sandstränden, unberührter Natur und vergessenen Dörfern entlang.

REALMONTE

Welche Sehenswürdigkeiten die Natur hervorbringt, können Sie an der Scala dei Turchi bewundern.

SCALA DEI TURCHI Auf dem Weg zum Strand glaubt man fast, einer Sinnestäuschung zu erliegen und tatsächlich einen Eisberg zu sehen. Doch die "Türkische Treppe", wie sie übersetzt heißt, ist ein Kreidefelsen mit breiten Stufen, die von Wind und Wetter aus dem Stein geschliffen wurden. Arabische Piraten, die von den Einheimischen "Türken" genannt wurden, gingen hier gern vor Anker, um die Umgebung zu plündern. Heute erklimmen Badegäste den Felsen, um sich zu sonnen.
PUNTA MAJATA, AB REALMONTE DEN SCHILDERN FOLGEN

VILLA DELEO befindet sich schon seit 1912 im Besitz der gleichen Familie. Die Einrichtung scheint sich seitdem kaum verändert zu haben. Die Lage am Fuße der Scala dei Turchi macht dieses B&B so einzigartig. Nach einem Frühstück mit von Inhaberin Maria hausgemachter *granita* und *cannoli* kann man barfuß am Meer entlangschlendern.
DISCESA MAJATA 14, CONTRADA PUNTA GRANDE, WWW.VILLADELEO.IT, T 0922 816206, PREIS: 80-100 €

SICULIANA

In diesem Dorf findet fast jeden Tag eine Hochzeit statt, denn passende traumhafte Orte gibt es hier genug, so etwa die schöne Chiesa Madre auf der Piazza Umberto oder das nahe gelegene Castello Chiaramonte. Auf dem Weg hinauf kommt man an einem typisch sizilianischen Friedhof mit riesigen Grabstätten vorbei.

CASTELLO CHIARAMONTE Die Festung wurde von den Arabern errichtet und im 14. Jahrhundert von der Familie Chiaramonte aus Agrigent neu erbaut. Auch damals fanden schon viele Hochzeiten statt, da man glaubte, dass jede auf dem "Felsen von Siculiana" geschlossene Verbindung gesegnet sei. Heute werden hier viele Feste, Bankette und Empfänge abgehalten.
VIA CIRCONVALLAZIONE 44, WWW.CASTELLOCHIARAMONTE.IT, T 0922 815554, GEÖFFNET: TÄGLICH 9.00-12.30 & 15.00-18.30 (RESERVIEREN IST PFLICHT), EINTRITT: 5 €

MONTALLEGRO

Nördlich wie südlich der SS115 bietet Montallegro jede Menge Genuss und Entspannung mit ausgezeichnetem Essen, prachtvoller Natur und ganz besonderen Unterkünften.

TORRE SALSA Dieser *agriturismo* erstreckt sich über 300 Hektar eines WWF-Naturschutzgebietes, das bis zum Meer reicht und übersät ist mit Wildblumen und Pflanzen wie Mimosen, Disteln, Lilien in den Dünen und Veilchen in den Wäldern. Übernachten kann man in einem der Appartements, in einem Häuschen am Meer oder im eigenen Wohnwagen. Wer ein paar Tage Sonne, Meer und Ruhe braucht, ist hier goldrichtig. Sie können etwa vier Kilometer Strand zum Spazierengehen nutzen, den Sie außerhalb der Saison übrigens für sich allein haben, außerdem können Sie Rad fahren, surfen oder Vögel beobachten. Im Restaurant wird mit viel Liebe traditionell gekocht. Dieses Paradies dürfen auch Nicht-Gäste besuchen. Der Eingang zum Strand führt über den *agriturismo*, in der Hochsaison werden nur 220 Menschen pro Tag zugelassen.
CONTRADA SALSA, WWW.TORRESALSA.IT, T 0922 847074, PREIS: APPARTEMENT 2 PERS. 100-130 €

RELAIS BRIUCCIA / CAPITOLO PRIMO Das Hotel-Restaurant in einem ehemaligen Patrizierhaus wird von Küchenchef Damiano und seiner Frau Adriana betrieben. Das Restaurant befindet sich im ehemaligen Innenhof und hat daher eine verblüffend hohe Decke. Eine riesige Bambuspflanze wächst auf die Dachfenster zu. Hier kann man stilvoll und vorzüglich essen. Die Zimmer mit den ursprünglichen Kachelfußböden und einem sorgfältig ausgewählten Mobiliar verfügen über große Badewannen, doch man kann sich auch unter freiem Himmel im Wasser tummeln.
VIA TRIESTE 1, WWW.RELAISBRIUCCIA.IT, T 339 7592176, GEÖFFNET: TÄGLICH 12.30-14.30 & 20.00-22.30, PREIS: 13 € ODER MENÜ 40 €, ZIMMER 100 €

ERACLEA MINOA

Eraclea Minoa heißen eine griechische Stadt der Antike und das angrenzende (Küsten-)Gebiet. Wer antike Schätze und Natur liebt, ist hier richtig.

ZONA ARCHEOLOGICA ERACLEA MINOA Auf etwa 100 Metern über dem Meeresspiegel liegen die Ruinen dieser antiken Siedlung in Küstennähe. Sie wurde von den Mykenern errichtet und von den Spartanern im 6. Jahrhundert v. Chr. zerstört. Die Ruinen, darunter ein altes Amphitheater, sind heute mit Metall- und Kunststoffdächern vor dem Wetter geschützt. Ein Spaziergang lohnt sich wegen der antiken Funde natürlich trotzdem und auch wegen der Aussicht über Land und Meer. Vorsicht vor der Aspisviper, die Eraclea Minoa zu ihrem Territorium erkoren hat!
CONTRADA MINOA, T 0922 846005, GEÖFFNET: TÄGLICH 9.00-19.00 (WINTER BIS EINE STUNDE VOR SONNENUNTERGANG), EINTRITT: 4 €

RELAIS BRIUCCIA Ⓛ   **ERACLEA MINOA VILLAGE** Ⓡ

ERACLEA MINOA VILLAGE ist ein großer Campingplatz am Meer, unterhalb des alten Eraclea Minoa. Wer sein Zelt unter den Eukalyptusbäumen aufschlägt, kann morgens nach dem Aufwachen gleich über den Sandstrand laufen. Urlauber ohne Zelt oder Wohnwagen können in verschiedenen Ferienhäusern übernachten. Im August sollte man das Village besser meiden, denn dann kommen etwa 1000 Besucher pro Tag.
VIALE ERACLE 48, WWW.ERACLEAMINOAVILLAGE.IT, T 0922 846023, PREIS: 1-ZIMMER-BUNGALOW 55-95 €, 2-ZIMMER-BUNGALOW 100-165 €, CAMPING 9-18 € PRO PERSON

STRAND & SPA Der weiße Strand eignet sich nicht nur perfekt für einen Tag Sonne und Meer, sondern auch für ein besonderes "Wellness-Paket". An der Westseite des Strandes, etwa 100 Meter vom Campingplatz entfernt, steht ein Felsen, dessen Lehm man mit etwas Wasser vermischt ausgezeichnet als Gesichtsmaske auftragen kann. Die Anwendung ist bei Einheimischen und Touristen gleichermaßen beliebt. Ein Stück weiter an einem zweiten Strand ist Nacktbaden erlaubt. Wer eine kleine Kletterpartie über die Felsen wagt, hat Strandbereiche ganz für sich allein.

SCIACCA STADT

FISCHER, KARNEVAL & QUELLEN

Die 41.000 Einwohner zählende Stadt Sciacca wurde auf einem 60 Meter hohen Felsplateau erbaut. Schon zur Römerzeit war der Ort wegen seiner Heilquellen, Schlammbäder und Saunagrotten beliebt, die auch heute noch besucht werden.

Sciaccas Blütezeit lag im 9. Jahrhundert zur Zeit der Besatzung durch die arabischen Berber. Aufgrund der idealen strategischen und logistischen Lage – nur eine schmale Meerenge trennt Sciacca von Nordafrika – erlangte die Stadt zunehmend an Bedeutung. Sciacca wurde zum wichtigsten Ausfuhrhafen für Getreide und auch der Fischfang hatte einen hohen Stellenwert. Die Besatzer sorgten für eine völlig neue Stadteinteilung und benannten den Ort nach dem arabischen Wort "sciacca", was so viel bedeutet wie "Felsen am Meer".

Das heutige Sciacca erstreckt sich vom Fischerhafen nach Nordosten in Richtung Monte Kronio (San Calogero). Die Piazza Scandaliato ist der Stadtkern und bietet einen malerischen Blick über den Hafen und das Meer am Fuße des Felsplateaus. Fischfang und -verarbeitung stellen immer noch die wichtigste Einkommensquelle der Einheimischen dar. Die Fischereiflotte von Sciacca zählt sogar zu den größten Italiens. Auch die Keramikindustrie floriert, daher findet man überall Geschäfte, die Töpferwaren anbieten. Ein Großereignis ist der Karneval von Sciacca: Der alljährliche Umzug ist einer der längsten, beliebtesten und meistbesuchten von ganz Sizilien.

SEHENSWÜRDIGKEITEN

Sciaccas wichtigste Sehenswürdigkeiten sind der Hafen und das Meer. Auf beide hat man von der Stadt aus einen wunderschönen Blick. Im Corso Vittorio Emanuele befinden sich diverse *palazzi* und ein Dom aus dem 12. Jahrhundert, der für den kleinen Platz, an dem er steht, fast zu groß ist.

PIAZZA SCANDALIATO ist das Herz der Stadt. Dort treffen sich die Einwohner und schauen aufs Meer hinaus. Morgens besprechen alte Männer die neuesten Nachrichten, während die Schwalben geschäftig über den Häusern kreisen. Nach dem Mittagessen lebt der Platz auf, wenn die Fischer mit ihrem Fang wieder in den Hafen einfahren. Gegen Abend kann man mit Blick auf die Chiesa di San Domenico aus dem 18. Jahrhundert dem Vogelgezwitscher lauschen und den Sonnenuntergang genießen.

PALAZZO STERIPINTO wurde Anfang des 16. Jahrhunderts erbaut und ist ein Beispiel für den katalanischen Gotik-Stil. Besonders auffällig ist die mit rauen Steinen in Form von Oktaedern übersäte Fassade.

AM ANFANG DES CORSO VITTORIO EMANUELE, VON DER VIA M. MAGLIENTI FRISCIA KOMMEND, NICHT FÜR BESUCHER GEÖFFNET

SCIACCA STADT

🔴 **SEHENSWÜRDIGKEITEN**
> S. 293-295
1. PIAZZA SCANDALIATO
2. PALAZZO STERIPINTO
3. CASTELLO INCANTATO

🟢 **ESSEN & TRINKEN**
> S. 295-296
4. AL FARO
5. LA LAMPARA

6. PIZZERIA LO STERIPINTO
7. BAR ROMA

🔵 **SHOPPEN >**
S. 296
8. COCO MONKEY

🟢 **100% THERE >**
S. 296-298
9. TERME DI SCIACCA

10. RÜCKKEHR DER FISCHER UND AUSLADEN
11. RÜCKKEHR DER FISCHER

🟡 **AUSGEHEN >**
S. 298
12. BAR PIPER
13. SKALUNATA

● ÜBERNACHTEN
\> S. 298–299
14. B&B DA LULO E GAGÀ
15. LOCANDA AL MORO
16. PORTA BAGNI
17. VILLA PALOCLA

CASTELLO INCANTATO, "das verzauberte Schloss", liegt drei Kilometer von Sciacca entfernt. Es ist nicht wirklich ein Schloss, sondern ein Stück Land, auf dem Hunderte aus Stein gehauene Köpfe stehen – das Werk des 1888 in Sciacca geborenen Bildhauers Filippo Bentivegna. Wegen der hohen Arbeitslosigkeit in seiner Heimat emigrierte er nach Amerika, wo er sich angeblich heftig in ein Mädchen verliebte. Leider war er jedoch nicht der einzige und nicht der erwählte Bewerber, sodass er im Zustand geistiger Verwirrung nach Sciacca zurückkehrte, ein Stück Land kaufte und den Rest seines Lebens damit verbrachte, Köpfe aus Stein zu meißeln. Filippo war so fanatisch, dass er sich buchstäblich in den Steinen vergrub und ein ganzes Labyrinth baute. Im oberen Bereich befindet sich ein aus Köpfen geformter Berg, den er den "Schlüssel der Verzauberung" nannte. Hier steht auch Filippos Haus, dessen Wände mit Fischen und Wolkenkratzern bemalt sind. Heute verwaltet die Stiftung Agorà die Sammlung. Die Köpfe stehen schön und (zu) ordentlich zwischen Oliven- und Mandelbäumen aufgereiht und blicken aufs Meer.
VIA F. BENTIVEGNA 16, WWW.CASTELLOINCANTATO.EU, T 0925 992064, GEÖFFNET: DI-SO 9.30-13.00 & 16.30-20.00, EINTRITT: 3 €

ESSEN & TRINKEN

In Sciacca kommen vor allem Fischliebhaber auf ihre Kosten. Am besten isst man direkt am Hafen, an dem täglich Frischware für die Restaurants angeliefert wird.

AL FARO In dem Hafenrestaurant sitzen Touristen und Fischer Seite an Seite und alle stärken sich mit Köstlichkeiten wie *lumache al limone* (Schnecken mit Zitrone), *spaghetti al nero di seppia* (mit Tintenfischtinte) oder der Hausspezialität *farfalle al Faro* mit Tintenfisch, Lachs, Krabben, Tomaten, Sahne und Weinbrand. Manchmal ist es ein bisschen zu laut und/oder warm, aber die Ventilatoren geben ihr Bestes.
VIA PORTO 25, T 0925 25349, GEÖFFNET: MO-SA 12.30-15.00 & 19.30-0.00, PREIS: 10 €

LA LAMPARA Das elegante Restaurant liegt in einem leicht futuristisch wirkenden Gebäude, von dem aus man über den Hafen blickt. In moderner Einrichtung bekommt man guten, fangfrischen Fisch.
LUNGOMARE C. COLOMBO 13, WWW.LALAMPARASCIACCA.IT, T 0925 85085, GEÖFFNET: TÄGLICH 12.30-15.00 & 19.30-23.00, PREIS: 20 €

PIZZERIA LO STERIPINTO Für die Einheimischen ist dies die beste Pizzeria von Sciacca und die *arancini* sind der absolute Geheimtipp. Wer einen Platz ergattert, isst auf der Terrasse, zur Not kann man das Essen auch mitnehmen.
CORSO VITTORIO EMANUELE 228, T 0925 23177, GEÖFFNET: DI-SO 19.00-0.00, PREIS: PIZZA AB 5 €

BAR ROMA Hier bekommt man außer Kaffee auch das beste Zitronengranita von Sciacca, hausgemacht von Herrn Aurelio. Sein Eis ist weltbekannt und wurde unter anderem schon im Le Figaro und in der New York Times gerühmt, wie man an der Collage aus Zeitungsausschnitten an der Wand ersehen kann. Auch Normalsterbliche schreiben mit gutem Grund Lobeshymnen in sein Gästebuch, denn das Eis ist himmlisch.
VIA DOGANA 8, T 0925 21929, GEÖFFNET: TÄGLICH 7.00-13.00 & 14.00-21.00, PREIS: GRANITA 2 €

SHOPPEN

Auf der und um die Piazza Saverio Friscia, am Anfang der Viale della Vittoria, findet man Keramikgeschäfte voller farbenfroher Töpfe und Schalen, aber auch weniger schwere Souvenirs.

COCO MONKEY ist ein für Sizilien eher ungewöhnlicher Laden, in dem der Eigentümer und seine japanische Frau Produkte aus Japan und dem übrigen Asien verkaufen, die er auf seinen Reisen selbst ausgesucht hat. Wie wäre es zum Beispiel mit einer feinen Ledertasche oder einem neuen Portemonnaie?
VIA G. LICATA 150

100% THERE

Von Sciacca aus erreicht man an heißen Tagen schnell einen der nahen Strände. Bei kühlerem Wetter kann man auch in den Thermen schwimmen.

TERME DI SCIACCA Thermen befinden sich an verschiedenen Stellen in der Stadt und der Umgebung. Die Thermen im Zentrum sind in einem prachtvollen Jugendstilgebäude untergebracht und werden gern von älteren Herrschaften mit Gesundheitsproblemen besucht. Auch wenn die Atmosphäre vielleicht etwas nach Sanatorium riecht, ist das Schwimmbad unbedingt einen Besuch wert. Und wer weiß, wozu das Heilwasser gut ist ... Bademützen sind Pflicht und an den Schwefelgeruch gewöhnt man sich. Gerade wenn das Meer noch zu kalt ist, sind die Thermen eine gute Alternative. Ein Freibad gibt es in den Thermen von Molinelli. Und ausgiebig schwimmen kann man sieben Kilometer außerhalb bei den Grotten von San Calogero.
VIA AGATOCLE 2 / LUNGOMARE DELLE TERME, T 0925 961111, GEÖFFNET: MO-FR 9.30-12.00 & 16.00-21.30, SA-SO 9.30-13.00, EINTRITT: SCHWIMMBAD 10 €

BAR ROMA Ⓛ **COCO MONKEY** Ⓡ

Der beliebte Carnaval di Sciacca beginnt am Donnerstag vor der Fastenzeit (40 Tage vor Ostern) und wird monatelang vorbereitet. Nach alter Tradition werden riesige Wagen mit bunten Puppen aus Pappmaschee gebaut, die meistens bekannte Persönlichkeiten aus dem politischen oder sozialen Leben darstellen. Das Pendant zum deutschen Karnevalsprinzen ist hier ein König: Peppe Nappa. Wenn er den Schlüssel der Stadt bekommen hat, beginnt das Fest und die Wagen fahren in die Stadt.

RÜCKKEHR DER FISCHER UND AUSLADEN Gegen 5 Uhr laufen die Boote mit dem frischen Fang in den Hafen ein. Rasend schnell wird alles sortiert und an örtliche Restaurants und Einkäufer aus der weiteren Umgebung verkauft. Ein Teil wird für den Versand ins Ausland verpackt. Der Trubel in den frühen Morgenstunden ist gegen 8 Uhr wieder vorbei. Dann kommen die Busse mit (hauptsächlich) Frauen, deren Arbeitstag in der Sardinenverarbeitung beginnt. Und man selbst genehmigt sich am besten in der Bar Roma einen Kaffee …

FISCHAUKTION: DIE TREPPE VON DER PIAZZA SCANDALITO HINUNTERGEHEN UND LINKS HALTEN RICHTUNG RESTAURANT PORTO SAN PAULO

RÜCKKEHR DER FISCHER Zwischen 14 und 17 Uhr kommen die Fischer wieder. Das kann man am besten von der Terrasse des Gran Caffè Scandaglia auf der Piazza Scandaliato beobachten, zum Beispiel bei einem Kaffee und Walnuss-Feigen-Eis.
PIAZZA SCANDALIATO5, GEÖFFNET: TÄGLICH 8.00-0.00, PREIS: EIS 2 €

AUSGEHEN

An einer der kleinen Bars, die einem tagsüber gar nicht aufgefallen sind, kann man gemütlich etwas trinken.

BAR PIPER Es gibt immer einen guten Grund, sich hier auf die Terrasse zu setzen, aber der beste heißt AperolSpritz. Man bekommt ihn zwar überall, doch der Prosecco, der hier verwendet wird, ist so gut, dass dieser Spritz einfach sensationell ist. Natürlich gibt es dazu auch kleine *bruschette* und Nüsse. Alle zwei Wochen veranstaltet die Bar einen speziellen Abend, es gibt dann zum Beispiel Couscous oder Paella.
VIA G. LICATA 197, GEÖFFNET: TÄGLICH 6.30-0.00

SKALUNATA Am schönsten ist es, sich mit einem Drink draußen auf die Stufen zu setzen und die entspannte Atmosphäre zu genießen. Wenn am nächsten Tag die Obststände wieder auf dem Markt am Fuß der Treppe stehen, ist es kaum zu glauben, dass man hier mit einem Glas in der Hand den Sternenhimmel betrachtet hat.
SALITA CONSIGLIO 2, T 389 4339566, GEÖFFNET: TÄGLICH 20.00-2.00

Lust auf mehr? Außerhalb der Stadt organisiert Castello Incantato (siehe Sehenswürdigkeiten) im Sommer auch Feste und Konzerte. Informationen finden Sie auf www.castelloincantato.eu.

ÜBERNACHTEN

B&B DA LULO E GAGÀ In diesem kleinen Haus verbergen sich große Überraschungen. Der fantasievolle Künstler Lulo erstellt aus einfachsten Materialien allerlei tolle Dinge. Sein Freund Gagà, der das B&B schon seit Jahren mit Leidenschaft betreibt, serviert auf der himmlischen Terrasse das Frühstück. Nach einem kurzen Spaziergang im Straßengewirr schläft man abends wie Alice im Wunderland.
VICOLO MUSCARNERA 9, WWW.BEDBREAKFASTLULOGAGA.COM, T 349 6140880, PREIS: 60 €

LOCANDA AL MORO Da die Eigentümer große Weinliebhaber sind, wurden die Zimmer nach sizilianischen Weingütern benannt. Man schläft beispielsweise in Planeta, Mandrarossa oder Feudo Arancio und kann die entsprechenden Weine in der aus dem

BAR PIPER

Felsen geschlagenen Enoteca probieren. Oder auf dem Zimmer, denn für Gäste steht dort eine Flasche bereit. Ein stimmungsvoller Ort in einem modern renovierten Gebäude aus dem 13. Jahrhundert.
VIA LIGUORI 44, WWW.ALMORO.COM, T 0925 86756, PREIS: 70-100 €

PORTA BAGNI Dieses B&B hat geräumige schöne Zimmer in guter Lage am Anfang des Fischer- und Handwerkerviertels. Es gibt eine Gemeinschaftsküche und eine Terrasse mit Blick aufs Meer.
VICOLO SAN LORENZO 13, WWW.PORTABAGNI.IT, T 0925 85605, PREIS: 55-70 €

VILLA PALOCLA ist eine Villa aus dem Jahr 1750, die außerhalb von Sciacca auf einem Landgut von 1,3 Hektar steht. Man fühlt sich, als wäre man bei einer wohlhabenden Familie zu Besuch. Die Decken der Zimmer sind großartig bemalt und die Einrichtung zeugt von Kreativität und Stilsicherheit. Im hübsch angelegten Garten und am eleganten Schwimmbad vergisst man fast, dass das Meer ganz in der Nähe ist.
CONTRADA RAGANELLA, WWW.VILLAPALOCLA.IT, T 0925 902812, PREIS: 60-100 €

TERRE SICANE REGION

WEIN, LITERATUR & ANTIKE

In dieser Gegend lebten die ersten Bewohner Siziliens, die Sikaner. Wie überall auf der Insel folgten verschiedene Völker, die alle ihre Spuren hinterließen. Schon zur Zeit der Römer wurden auf den fruchtbaren, sonnigen Hügeln Oliven, Weintrauben und Getreide angebaut. Heute lässt es sich in Terre Sicane gut leben, das bekannt ist für seinen Wein (Sambuca di Sicilia und Menfi), seine Literatur (Santa Margherita di Belice), einen wunderschönen Strand (Porto Palo), Thermen (Montevago) und die beeindruckenden Überreste griechischer Bauwerke.

Doch auch hier schlug das Schicksal zu: 1968 traf ein Erdbeben das ganze Valle del Belice bis weit ins Inland. An vielen Stellen stehen noch Ruinen aus dem 20. Jahrhundert in der Landschaft. Gerade dieser Kontrast macht die Region zu einem interessanten Reiseziel.

Das Erdbeben in der Nacht vom 14. auf den 15. Januar 1968 hatte eine Stärke von 6,4 auf der Richterskala und kostete 500 Menschen das Leben. Fast 90.000 Menschen wurden verletzt.

SAMBUCA DI SICILIA

Der Ort Sambuca di Sicilia ist von fruchtbarem Boden umgeben, daher werden Oliven, Mandeln und Weintrauben in großem Stil angebaut. 1995 erhielt die Region das Gütezeichen DOC (Denominazione di Origine Controllata), die kontrollierte Ursprungsbezeichnung für Qualitätswein. Auch wenn sich Kenner über den Wert dieses Siegels streiten, erhielt Sambuca di Sicilia damit eine sehr willkommene Anerkennung seines Weins und die Möglichkeit, die Produktion zu erweitern und durch internationale Traubensorten wie Chardonnay und Cabernet Sauvignon zu bereichern.

CANTINA ULMO "*Il vino è la poesia della terra*" ("Wein ist die Poesie der Erde"), so lautet das Motto der Familie Planeta, einer der führenden Weinproduzenten von Sizilien. Nachhaltige Produktion ist hier angesagt. Die Familie startete im Jahr 1995 und besitzt mittlerweile sechs Weinlagen (Sambuca di Sicilia, Menfi, Vittoria, Noto, Ätna und Capo Milazzo) auf der Insel mit einer Fläche von insgesamt fast 400 Hektar. Auf dem idyllischen Weingut Ulmo am Lago Arancio liegen die Wurzeln des Unternehmens. Auf fast 100 Hektar wachsen unter anderem Chardonnay-, Merlot-, Grecanico- und Nerod'Avola-Trauben. Die beiden letzten sind sizilianische Sorten. Mit Erfolgsweinen wie dem La Segreta und dem renommierten Chardonnay bedient Planeta nicht nur die eigene Insel, sondern auch den internationalen Markt. Auf dem Weingut kann man neben Wein auch Olivenöl kaufen, das das Unternehmen in Menfi produziert, außerdem

werden Führungen durch die Kellerei und Weinproben angeboten und man kann zu Mittag essen. Unbedingt zwei Tage im Voraus reservieren!
CONTRADA UI.MO, WWW.PLANETA.IT, T 0925 1955460, GRATIS FÜHRUNG MO-SA MAI-SEPT. 11.00 & 15.00 & 17.00, OKT.-APR. 11.00, PREIS: FÜHRUNG & WEINPROBE (4 WEINE) 12 €, FÜHRUNG + MITTAGESSEN 40 €

Vastedda ist ein traditioneller Schafskäse aus der Region Valle del Belice. Er ist schon nach ein paar Stunden fertig und wird so jung gegessen. Probieren und kaufen kann man ihn zum Beispiel bei Massaria Ruvettu in Contrada Adragna-Cicala, nordöstlich von Sambuca (www.ruvettu.it, Tel.: 0925 946059).

SENTIERO 'LA SEGRETA' In der Region um das Weingut Ulmo, das der Familie Planeta gehört, liegen einige schöne Spazierrouten. Wandern Sie am Lago Arancio entlang, der ständig seine Farbe zu ändern scheint, oder durch die Berge. Überall begegnen Sie ursprünglicher Natur und besonderen Pflanzen. Die Streckendauer variiert zwischen zehn Minuten und zwei Stunden. Eine Wanderkarte erhalten Sie im Weingut Ulmo.
ROND CONTRADA ULMO

ROCCA DEI CAPPERI liegt auf einem Hügel im sizilianischen Inland und ist dennoch nur 40 Autominuten von der Küste entfernt. Zu diesem Bio-*agriturismo* kommen Leute, die Ruhe suchen, oder Radfahrer, die die Natur genießen wollen. Der norditalienische Küchenchef Paolo kocht mit Produkten aus dem eigenen Garten.
CONTRADA BAGNITELLE, CONTESSA ENTELLINA (20 KM NÖRDLICH VON SAMBUCA), WWW.ROCCADEICAPPERI.IT, T 320 0419717, PREIS: 80 €

MONTEVAGO

Das Erdbeben von 1968 traf viele Orte, darunter auch Montevago. In der Altstadt sieht man die katastrophalen Folgen des Erdstoßes, doch es gibt noch mehr zu entdecken.

RUDERI DI MONTEVAGO Nach dem Erdbeben wurde das alte Montevago nicht mehr aufgebaut. Stattdessen entstand ein neues Dorf neben den Ruinen. Durch den verwüsteten Teil baute man eine Betonstraße, um die Erinnerung wachzuhalten. Mit den kaputten Häusern und Kirchen wirkt dieser Bereich fast unwirklich und könnte eine perfekte Filmkulisse darstellen. Der Gedenkplatz, auf dem für jedes Opfer ein Baum gepflanzt wurde, macht das schreckliche Geschehen von 1968 greifbar.
WESTLICH DES NEUEN MONTEVAGO, SS188

TERME ACQUA PIA Westlich des Dorfes mitten im Grünen liegt dieses kleine Spa. Es mag etwas altmodisch wirken, doch ist das schnell vergessen, wenn man in den heilsamen Warmwasserbädern planscht oder sich unter einem "Wasserfall" entspannt. Es

RUDERI DI MONTEVAGO

gibt auch ein großes Schwimmbad und zahlreiche Entspannungsangebote, also alles, was man von einem Spa erwarten darf. Gerade in den kühleren Monaten sehr zu empfehlen. Man kann hier auch übernachten.
LOCALITÀ ACQUE CALDE, WWW.TERMEACQUAPIA.IT, T 0925 39026, GEÖFFNET: TÄGLICH 9.00-0.00, PREIS: AB 15 €

SANTA MARGHERITA DI BELICE

In diesem Dorf steht alles im Zeichen des Meisterwerks des Schriftstellers Giuseppe Tomasi di Lampedusa: *Il Gattopardo (Der Gattopardo).*

MUSEO DELLA MEMORIA In dieser Region trifft man überall auf die Spuren des Erdbebens. Wer Näheres über die Tragödie von 1968 erfahren möchte, sollte das "Museum der Erinnerung" in der kreativ restaurierten Chiesa Madre besuchen. Dort wird die Katastrophe anhand von Schwarz-Weiß-Fotos und Erklärungen veranschaulicht. Das Dorf ist übrigens gespalten, was die die bauliche Metamorphose der Kirche angeht.
CHIESA MADRE / PIAZZA MATTEOTTI, T 0925 30216, GEÖFFNET: MO-FR 9.00-14.00 & MO & DO 15.30-18.30, SA-SO 9.30-13.00 & 15.30-18.30, EINTRITT: 2 €

LA FORESTERIA

MUSEO DEL GATTOPARDO Im Palazzo Filangeri-Cutó erlebte Giuseppe di Lampedusa die glücklichsten Jahre seiner Jugend. Heute ist hier ein Museum untergebracht, das unter anderem das Manuskript seines Meisterwerks *Il Gattopardo* präsentiert. Der Roman erwacht durch figurativ nachgestellte Szenen zum Leben, zudem ertönt die Stimme des Autors und Teile der Visconti-Verfilmung (1963) sind zu sehen. Ein überschaubares, angenehmes Museum, das gut über den Schriftsteller und sein Werk informiert.
PIAZZA MATTEOTTI, T 0925 31150, GEÖFFNET: MO-DI & DO-SA 9.30-13.00 & 15.30-18.30, SO 9.30-13.00, EINTRITT: 3 €

GIBELLINA

Das Erdbeben von 1968 zerstörte auch die Stadt Gibellina auf der Nordseite des Valle del Belice. Ein Pilot, der kurz danach über das Gebiet flog, meinte, das Ganze sehe aus wie nach einer Bombenexplosion. Hier wurde ebenfalls beschlossen, in 18 Kilometern Entfernung einen neuen Ort zu erbauen. Gibellina Nuova ist viel zu groß und grau, obwohl Künstler und Architekten beauftragt wurden, das Erscheinungsbild zu verschönern.

RUDERI DI GIBELLINA 1985 begann der italienische Künstler Alberto Burri mit seinem ebenso eindrucksvollen wie traurigen Kunstwerk *Cretto* (Riss). Er bedeckte und umkleidete die Trümmer der Stadt mit Beton und ließ begehbare Abschnitte offen, die die Enge der ehemaligen Gassen nachvollziehbar machen. Die Betonfläche misst 400 mal 300 Meter und ist damit die größte monumentale Skulptur der Welt, die auch auf Google Maps deutlich zu erkennen ist.
VIA ALCAMO, KNAPP AUSSERHALB DES ALTEN GIBELLINA, WWW.GIBELLINA.SICILIANA.IT

MENFI / PORTO PALO

Dieses "vergessene Eckchen Erde" hat einen der schönsten Strände Siziliens, einen tollen Radweg und herrliches Essen zu bieten.

DA VITTORIO Angesichts seines Bauchumfangs wird gerne gespottet, dass Küchenchef Vittorio wohl seine Küchenmädchen auffisst. Wahrscheinlich hat er seine Pfunde eher den vielen Kostproben seiner herrlichen Speisen zu verdanken. Als Antipasti wird Ihnen unter Olivenbäumen am Wasser eine Zusammenstellung aus vier köstlichen Gerichten serviert. Danach empfiehlt sich frischer Fisch oder die Pasta Vittorio mit allerhand Leckereien aus dem Meer in Tomatensauce. Vittorio vermietet auch hübsche Hotelzimmer und ein Chalet am Strand.
VIA FRIULI VENEZIA GIULIA 9, PORTO PALO, WWW.RISTORANTEVITTORIO.IT, T 0925 78381, GEÖFFNET: TÄGLICH 12.30-14.30 & 19.30-22.30, PREIS: 20 €

STRAND PORTO PALO Die Einwohner sind auf ihren Strand mit der Blauen Flagge sehr stolz, denn nur sechs sizilianische Strände haben diese Auszeichnung als saubere und sichere Strände bekommen. Trotz dieser Ehre ist es hier (noch) überraschend ruhig und erholsam.
PORTO PALO, WWW.BLUEFLAG.ORG

Die internationale Auszeichnung Blaue Flagge ging 2013 an 248 italienische Strände und 3650 Strände in 46 Ländern weltweit. Auf Sizilien findet man sie bei Ragusa (Santa Maria del Focallo, Cirica und Marina di Ragusa) und auf den Äolischen Inseln Lipari und Vulcano.

RADWEG VON MENFI NACH PORTO PALO Zwischen Menfi und Porto Palo liegt ein außergewöhnlicher Radweg: eine alte Eisenbahnstrecke, die mit Beton befestigt wurde. Der Weg ist sechs Kilometer lang und führt vom höher gelegenen Menfi in Richtung Porto Palo. Man radelt an alten Bahnhöfen vorbei, in denen jetzt Schafe statt Schaffner stehen. Unten angekommen gibt es vor allem im Sommer nichts Schöneres als einen Sprung ins Meer – Schwimmsachen also nicht vergessen. Zur heißesten Zeit des Tages sollte man lieber nicht starten, denn der Weg weist keinen Schatten auf.
FAHRRADVERLEIH: BELLAUTO MONTALTO, TANGENZIALE OVEST 7B, T 0925 570494, PREIS: 10 €

LA FORESTERIA ist ein modernes Anwesen der Familie Planeta, das seine Gäste mit angenehmem Luxus und freundlicher Atmosphäre willkommen heißt. Der unauffällige Flachbau liegt auf einem Hügel und wird von einer Terrasse umgeben, von der aus man, wie auch vom Schwimmbad, auf die Weinberge blicken kann. Die Wohn- und Schlafzimmer sind sehr geschmackvoll eingerichtet. Die Köche bereiten alle Gerichte nach alter Familientradition zu und geben die Rezepte in Kochkursen gern an die Gäste weiter.
CONTRADA PASSO DI GURRA, WWW.PLANETAESTATE.IT, T 0925 1955460, PREIS: 180-260 €

SELINUNTE

Selinunte ist weniger bekannt als Segesta oder das Valle dei Templi, doch vielleicht macht gerade das diesen Ort, der südlich der E90 liegt, besonders attraktiv. Selinunte war eine griechische Siedlung, die im 6. und 5. Jahrhundert v. Chr. ihre Blütezeit erlebte. Dank ihrer strategischen Lage am Mittelmeer war die Stadt sehr mächtig und reich. 409 v. Chr. wurde sie nach einer neuntägigen Belagerung vom Erzfeind Karthago erobert. Die Karthager verwüsteten die Stadt, töteten einen Großteil der Bevölkerung und versklavten den Rest. Selinunte wurde zwar neu erbaut, fiel aber letztendlich dem Erdbeben im 7. Jahrhundert zum Opfer. Auf einem großen Hochplateau entlang der Küste stehen die eindrucksvollen Ruinen der alten Tempel.

ARCHEOLOGISCH PARK SELINUNTE

ARCHÄOLOGISCHER PARK SELINUNTE 1958 wurde der Hera-Tempel (auf dem östlichen Hügel, direkt am Haupteingang) wiederaufgebaut. Dort steht sogar eine kleine Bank, auf der man in aller Ruhe sein Umfeld betrachten kann. Vom Athene-Tempel ist eine Säule aufrecht stehen geblieben. Vom dritten Tempel in dieser Reihe, der ursprünglich genauso groß war wie der Zeus-Tempel in Agrigent, ist nicht viel mehr als ein Haufen Steine übrig. Auf der Akropolis am Meer liegen die Reste von vier anderern Tempeln, zum Beispiel die des Herakles-Tempels. Die Metopen: (Zierelemente eines Tempelfrieses) der dorischen Tempel kann man heute im archäologischen Museum von Palermo bewundern. Wegen der Größe des Gebietes bietet sich Selinunte für eine Wanderung oder eine Radtour an. Man kann sich auch in einem Elektrowagen (*eco-buggy*) herumfahren lassen – bei 40 °C keine schlechte Idee. Wenn im Frühling die verschiedenen Wildblumen blühen, ist es hier wunderschön.

AREA ARCHEOLOGICA, MARINELLA DI SELINUNTE, FB PARCO-ARCHEOLOGICO-DI-SELINUNTE-E-CAVE-DI-CUSA, T 0924 46277, GEÖFFNET: SO 9.00-12.30, APR. SEPT. MO-SA 9.00-18.00, OKT.-MÄRZ BIS 16.00, EINTRITT: 6 € (KOMBI-TICKET MIT CAVE DI CUSA), ECO-BUGGY 6 € (3,5 KM), FAHRRAD 1 STUNDE 3 €

CAVE DI CUSA Ungefähr 13 Kilometer nordwestlich von Selinunte liegt bei Campobello di Mazara der Steinbruch, in dem ab dem 6. Jahrhundert v. Chr. das Material für die Tempel von Selinunte abgebaut wurde. Als sich 409 v. Chr. die feindliche karthagische Flotte näherte, liefen die Arbeiter Hals über Kopf davon. Im Gras zwischen den Olivenbäumen stößt man noch auf Teile von fertigen Säulen, die abtransportiert werden sollten. Andere sind nur halb aus den Steinblöcken gemeißelt. Es sieht alles noch genauso aus wie an dem Tag, als der Steinbruch verlassen wurde. Am besten fragen Sie in Selinunte nach dem Weg dorthin.

AB CAMPOBELLO DI MAZARA DIE SP51 SÜDWÄRTS NEHMEN, RECHTS AB AM SCHILD CAVE DI CUSA, GEÖFFNET: TÄGLICH 9.00-12.30, EINTRITT: 6 € (KOMBITICKET MIT SELINUNTE)

Selinunte kommt von "selinon" ("wilder Sellerie"), der am Fluss Belice reichlich zu finden ist.

LA PINETA Hat der Tempelbesuch Sie hungrig gemacht? Dann sollten Sie in diesem Strandrestaurant mitten in einem Naturschutzgebiet Krebse essen. Natürlich gibt es noch viele andere köstliche Gerichte, beispielsweise eine Art frittierte Tortilla, die mit Kapern, Kartoffeln und Thunfisch gefüllt ist. Nach dem Essen können Sie am Strand etwas faulenzen.

VIA DEL CANTONE 39, MARINELLA DI SELINUNTE, T 0924 46820, GEÖFFNET: TÄGLICH 12.00-15.30 & 19.00-22.00, PREIS: 13 €, KREBSE 90 €/KILO

IL CUORE DI DIONISO ist ein altes Landgut in Marinella di Selinunte. Rund um den Innenhof liegen 14 geräumige Zimmer, die erst kürzlich geschmackvoll renoviert wurden. Der Eigentümer ist ein wandelnder Reiseführer, und das junge Pärchen, das den Betrieb am Laufen hält, tut alles, damit sich die Gäste wohlfühlen.

SS115 KM-PAAL 5+552,80, MARINELLA DI SELINUNTE, WWW.ILCUOREDIDIONISO.COM, T 0924 941046, PREIS: 80-130 €

MAZARA DEL VALLO

Die Stadt Mazara del Vallo an der Mündung des Flusses Mazaro ist einer der wichtigsten Fischerhäfen Italiens. Der Ort liegt Luftlinie nicht weit von der nordafrikanischen Küste (Tunesien) entfernt, und das merkt man an der Atmosphäre.

MUSEO DEL SATIRO Mazara del Vallo erschien 1998 in den Nachrichten, nachdem ein Fischer mit seinem Boot aus einer Tiefe von 500 Metern eine Bronzestatue heraufgeholt hatte. Der mehr als mannshohe tanzende Satyr wurde wahrscheinlich von dem griechischen Künstler Praxiteles gefertigt. Letztgültig bewiesen ist dies allerdings noch nicht. Den 2300 Jahre alten Satyr kann man nun zusammen mit anderen archäologischen Meeresfunden in seinem eigenen Museum bewundern.

PIAZZA PLEBISCITO, T 0923 933917, GEÖFFNET: TÄGLICH 9.00-18.00, GRATIS

ORTSNAMENREGISTER

> A
aci trezza	150
acireale	150
äolische inseln	197
ätna	153
agrigent	**278**
> SEHENSWÜRDIGKEITEN	
chiesa santa maria dei greci	282
fabbriche chiaramontane	282
museo archeologico	282
valle dei templi	279
> ESSEN & TRINKEN	
bar concordia	284
cuspidi, le	282
expanificio	284
girasole	284
locanda di terra	283
qoc	283
> SHOPPEN	
folli follie	285
> 100% THERE	
convento di santo spirito	285
giardino della kolymbetra	285
salone juve 'da gentile'	286
spaziergang zum dom	286
> AUSGEHEN	
mojo	286
teatro luigi pirandello	286
> ÜBERNACHTEN	
b&b le casette di lu'	287
fattoria mosè	287
portatenea	287

> C
caltagirone	**239**
> SEHENSWÜRDIGKEITEN	
casa ventimiglia	241
giardino pubblico vittorio emanuele	239
museo della ceramica contemporanea	239
museo delle espressioni ceramiche contemporanee	239
museo regionale della ceramica	239
scala di santa maria del monte	239
> ESSEN & TRINKEN	
locandiere, il	241
piazzetta, la	241
ristorante coria	241
> 100% THERE	
chiosco giardino spadaro	243
infiorata	243
luminaria	243
> ÜBERNACHTEN	
carruggiu casa vacanze	243
tre metri sopra il cielo	243
castel di tusa	195
castelbuono	131
castelmola	176
castiglione di sicilia	160
catania	**137**
> SEHENSWÜRDIGKEITEN	
anfiteatro romano	142
castello ursino	142
museo civico belliniano	142
piazza del duomo	140
teatro massimo bellini	140
via crociferi	140
> ESSEN & TRINKEN	
caffè europa	144
cavalier roxy, al	144
cucina dei colori, la	143
curtigghiu	144
fud	144
osteria antica marina	143
osteria pizzeria antica sicilia	144
polpetteria	144
savia	144
trattoria da nuccio	143
vicerè, i	143
> SHOPPEN	
boudoir 36	146
papelù	145
patrizia pepe	145
rinascente, la	145
> 100% THERE	
seltz al limone	147
etnaland	147
märkte	147
mercato della pescheria	147
> AUSGEHEN	
afro bar	148
agorà hostel	148
mosquito	148
quattro venti, i	148
y's jazz club	148
> ÜBERNACHTEN	
antica dimora	149
b&b fera o' luni	149
bad	149
crociferi	148
hotel centrale europa	148
hotel etnea 316	148
cefalù	**123**
> SEHENSWÜRDIGKEITEN	
duomo di cefalù	123
> ESSEN & TRINKEN	
brace, la	124
galleria, la	124
> SHOPPEN	
enoteca le petit tonneau	125
mau accessori	125

pura vida	125
> 100% THERE	
rocca, la	126
> AUSGEHEN	
carrè lounge	127
> ÜBERNACHTEN	
bohémien b&b	127
scirocco	127

> E
enna	**227**
> SEHENSWÜRDIGKEITEN	
castello di lombardia	227
duomo	228
museo civico alessi	228
torre di federico ii	227
> ESSEN & TRINKEN	
bottiglieria belvedere	228
caffè italia	228
divini sapori	228
kenisa, al	228
> SHOPPEN	
bella, di	231
bella box, di	231
rinascimento	229
> 100% THERE	
castello di sperlinga	232
haarschnitt & rasur	231
spaziergang bei sonnenuntergang	231
> ÜBERNACHTEN	
b&b medioeval	232
b&b proserpina	232
casa del poeta, la	232
eraclea minoa	**290**
erice	**109**

> F
favignana	**106**

> G
ganzirri	**189**
giardini naxos	**176**
gibellina	**305**

> L
lido di noto	**269**
linguaglossa	**157**
lipari	**198**
> SEHENSWÜRDIGKEITEN	
cattedrale san bartolomeo	198
museo archeologico eoliano	198
porticello	198
> ESSEN & TRINKEN	
filippino	199
kasbah café	201

310 · 100% SIZILIEN >ORTSNAMENREGISTER

macine, le	201	
ristorante la nassa	199	
> 100% THERE		
aquacalda	201	
roberto foti	201	
> ÜBERNACHTEN		
aast eolie	201	
atollo monterosa	202	
b&b enza marturano	202	
casajanca	202	

> M

marsala	**115**	
> SEHENSWÜRDIGKEITEN		
convento del carmine	116	
museo archeologico baglio anselmi	116	
piazza della repubblica	115	
> ESSEN & TRINKEN		
caffè letterario mer ka ba	117	
gallo e l'innamorata, il	116	
pino, da	116	
sirena ubriaca, la	117	
> 100% THERE		
cantine florio	119	
> ÜBERNACHTEN		
b&b il profumo del sale	119	
hotel carmine	119	
marzamemi	**270**	
mazara del vallo	**308**	
menfi	**305**	
messina	**179**	
> SEHENSWÜRDIGKEITEN		
campanile, il	181	
chiesa della santissima annunziata dei catalani	181	
duomo	181	
fontana di orione	181	
orto botanico pietro castelli	182	
> ESSEN & TRINKEN		
chiosco ottocentesco	184	
due sorelle, le	183	
famulari	183	
padrino, al	183	
pasticceria irrera	182	
ristorante piero	182	
> 100% THERE		
fiera campionaria internazionale di messina	184	
prozessionen	184	
> AUSGEHEN		
lido's	187	
diskotheken	187	
> ÜBERNACHTEN		
b&b lepanto	187	
hotel sant'elia	187	

messenion	187	
milazzo	**190**	
> SEHENSWÜRDIGKEITEN		
santuario san antonio	190	
zitadelle	190	
> ESSEN & TRINKEN		
bar cd	191	
caffè antico don piricuddo	191	
doppio gusto	191	
locanda del bagatto	192	
> 100% THERE		
baia del tono	193	
mercatino delle pulci	193	
> ÜBERNACHTEN		
b&b l'antico borgo	193	
cirucco village	193	
hotel cassisi	193	
modica	**253**	
> SEHENSWÜRDIGKEITEN		
casa quasimodo	253	
chiesa di san pietro	253	
corso regina margherita	255	
duomo di san giorgio	253	
museo campailla	253	
> ESSEN & TRINKEN		
caffè dell'arte	256	
fattoria delle torri	255	
osteria dei sapori perduti	255	
taverna nicastro	256	
trattoria l'oste del borgo	256	
torre d'oriente	256	
> SHOPPEN		
antica dolceria bonajuto	256	
ciomod	257	
> ÜBERNACHTEN		
casa talia	258	
masseria quartarella	258	
orangerie, l'	258	
palazzo failla	258	
palazzo il cavaliere	258	
mondello	**86**	
monreale	**86**	
montallegro	**290**	
montevago	**302**	
mozia	**120**	

> N

noto	**263**	
> SEHENSWÜRDIGKEITEN		
chiesa di san carlo borromeo	264	
duomo san nicolò	263	
palazzo landolina	263	
palazzo nicolaci di villadorata	263	
porta reale	263	
san francesco all'immacolata	263	
teatro comunale vittorio		

emanuele	264	
> ESSEN & TRINKEN		
caffè sicilia	264	
dammuso	264	
ristorante il cantuccio	264	
sapori del val di noto, i	264	
> ÜBERNACHTEN		
b&b teatro	267	
dependance, la	267	
domo triskele	267	

> P

pachino	**270**	
palermo	**59**	
> SEHENSWÜRDIGKEITEN		
cappella palatina	65	
catacombe dei cappuccini	71	
cattedrale di palermo	66	
chiesa di san cataldo	69	
chiesa di san giovanni degli eremiti	66	
chiesa di santa maria dell'ammiraglio	67	
chiesa di santa maria dello spasimo	71	
fontana pretoria	66	
martorana, la	67	
museo archeologico regionale	69	
oratorio di san lorenzo	70	
palazzo abatellis	70	
palazzo dei normanni	65	
palazzo belmonte riso	69	
piazza marina	70	
quattro canti	66	
steri	70	
teatro massimo	69	
> ESSEN & TRINKEN		
acanto	74	
altri tempi	74	
antica focacceria di san francesco	73	
antico caffè spinnato	75	
bar mazzara	75	
cascinari, ai	74	
cioccolateria lorenzo	76	
enoteca picone	74	
ferro di cavallo	74	
franco u'vastiddaro	73	
gelateria ilardo	76	
kursaal kalhesa	76	
sapori perduti	75	
> SHOPPEN		
coppola storta, la	78	
deja vu	77	
luan	77	
märkte	77	

mitzica		78
modusvivendi		77
officine achab		78
quir		77
rinascente, la		78
vuedu		77
> 100% THERE		
carcere dell'ucciardone		80
foro italico		79
hammam		78
monte pellegrino		80
orto botanico		79
sizilianische küche, entdecke die		81
stadio renzo barbera		81
> AUSGEHEN		
cana enoteca		81
candelai, i		82
grilli giù, i		82
mikalsa bar		82
nuovo montevergini		83
palab		82
> ÜBERNACHTEN		
4 quarti		84
allakala		85
artepalermo		84
bb22		85
grand hotel et des palmes		85
hotel principe di villafranca		85
quintocanto hotel & spa		85
schlafen wie die einheimischen		85
parco delle madonie		**128**
piazza armerina		**235**
> SEHENSWÜRDIGKEITEN		
duomo		236
teatro garibaldi		236
villa delle meraviglie		235
villa romana del casale		235
> ESSEN & TRINKEN		
amici miei		236
fogher, al		236
pasticceria diana		237
tavernetta, la		236
> AUSGEHEN		
highlander pub		237
> ÜBERNACHTEN		
agriturismo bannata		237
bb la volpe e l'uva		237
suite d'autore		237
portopalo		**273**
porto palo		**305**
pozzallo		**273**
punta secca		**273**
> R		
ragusa		**245**
> SEHENSWÜRDIGKEITEN		
chiesa di san giorgio vecchio		247
chiesa di santa maria delle scale		247
circolo di conversazione		247
duomo di san giorgio		247
duomo di san giovanni		245
palazzo bertini		245
> ESSEN & TRINKEN		
gelati divini		249
locanda don serafino		248
locandina		248
quattro gatti		249
trattoria la bettola		249
> 100% THERE		
castello di donnafugata		249
giardino ibleo		249
> ÜBERNACHTEN		
giardino sul duomo		250
hotel il barocco		250
orto sul tetto, l'		250
villa del lauro		250
randazzo		**163**
realmonte		**289**
> S		
salemi		**113**
salina		**202**
sambuca di sicilia		**301**
san vito lo capo		**94**
santa margherita di belice		**303**
santo stefano di camastra		**195**
sciacca		**293**
> SEHENSWÜRDIGKEITEN		
castello incantato		295
palazzo steripinto		293
piazza scandaliato		293
> ESSEN & TRINKEN		
bar roma		296
faro, al		295
lampara, la		295
pizzeria lo steripinto		296
> SHOPPEN		
coco monkey		296
> 100% THERE		
terme di sciacca		296
rückkehr der fischer und ausladen		297
> AUSGEHEN		
bar piper		298
skalunata		298
> ÜBERNACHTEN		
b&b da lulo e gagà		298
locanda al moro		298
porta bagni		299
villa palocla		299
scicli		**260**
scopello		**91**
segesta		**110**
selinunte		**306**
siculiana		**289**
stromboli		**208**
syrakus		**215**
> SEHENSWÜRDIGKEITEN		
duomo		218
fonte aretusa		218
latomia dei cappuccini		217
museo archeologico paolo orsi		218
parco archeologico della neapoli		215
tempio di apollo		218
> ESSEN & TRINKEN		
comari, le		220
darsena da ianuzzo		221
enoteca a putia delle cose buone		220
perbacco		218
spigola, la		221
trattoria la foglia		218
> SHOPPEN		
artesania		221
circo fortuna		221
enoteca solaria		222
scenapparente		221
> 100% THERE		
opera dei pupi		222
tecnoparco archimede		222
meer und strand		222
> AUSGEHEN		
barcollo, il		224
pepe, il		224
sale pub, il		224
tinkitè		223
> ÜBERNACHTEN		
approdo delle sirene, l'		224
azienda agrituristica case damma		225
grand hotel ortigia		224
hotel aurora		224
hotel gutkowski		225
via della giudecca, la		224
> T		
taormina		**169**
> SEHENSWÜRDIGKEITEN		
chiesa san giuseppe		170
duomo san nicolò		169
teatro greco		169
> ESSEN & TRINKEN		
bambar		170
barcaiolo, il		170
duomo, al		170
saraceno, al		170

> 100% THERE
festa dei carri	173
giardini della villa comunale	173
seilbahn	173
mazzarò	173
taormina filmfestival	173

> AUSGEHEN
daiquiri lounge	173
giara, la	174
septimo	174

> ÜBERNACHTEN
hotel villa carlotta	174
hotel villa greta	174
vello d'oro art hotel	174

terrasini	**91**
tindari	**195**
trapani	**97**

> SEHENSWÜRDIGKEITEN
chiesa del purgatorio	99
misteri, i	99
santuario dell'annunziata	100

> ESSEN & TRINKEN
calvino	101
cantina siciliana	100
colicchia	103
couscouseria by bettina	101
grilli, i	101
osteria la bettolaccia	100
tentazioni di gusto	100

> SHOPPEN
campo marzio design	103
stefania	103

> 100% THERE
lido paradiso	103
scuola virgilio	104
radtour zu den salinen	104

> ÜBERNACHTEN
casa trapanese	105
gancia, la	105
garibaldi31	104
lumi, ai	104
relais antiche saline	105

> U
ustica	**88**

> V
vendicari	**269**
vulcano	**205**

> ESSEN & TRINKEN
gaetano, da	206
maria tindara	206
ristorante la forgia di maurizio	206
ristorante pizzeria il palmento	206

> 100% THERE
bootsfahrt	207
schlammbad	206
paolo, da	206
saracen diving center	207
schwarze sandstrände	207

> ÜBERNACHTEN
pensione la giara	208
residence le palme	208

> Z
zingaro, riserva naturale orientata dello	**92**

THEMENREGISTER

> SEHENSWÜRDIGKEITEN

amphitheater SEGESTA	113
anfiteatro romano CATANIA	142
archäologischer park SELINUNTE	307
artemis-tempel SEGESTA	110
campanile, il MESSINA	181
cappella palatina PALERMO	65
casa quasimodo MODICA	253
casa ventimiglia CALTAGIRONE	241
castello chiaramonte SICULIANA	289
castello dei ventimiglia CASTELBUONO	131
castello di lombardia ENNA	227
castello di venere ERICE	110
castello incantato SCIACCA	295
castello ursino CATANIA	142
catacombe dei cappuccini PALERMO	71
cattedrale di monreale MONREALE	86
cattedrale di palermo PALERMO	66
cattedrale san bartolomeo LIPARI	198
cave di cusa SELINUNTE	307
chiesa della santissima annunziata dei catalani MESSINA	181
chiesa di san carlo borromeo NOTO	264
chiesa di san cataldo PALERMO	69
chiesa di san giorgio vecchio RAGUSA	247
chiesa di san giovanni degli eremiti PALERMO	66
chiesa di san pietro MODICA	253
chiesa di santa maria RANDAZZO	164
chiesa di santa maria dell'ammiraglio PALERMO	67
chiesa di santa maria dello spasimo PALERMO	71
chiesa san giuseppe TAORMINA	170
chiesa santa maria dei greci AGRIGENT	282
chiesa di santa maria delle scale RAGUSA	247
circolo di conversazione RAGUSA	247
convento del carmine MARSALA	116
corso regina margherita MODICA	255
duomo ENNA	228
duomo MESSINA	181
duomo PIAZZA ARMERINA	236
duomo SYRAKUS	218
duomo di cefalù CEFALÙ	123
duomo di san giorgio MODICA	253
duomo di san giorgio RAGUSA	247
duomo di san giovanni RAGUSA	245
duomo san nicolò NOTO	263
duomo san nicolò TAORMINA	169
fabbriche chiaramontane AGRIGENT	282
fiumara d'arte S.S. DI CAMASTRA & CASTEL DI TUSA	195
fontana di orione MESSINA	182
fontana pretoria PALERMO	66
fonte aretusa SYRAKUS	218
giardino pubblico vittorio emanuele CALTAGIRONE	239
latomia dei cappuccini SYRAKUS	217
madonna nera TINDARI	195
martorana, la PALERMO	67
misteri, i / chiesa del purgatorio TRAPANI	99
museo archeologico AGRIGENT	282
museo archeologico baglio anselmi MARSALA	116
museo archeologico eoliano LIPARI	198
museo archeologico paolo orsi SYRAKUS	217
museo archeologico paolo vagliasindi RANDAZZO	164
museo archeologico regionale PALERMO	69
museo campailla MODICA	253
museo civico alessi ENNA	228
museo civico belliniano CATANIA	142
museo del gattopardo SANTA MARGHERITA DI BELICE	305
museo del satiro MAZARA DEL VALLO	308
museo della ceramica contemporanea CALTAGIRONE	239
museo della memoria SANTA MARGHERITA DI BELICE	303
museo delle espressioni ceramiche contemporanee CALTAGIRONE	239
museo etnografico LINGUAGLOSSA	159
museo regionale della ceramica CALTAGIRONE	239
oratorio di san lorenzo PALERMO	70
orto botanico pietro castelli MESSINA	182
palazzo abatellis PALERMO	70
palazzo bertini RAGUSA	245
palazzo dei normanni PALERMO	65
palazzo landolina NOTO	263
palazzo nicolaci di villadorata NOTO	263
palazzo belmonte riso PALERMO	69
palazzo steripinto SCIACCA	293
parco archeologico della neapoli SYRAKUS	215
parco delle madonie CEFALÙ	128
piazza del duomo CATANIA	140
piazza della repubblica MARSALA	115
piazza marina PALERMO	70
piazza scandaliato SCIACCA	293
porta reale NOTO	263
porticello LIPARI	198
pro loco (führung kirchen) CASTIGLIONE DI SICILIA	160
quattro canti PALERMO	66
ruderi di gibellina GIBELLINA	305
ruderi di montevago MONTEVAGO	302
san francesco all'immacolata NOTO	263
santuario dell'annunziata TRAPANI	100
santuario san antonio MILAZZO	190
scala dei turchi REALMONTE	289
scala di santa maria del monte CALTAGIRONE	239
spaziergang SALEMI	113
steri PALERMO	70
teatro comunale vittorio emanuele NOTO	264
teatro garibaldi PIAZZA ARMERINA	236
teatro greco TAORMINA	169
teatro massimo PALERMO	69
teatro massimo bellini CATANIA	140
tempio di apollo SYRAKUS	218
tonnara di scopello SCOPELLO	92
torre di federico II ENNA	227
tyndaris TINDARI	195
valle dei templi AGRIGENT	281
via crociferi CATANIA	140
villa delle meraviglie PIAZZA ARMERINA	235
villa romana del casale PIAZZA ARMERINA	235
whitaker museum MOZIA	121
zitadelle MILAZZO	190
zona archeologica eraclea minoa ERACLEA MINOA	290

> ESSEN & TRINKEN

4 archi ATNA/MILO	156
acanto PALERMO	74
altri tempi PALERMO	74
amici del mare FAVIGNANA	106
amici miei PIAZZA ARMERINA	236
amici miei SCICLI	260
antica focacceria di san francesco PALERMO	73
antico caffè spinnato PALERMO	75
bambar TAORMINA	170
bar alfredo SALINA	204
bar cd MILAZZO	191

bar concordia AGRIGENT	284
bar mazzara PALERMO	75
bar nettuno SCOPELLO	92
bar roma SCIACCA	296
barcaiolo, il TAORMINA	170
bottiglieria belvedere ENNA	228
brace, la CEFALÙ	124
bye bye blues MONDELLO	88
caffè antico don piricuddo MILAZZO	191
caffè del corso RANDAZZO	165
caffè dell'arte MODICA	256
caffè europa CATANIA	144
caffè italia ENNA	228
caffè letterario mer ka ba MARSALA	117
caffè pino SAN VITO LO CAPO	94
caffè sicilia NOTO	264
calogero, da MONDELLO	87
calvino TRAPANI	101
camarillo brillo FAVIGNANA	106
cambusa del vicolo, la GANZIRRI	189
cantina siciliana TRAPANI	100
capitolo primo MONTALLEGRO	290
cascinari, ai PALERMO	74
cavalier roxy, al CATANIA	144
chiosco ottocentesco MESSINA	184
cioccolateria lorenzo PALERMO	76
colicchia TRAPANI	103
comari, le SYRAKUS	220
couscouseria by bettina TRAPANI	101
cucina dei colori, la CATANIA	143
curtigghiu CATANIA	144
cuspidi, le AGRIGENT	282
dammuso NOTO	264
darsena da ianuzzo SYRAKUS	221
divini sapori ENNA	228
doppio gusto MILAZZO	191
due sorelle, le MESSINA	183
duomo, al TAORMINA	170
enoteca a putia delle cose buone SYRAKUS	220
enoteca picone PALERMO	74
enzo a mare PUNTA SECCA	273
expanificio AGRIGENT	284
famulari MESSINA	183
faro, al SCIACCA	295
fattoria delle torri MODICA	255
ferro di cavallo PALERMO	74
filippino LIPARI	199
fogher, il PIAZZA ARMERINA	236
franco u'vastiddaro PALERMO	73
fud CATANIA	144
gaetano, da VULCANO	206
galleria, la CEFALÙ	124
gallo e l'innamorata, il MARSALA	116
gelateria ilardo PALERMO	76
gelati divini RAGUSA	249
gente di mare ACI TREZZA	150
giardino corallo SAN VITO LO CAPO	94
girasole AGRIGENT	284
grilli, i TRAPANI	101
hotel capo san vito SAN VITO LO CAPO	94
kasbah café LIPARI	201
kenisa, al ENNA	228
kursaal kalhesa PALERMO	76
lampara, la SCIACCA	295
liccamuciula MARZAMEMI	271
locanda del bagatto MILAZZO	192
locanda di terra AGRIGENT	283
locanda don serafino RAGUSA	248
locandiere, il CALTAGIRONE	241
locandina RAGUSA	248
macine, le LIPARI	201
mamma santina SALINA	204
mammacaura MOZIA	120
maria tindara VULCANO	206
nangalarruni CASTELBUONO	131
osteria antica marina CATANIA	143
osteria dei sapori perduti MODICA	255
osteria la bettolaccia TRAPANI	100
osteria pizzeria antica sicilia CATANIA	144
padrino, al MESSINA	183
pasticceria diana PIAZZA ARMERINA	237
pasticceria irrera MESSINA	182
pasticceria maria grammatico ERICE	110
pasticceria santo musumeci RANDAZZO	164
perbacco SYRAKUS	218
piazzetta, la CALTAGIRONE	241
pineta, la SELINUNTE	308
pino, da MARSALA	116
pizzeria lo steripinto SCIACCA	296
polpetteria CATANIA	144
postale 17 ERICE	110
qoc AGRIGENT	283
quattro gatti RAGUSA	249
ristorante 'nni lausta SALINA	204
ristorante ardigna SALEMI	113
ristorante boccaperta I INGUAGLOSSA	159
ristorante coria CALTAGIRONE	241
ristorante da zurro STROMBOLI	208
ristorante il canneto STROMBOLI	209
ristorante il cantuccio NOTO	264
ristorante la bifora RANDAZZO	164
ristorante la forgia di maurizio VULCANO	206
ristorante la napoletana GANZIRRI	189
ristorante la nassa LIPARI	199
ristorante osservatorio STROMBOLI	209
ristorante piero MESSINA	182
ristorante pizzeria il palmento VULCANO	206
ristorante san giorgio del drago RANDAZZO	164
ristorante sea sound GIARDINI NAXOS	176
ristorante sine tempore LINGUAGLOSSA	160
ritrovo ingrid STROMBOLI	209
sand designrestaurant PUNTA SECCA	273
sapori del val di noto, i NOTO	264
sapori perduti PALERMO	75
saraceno, al TAORMINA	170
satra SCICLI	260
savia CATANIA	144
sirena ubriaca, la MARSALA	117
spigola, la SYRAKUS	221
taverna la cialoma MARZAMEMI	270
taverna nicastro MODICA	256
tavernetta, la PIAZZA ARMERINA	236
tentazioni di gusto TRAPANI	100
tha'am SAN VITO LO CAPO	95
torre d'oriente MODICA	256
trattoria da nuccio CATANIA	143
trattoria l'oste del borgo MODICA	256
trattoria la bettola RAGUSA	249
trattoria la foglia SYRAKUS	218
viceré, i CATANIA	143
vittorio, da PORTO PALO	305

> SHOPPEN

antica dolceria bonajuto MODICA	256
artesania SYRAKUS	221
bella, di ENNA	231
bella box, di ENNA	231
boudoir 36 CATANIA	146
campo marzio design TRAPANI	103
ciomod MODICA	257
circo fortuna SYRAKUS	221
coco monkey SCIACCA	296
coppola storta, la PALERMO	78
deja vu PALERMO	77
enoteca le petit tonneau CEFALÙ	125
enoteca solaria SYRAKUS	222
fiasconaro CASTELBUONO	131
folli follie AGRIGENT	285
gente di mare ACI TREZZA	150

luan PALERMO	77	
märkte PALERMO	77	
markt RANDAZZO	165	
mau accessori CEFALÙ	125	
mitzica PALERMO	78	
modusvivendi PALERMO	77	
officine achab PALERMO	78	
papelù CATANIA	145	
pasticceria scopello SCOPELLO	92	
patrizia pepe CATANIA	146	
pura vida CEFALÙ	125	
quir PALERMO	77	
rinascente, la CATANIA	145	
rinascente, la PALERMO	78	
rinascimento ENNA	229	
salvatore campisi MARZAMEMI	271	
scenapparente SYRAKUS	221	
stefania TRAPANI	103	
vino della rosa, il LINGUAGLOSSA	159	
vuedu PALERMO	77	

> 100% THERE

albaria windsurfing MONDELLO	88	
antonio bongiorno SALINA	202	
aquacalda LIPARI	201	
autofahrt durch das nebrodigebirge RANDAZZO	167	
azienda agricola virgona SALINA	205	
baia del tono MILAZZO	193	
bootsfahrt VULCANO	207	
bootsfahrt STROMBOLI	209	
cala rossa FAVIGNANA	108	
cantina ulmo SAMBUCA DI SICILIA	301	
cantine florio MARSALA	119	
carcere dell'ucciardone PALERMO	80	
castello di donnafugata RAGUSA	249	
castello di sperlinga ENNA	232	
castello nelson RANDAZZO/MANIACE	167	
cetaria diving center SCOPELLO	92	
chiosco giardino spadaro CALTAGIRONE	243	
convento di santo spirito AGRIGENT	285	
etnaland CATANIA	147	
ekkursionen ATNA	153	
fahrräder mieten LINGUAGLOSSA	159	
fce / ferrovia circumetnea ATNA	156	
ferry mozia line MOZIA	120	
festa dei carri TAORMINA	143	
fiera campionaria internazionale di messina MESSINA	184	
foro italico PALERMO	79	
funivia ERICE	109	
gambino LINGUAGLOSSA	159	

giardini della villa comunale TAORMINA	173	
giardino della kolymbetra AGRIGENT	285	
giardino ibleo RAGUSA	249	
gole dell'alcàntara CASTIGLIONE DI SICILIA	161	
haarschnitt & rasur ENNA	231	
hammam PALERMO	78	
infiorata CALTAGIRONE	243	
kanu mieten MOZIA	121	
lido di noto NOTO	269	
lido paradiso TRAPANI	103	
luminaria CALTAGIRONE	243	
magmatrek STROMBOLI	208	
märkte CATANIA	147	
marina di cottone ATNA	156	
mattanza FAVIGNANA	108	
mazzarò TAORMINA	173	
meer und strand SYRAKUS	222	
mercatino delle pulci MILAZZO	193	
mercato della pescheria CATANIA	147	
monte pellegrino PALERMO	80	
opera dei pupi SYRAKUS	222	
orto botanico PALERMO	79	
paolo, da VULCANO	206	
piano provenzana / nordlicher ätna ATNA	155	
prozessionen MESSINA	184	
radtour zu den salinen TRAPANI	104	
radweg von menfi nach porto palo MENFI	306	
rifugio sapienza / südlicher ätna ATNA	155	
riserva naturale di vendicari VENDICARI	269	
riserva naturale orientata capo rama TERRASINI	91	
riserva naturale orientata dello zingaro SCOPELLO	92	
roberto foti LIPARI	201	
rocca, la CEFALÙ	126	
rückkehr der fischer und ausladen SCIACCA	297	
salone juve 'da gentile' AGRIGENT	286	
saracen diving center VULCANO	207	
schlammbad VULCANO	206	
schwarze sandstrände VULCANO	207	
schwarze strände STROMBOLI	209	
scuola virgilio TRAPANI	104	
segeltörn FAVIGNANA	108	
seilbahn TAORMINA	173	
seltz al limone CATANIA	147	

sentiero 'la segreta' SAMBUCA DI SICILIA	302	
siremar USTICA	88	
sizilianische küche, entdecke die PALERMO	81	
spaziergang bei sonnenuntergang ENNA	231	
spaziergang zum dom AGRIGENT	286	
stadio renzo barbera PALERMO	81	
strand PORTO PALO	306	
strand POZZALLO	273	
strand & spa ERACLEA MINOA	291	
tagestour ÄOLISCHE INSELN	197	
taormina filmfestival TAORMINA	173	
tauchen USTICA	88	
tecnoparco archimede SYRAKUS	222	
terme acqua pia MONTEVAGO	302	
terme di sciacca SCIACCA	296	
totem trekking STROMBOLI	208	
wellnesscenter ki klub GANZIRRI	189	
weinprobe bei patria CASTIGLIONE DI SICILIA	161	

> AUSGEHEN

IX porte, le CASTIGLIONE DI SICILIA	163	
afro bar CATANIA	148	
agorà hostel CATANIA	148	
altro royal, l' LINGUAGLOSSA	159	
bar piper SCIACCA	298	
barcollo, il SYRAKUS	224	
cana enoteca PALERMO	81	
candelai, i PALERMO	82	
carrè lounge CEFALÙ	127	
daiquiri lounge TAORMINA	173	
diskotheken MESSINA	187	
giara, la TAORMINA	174	
grilli giù, i PALERMO	82	
highlander pub PIAZZA ARMERINA	237	
lido's MESSINA	187	
marabù GIARDINI NAXOS	176	
mikalsa bar PALERMO	82	
mojo AGRIGENT	286	
mosquito CATANIA	148	
nuovo montevergini PALERMO	83	
palab PALERMO	82	
pepe, il SYRAKUS	224	
quattro venti, i CATANIA	148	
sale pub, il SYRAKUS	224	
septimo TAORMINA	174	
skalunata SCIACCA	298	
taitù GIARDINI NAXOS	176	
teatro luigi pirandello AGRIGENT	286	
tinkitè SYRAKUS	223	
wunderbar LINGUAGLOSSA	160	
y's jazz club CATANIA	148	

> ÜBERNACHTEN

4 quarti PALERMO	84
aast eolie LIPARI	201
agriturismo bannata PIAZZA ARMERINA	237
agriturismo calamosche VENDICARI	270
agriturismo san marco CASTIGLIONE DI SICILIA	163
albergo diffuso SCICLI	260
albergo santa isabel SALINA	205
allakala PALERMO	85
antica dimora CATANIA	149
approdo delle sirene, l' SYRAKUS	224
artepalermo PALERMO	84
atelier sul mare CASTEL DI TUSA	195
atollo monterosa LIPARI	202
azienda agrituristica case damma SYRAKUS	225
azienda agrituristica solemare STROMBOLI	209
b&b da lulo e gagà SCIACCA	298
b&b enza marturano LIPARI	202
b&b fera o' luni CATANIA	149
b&b il profumo del sale MARSALA	119
b&b l'antico borgo MILAZZO	193
b&b la volpe e l'uva PIAZZA ARMERINA	237
b&b le casette di lu' AGRIGENT	287
b&b lepanto MESSINA	187
b&b medioeval ENNA	232
b&b proserpina ENNA	232
b&b teatro NOTO	267
bad CATANIA	149
barone di villagrande ÄTNA/MILO	157
bb22 PALERMO	85
bohémien b&b CEFALÙ	127
carruggiu casa vacanze CALTAGIRONE	243
casa del poeta, la ENNA	232
casa talia MODICA	258
casa trapanese TRAPANI	105
casajanca LIPARI	202
cave bianche FAVIGNANA	109
cirucco village MILAZZO	193
corte del sole, la VENDICARI	269
crociferi CATANIA	148
cuore di dioniso, il SELINUNTE	308
dépendance, la NOTO	267
domo triskele NOTO	267
eraclea minoa village ERACLEA MINOA	291
fattoria mosè AGRIGENT	287
fondo cipollate CASTIGLIONE DI SICILIA	163
foresteria, la MENFI	306
gancia, la TRAPANI	105
garibaldi31 TRAPANI	104
giardino sul duomo RAGUSA	250
grand hotel et des palmes PALERMO	85
grand hotel ortigia SYRAKUS	224
hotel aurora SYRAKUS	224
hotel carmine MARSALA	119
hotel cassisi MILAZZO	193
hotel centrale europa CATANIA	148
hotel etnea 316 CATANIA	148
hotel gutkowski SYRAKUS	225
hotel il barocco RAGUSA	250
hotel l'ariana SALINA	205
hotel novocento SCICLI	260
hotel principe di villafranca PALERMO	85
hotel sant'elia MESSINA	187
hotel santa tecla palace ACIREALE	150
hotel signum SALINA	205
hotel villa carlotta TAORMINA	174
hotel villa greta TAORMINA	174
hotel villa morgana GANZIRRI	189
hotel villa petrusa STROMBOLI	209
locanda al moro SCIACCA	298
lumi, ai TRAPANI	104
masseria quartarella MODICA	258
messenion MESSINA	187
nuovo camping dello stretto GANZIRRI	189
orangerie, l' MODICA	258
orto sul tetto, l' RAGUSA	250
palazzo failla MODICA	258
palazzo il cavaliere MODICA	258
pensione la giara VULCANO	208
pensione tranchina SCOPELLO	93
porta bagni SCIACCA	299
portatenea AGRIGENT	287
quintocanto hotel & spa PALERMO	85
relais antiche saline TRAPANI	105
relais briuccia MONTALLEGRO	290
residenza le palme VULCANO	208
rocca dei capperi SAMBUCA DI SICILIA	302
rosa dei venti, la PORTOPALO	273
scirocco CEFALÙ	127
shalai resort LINGUAGLOSSA	160
schlafen wie die einheimischen PALERMO	85
suite d'autore PIAZZA ARMERINA	237
tha'am SAN VITO LO CAPO	95
torre salsa MONTALLEGRO	290
torre vendicari VENDICARI	270
tre metri sopra il cielo CALTAGIRONE	243
vello d'oro art hotel TAORMINA	174
vento del sud SAN VITO LO CAPO	95
via della giudecca, la SYRAKUS	224
villa anna & cantina vito VITO SCOPELLO	94
villa del lauro RAGUSA	250
villa deleo REALMONTE	289
villa palocla SCIACCA	299

ÜBER DIE AUTOREN

EELKJE MEINDERTSMA arbeitet im Bildungsbereich, als Übersetzerin und Reiseführerin. Seit Jahren ist sie von dem kulturellen, historischen und kulinarischen Reichtum Süditaliens fasziniert. Nachdem sie Klassische Philologie und Italienisch studiert hatte, lebte sie vier Jahre dort. Mit ihren einheimischen Freunden hat sie sich erneut in die Region vertieft, um *100% Sizilien* mit den besten Adressen zu bestücken.

ILSE OUWENS ist freiberufliche Fotografin und Texterin und arbeitet als Marketing- und Fotografie-Dozentin. Für *100% Sizilien* kümmerte sie sich nicht nur um die Fotos des Buches, sondern entdeckte zudem dank ihres guten Auges für die Schönheit alltäglicher Dinge überraschend neue Facetten der Insel. Wenn sie reisen und Neues erleben kann, ist sie, mit der Kamera als ständiger Begleiterin, ganz in ihrem Element.

BEN HOFMAN wohnt seit 2007 auf Sizilien und spürte für *100% Sizilien* viele neue Adressen im Osten der Insel auf. Nach einer Karriere als Koch und Fotograf beschloss er, seine Leidenschaft für Oldtimer, die italienische Küche und das Leben in Italien beruflich zu nutzen. Er bietet individuelle Rundreisen durch Sizilien an und ist daher ständig unterwegs auf der Suche nach besonderen Orten.

ILJA HAPPEL kam 1992 erstmals nach Sizilien, als sie einen Freund in Palermo besuchte. Seitdem war sie oft da und fühlt sich fast wie eine Einheimische. Sie vertritt ihre Firma Lokaledition als Konzeptentwicklerin und Endredakteurin für diverse Medien. Als Reiseredakteurin ist sie immer auf der Suche nach dem echten Leben jenseits des Tourismus. Für *100% Sizilien* erkundete sie den Westen der Insel und ihr geliebtes Palermo.

ELLEN NOBELS war zum ersten Mal im Urlaub auf Sizilien. Dann lebte sie zwei Jahre in Palermo, der Hauptstadt der Insel. In dieser Zeit lernte sie Italienisch und erfuhr viel über die sizilianische Kultur. Sie kehrt regelmäßig nach La Trinacria zurück, um all das zu genießen, was die Insel zu bieten hat. Das Einleitungskapitel stammt aus ihrer Feder. Freischaffend arbeitet sie hauptsächlich als Übersetzerin von Reiseberichten.

IMPRESSUM

Dieser 100% Guide wurde mit größter Sorgfalt zusammengestellt. Mo Media GmbH ist nicht verantwortlich für eventuelle inhaltliche Fehler. Anmerkungen und/oder Kommentare können Sie gerne an die unten stehende Adresse richten:

MO MEDIA GMBH, BETR. 100% SIZILIEN, STEINSTRASSE 15, 10119 BERLIN
E-MAIL: INFO@MOMEDIA.COM
WWW.100TRAVEL.DE

AUTOREN	eelkje meindertsma, ilse ouwens, ilja happel, ben hofman, ellen nobels
FOTOGRAFIE	ilse ouwens
LAYOUT	oranje vormgevers
ÜBERSETZUNG	alexandra schmiedebach, gerrit j. ten bloemendal (für bookwerk köln/münchen)
LEKTORAT	caroline kazianka (für bookwerk)
KORREKTORAT	anke höhne (für bookwerk), nina lenze (mo media)
SCHLUSSREDAKTION	annette steger (mo media)
SATZ	paul post (für bookwerk)
KARTOGRAFIE	van oort redactie en kartografie
LITHOGRAFIE	mastercolors mediafactory
100% SIZILIEN	isbn 978-3-943502-85-5
	© mo media gmbh, berlin, september 2014

....

Alle Rechte vorbehalten. Kein Teil dieser Ausgabe darf ohne vorherige schriftliche Einwilligung des Verlages in irgendeiner Form reproduziert oder unter Verwendung elektronischer Systeme verarbeitet, vervielfältigt oder verbreitet werden.

....